Tiere	5 – 28
Essen & Trinken	29 – 40
Natur & Umwelt	41 – 68
Esoterik & Astrologie	69 – 84
Hobby & Sport	85 – 97
Kultur & Religion	98 – 116
Liebe & Beziehung	117 – 124
Reisen & Urlaub	125 – 135
Verschiedenes	136 – 187

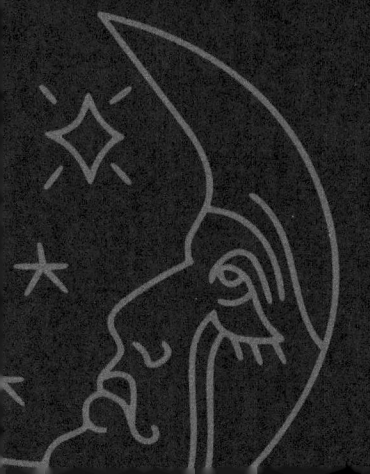

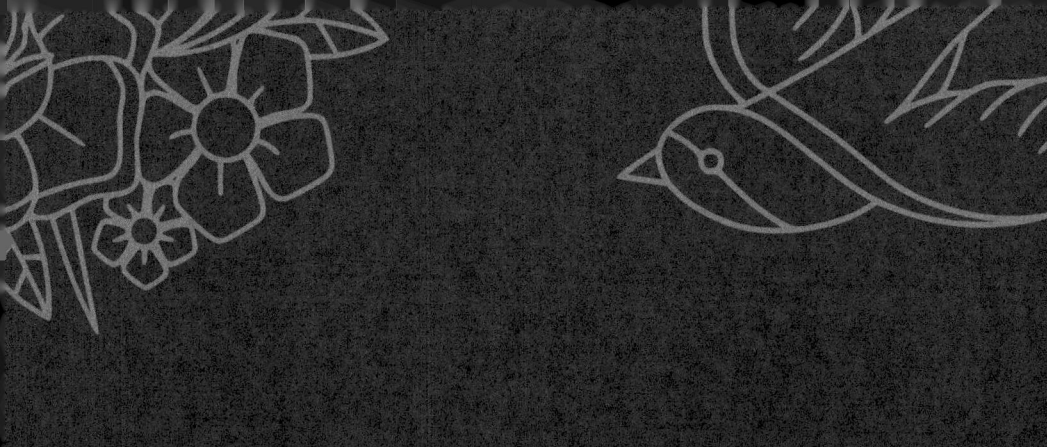

Tiere

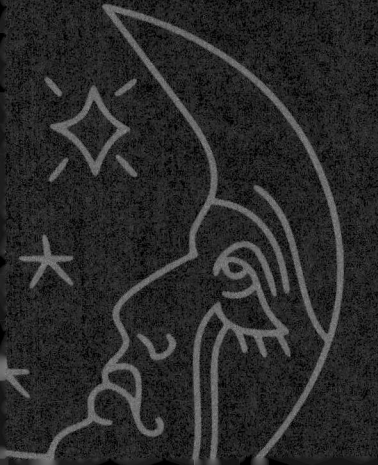

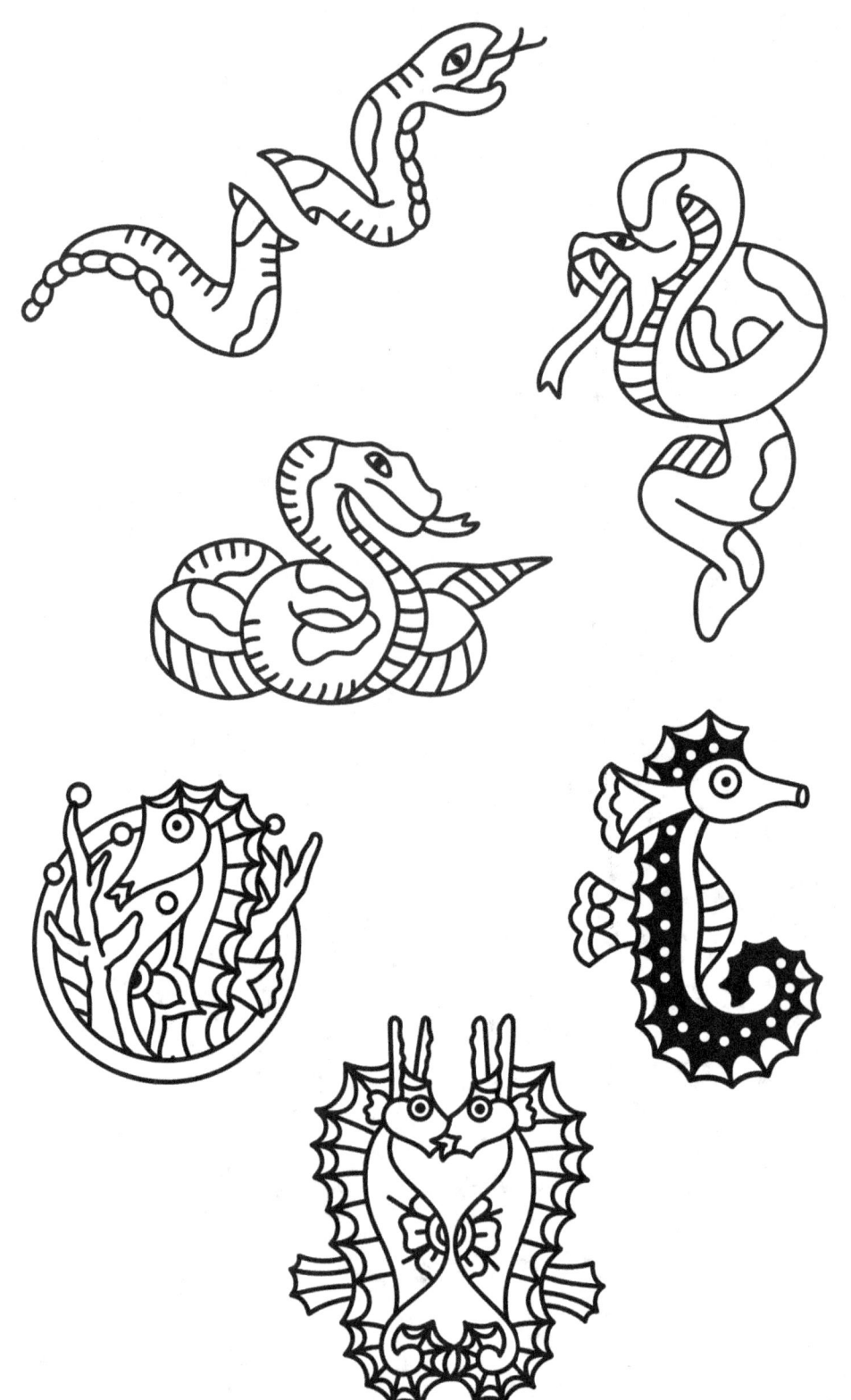

TINY TATTOOS
DAS GROßE HANDBUCH

ÜBER 2000 MOTIVE

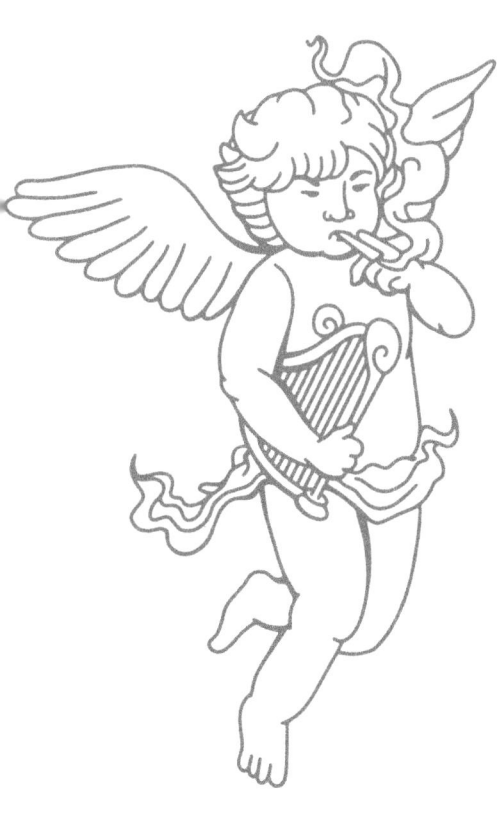
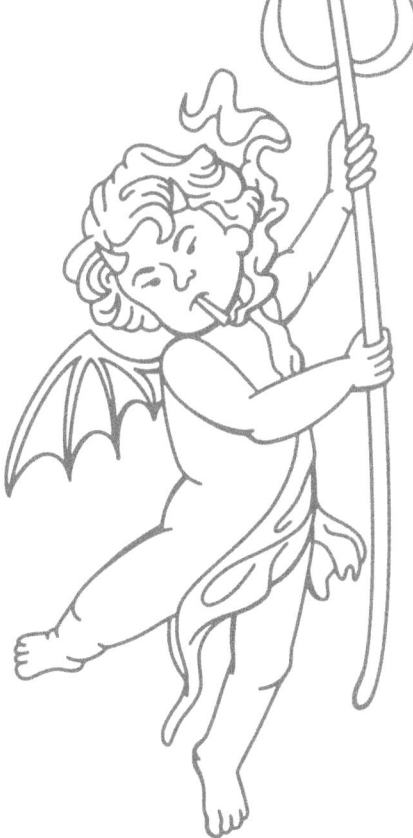

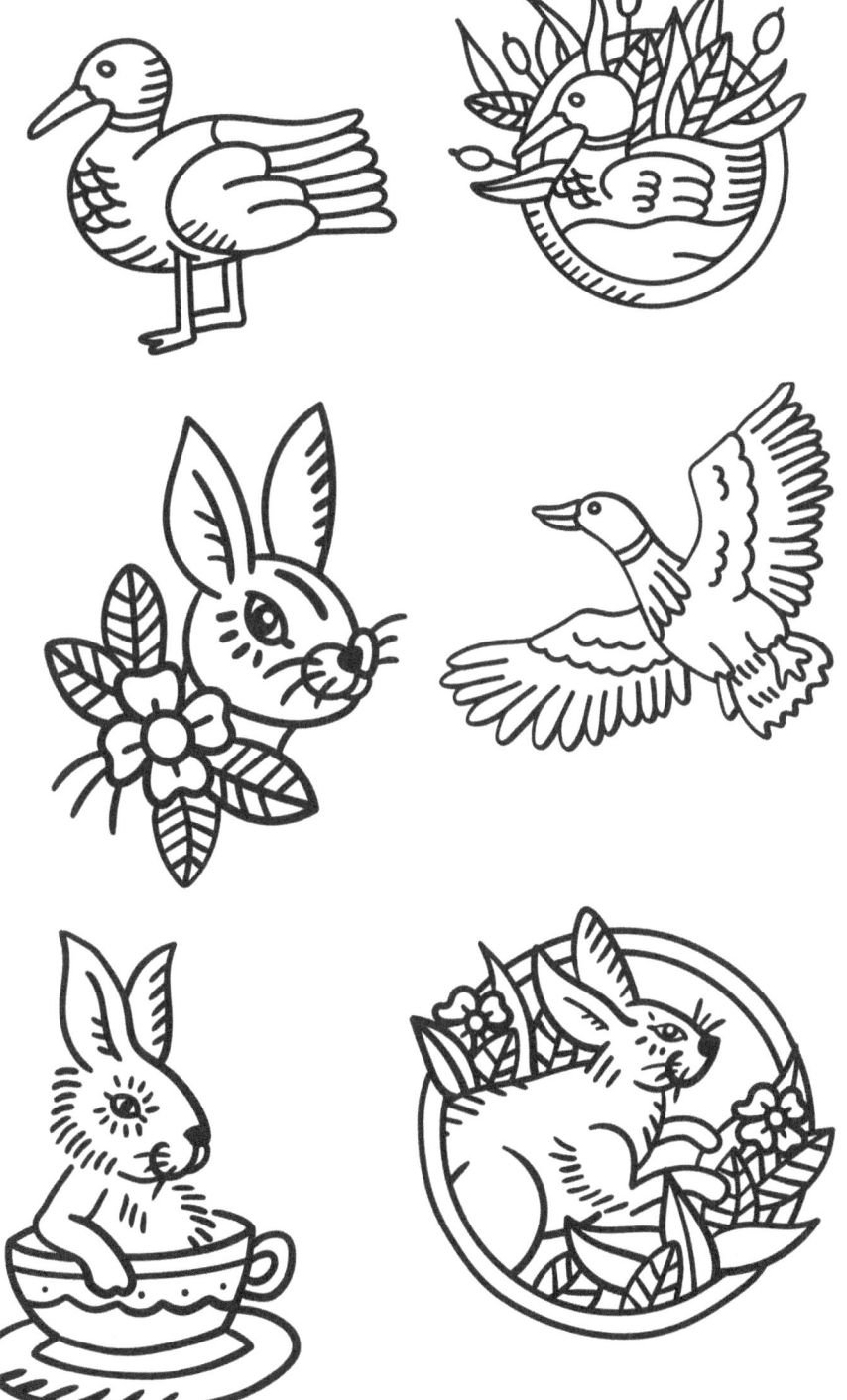

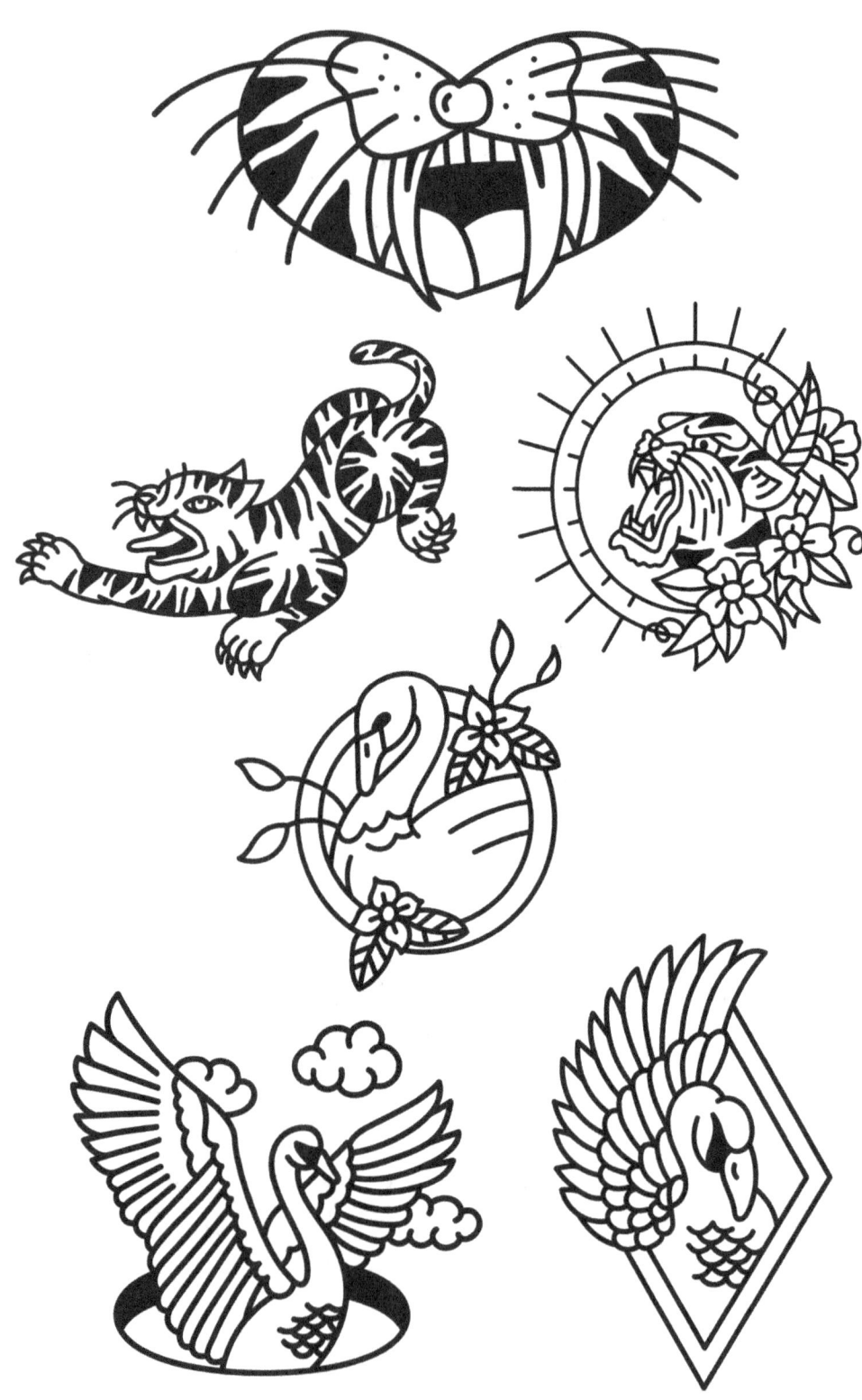

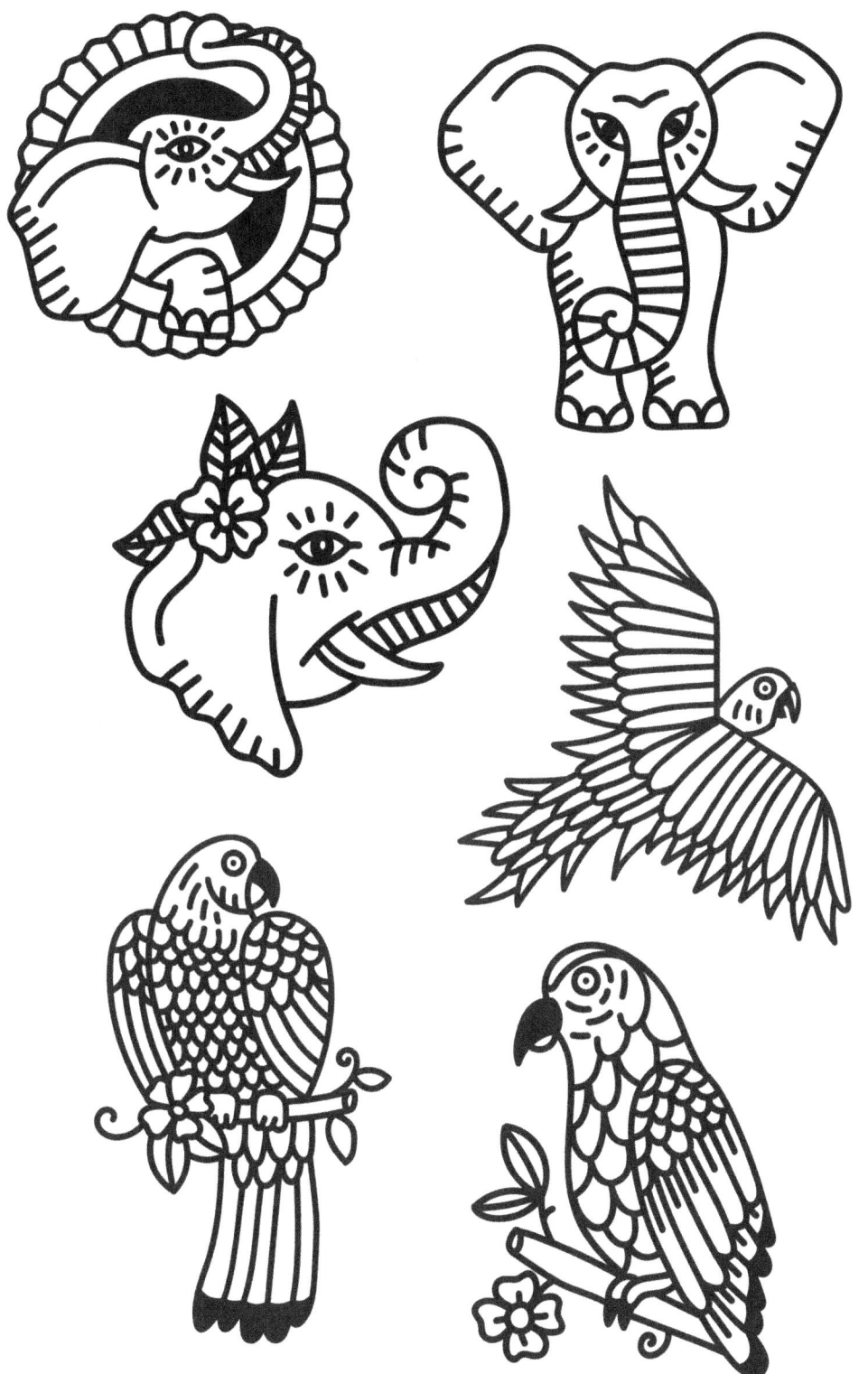

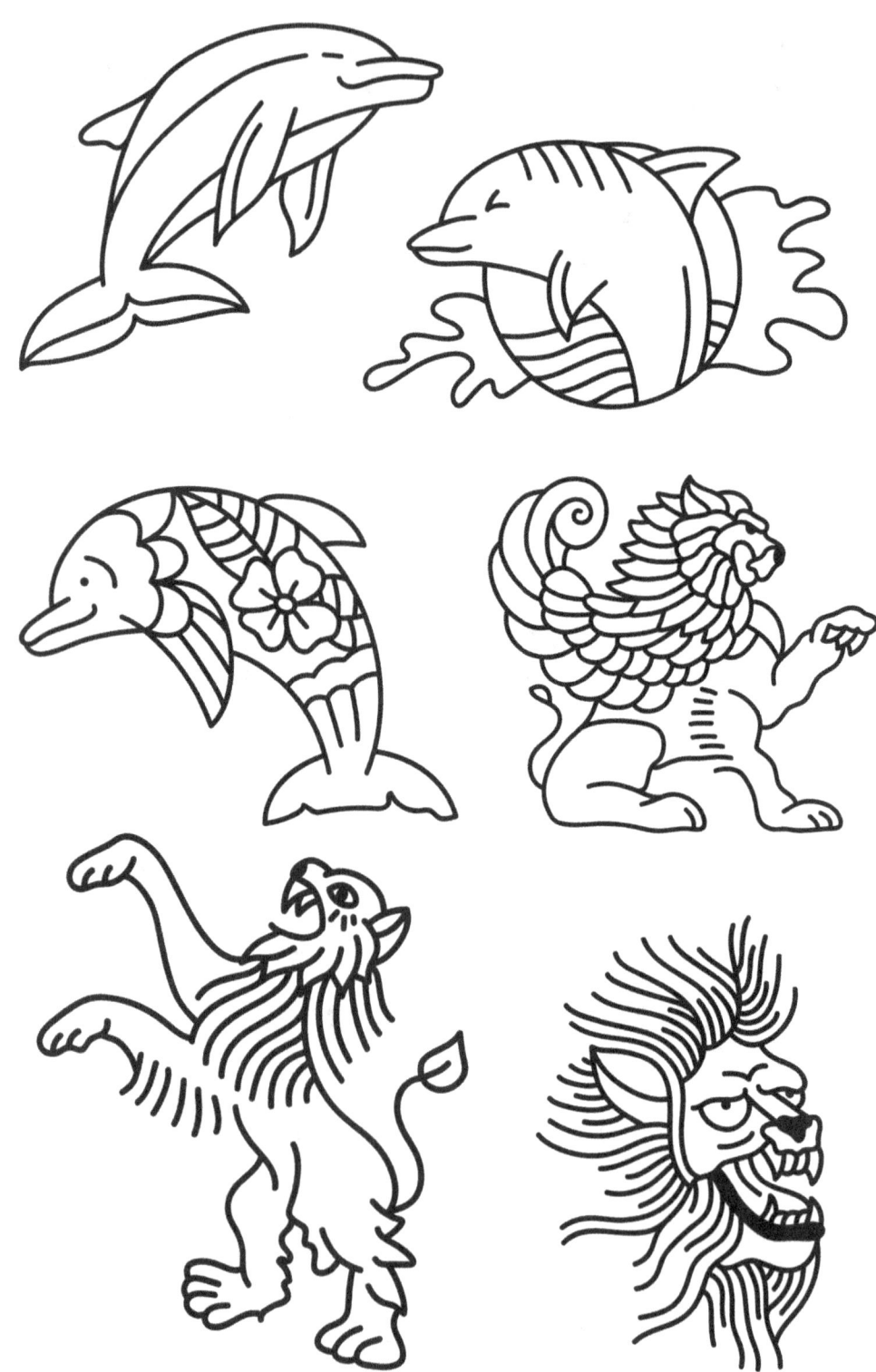

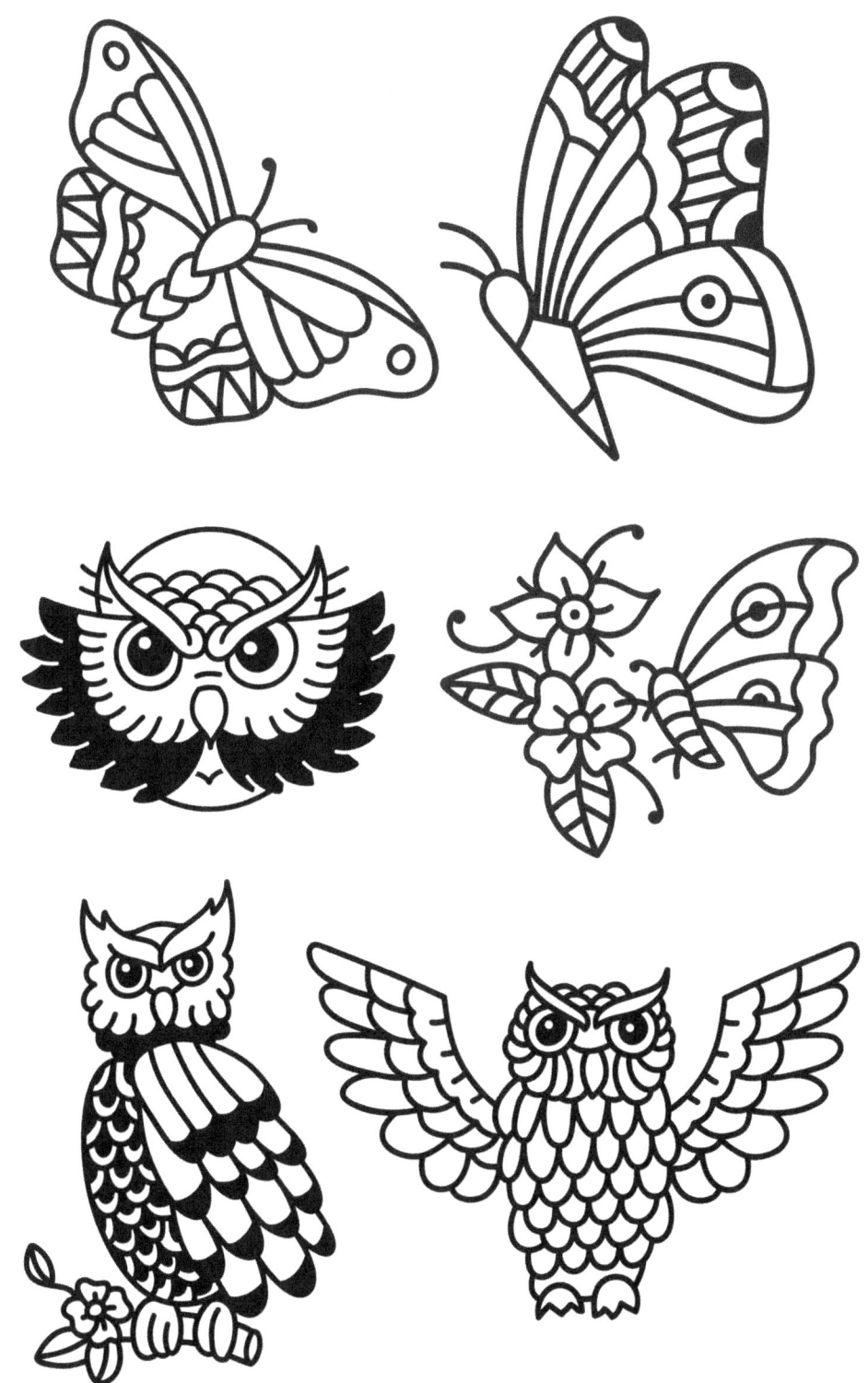

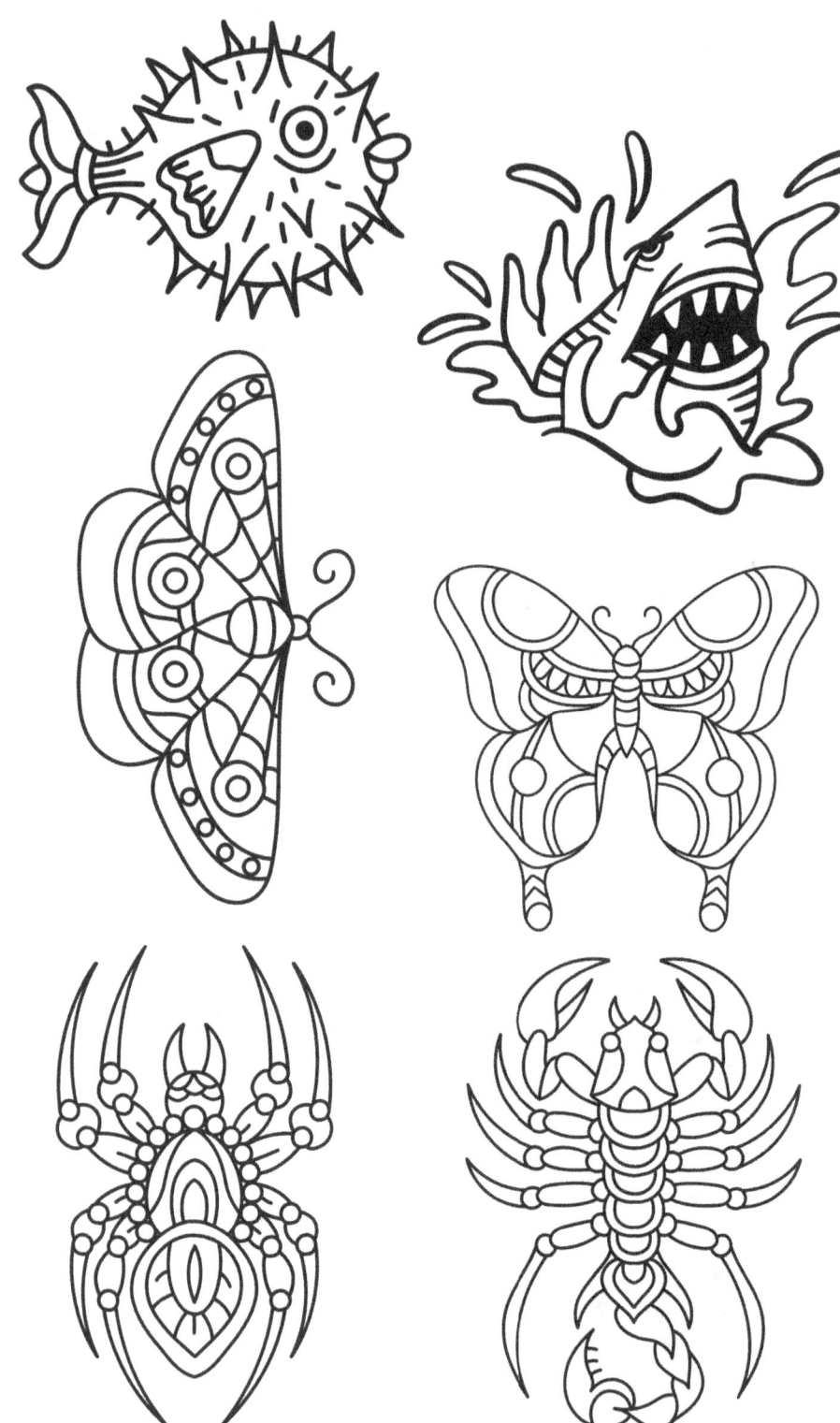

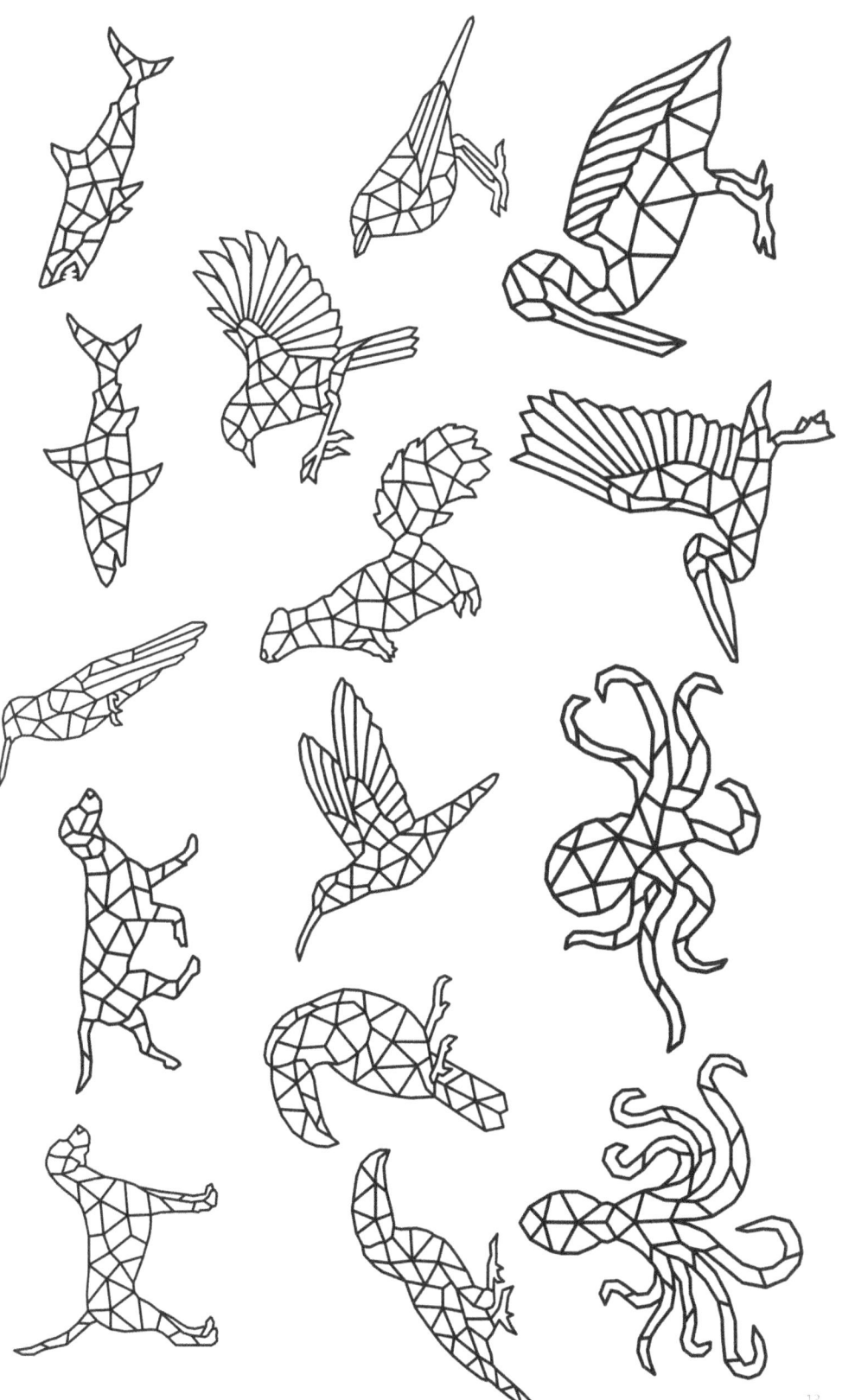

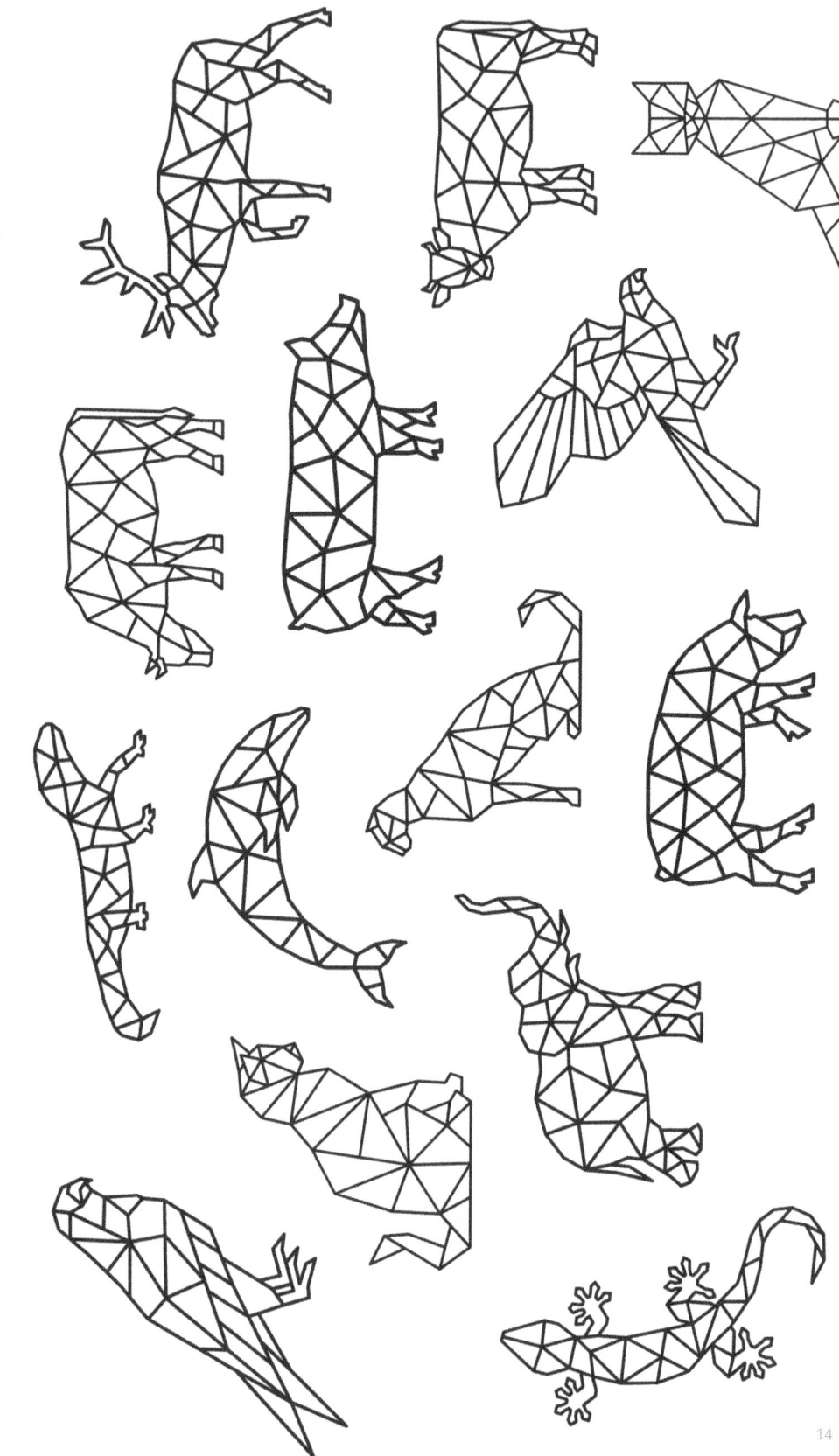

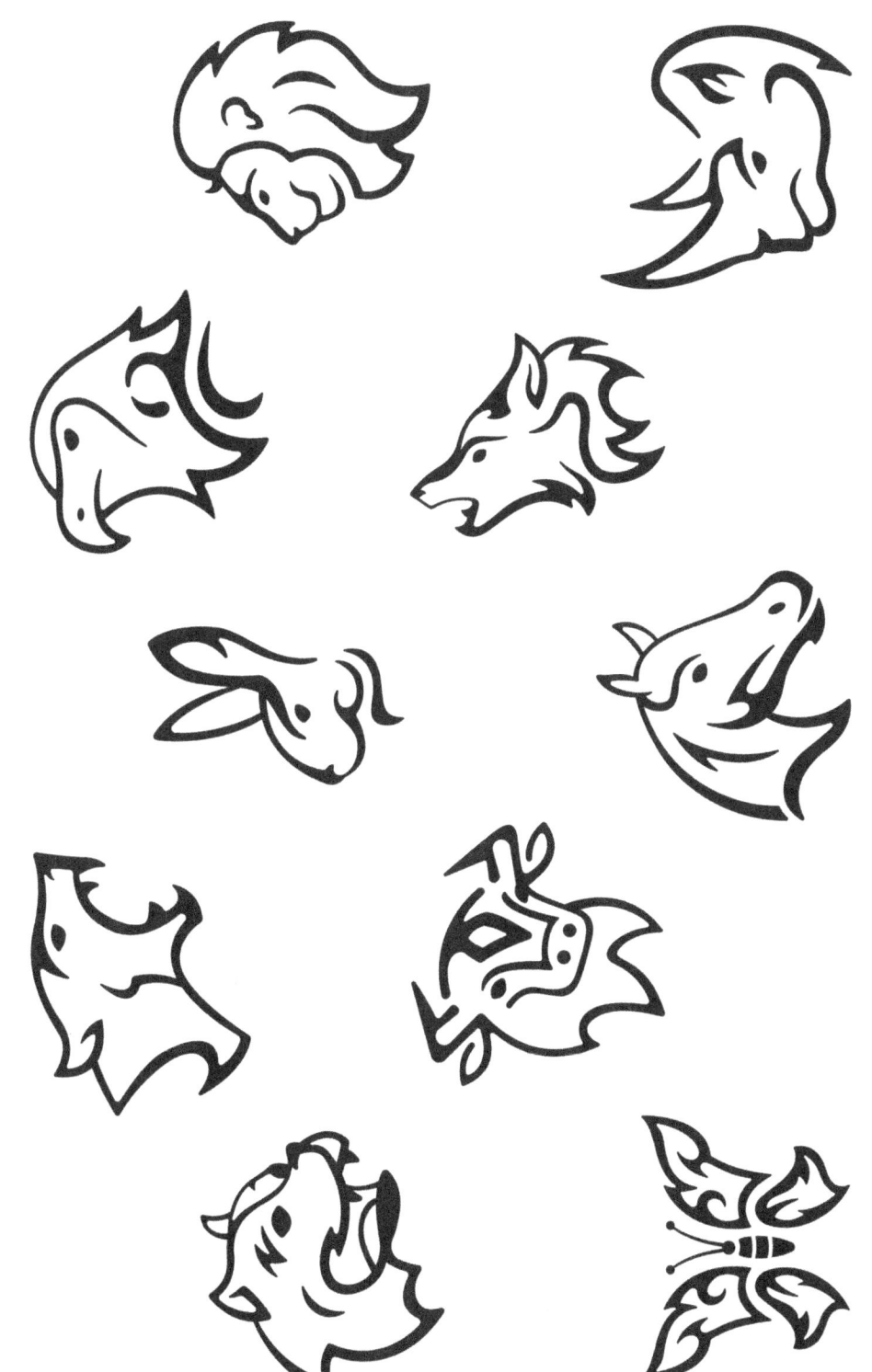

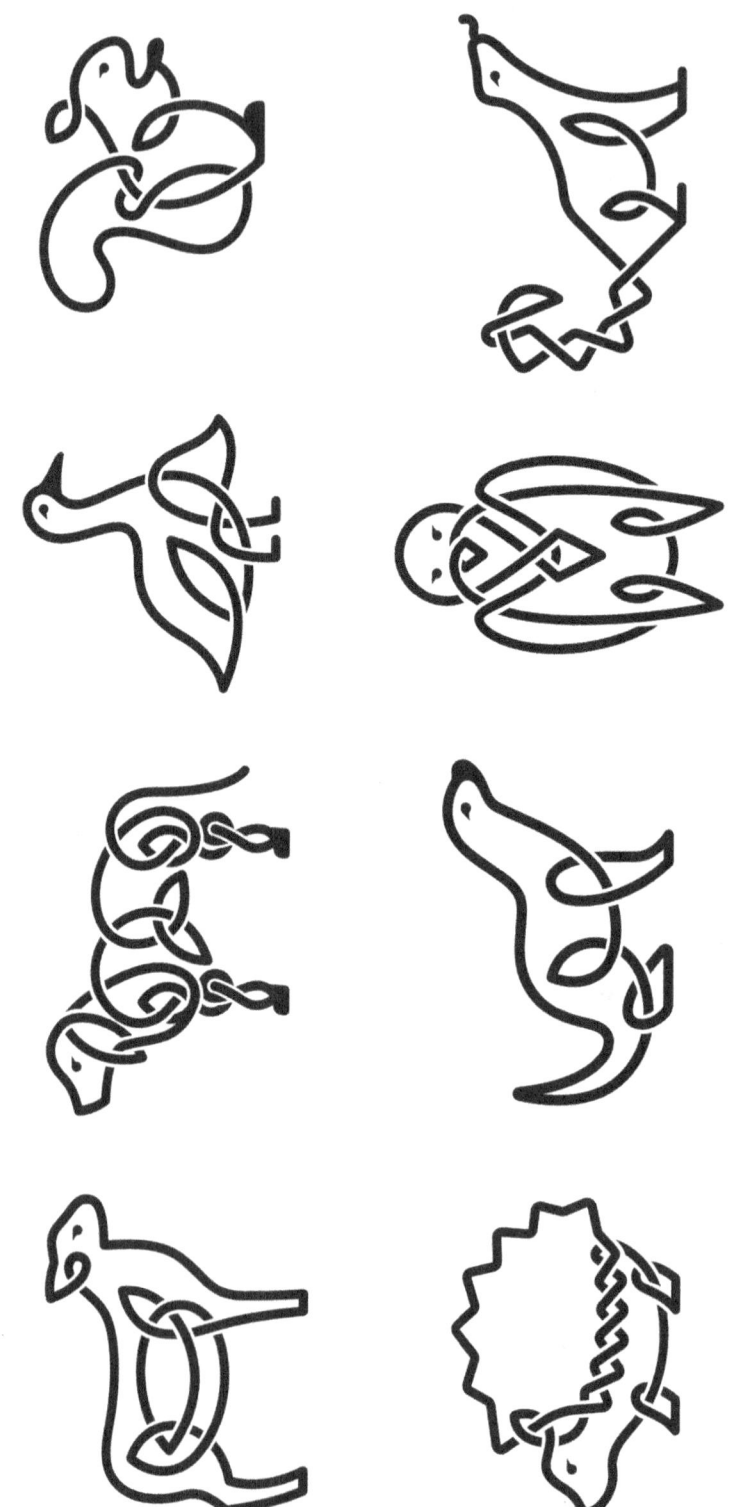

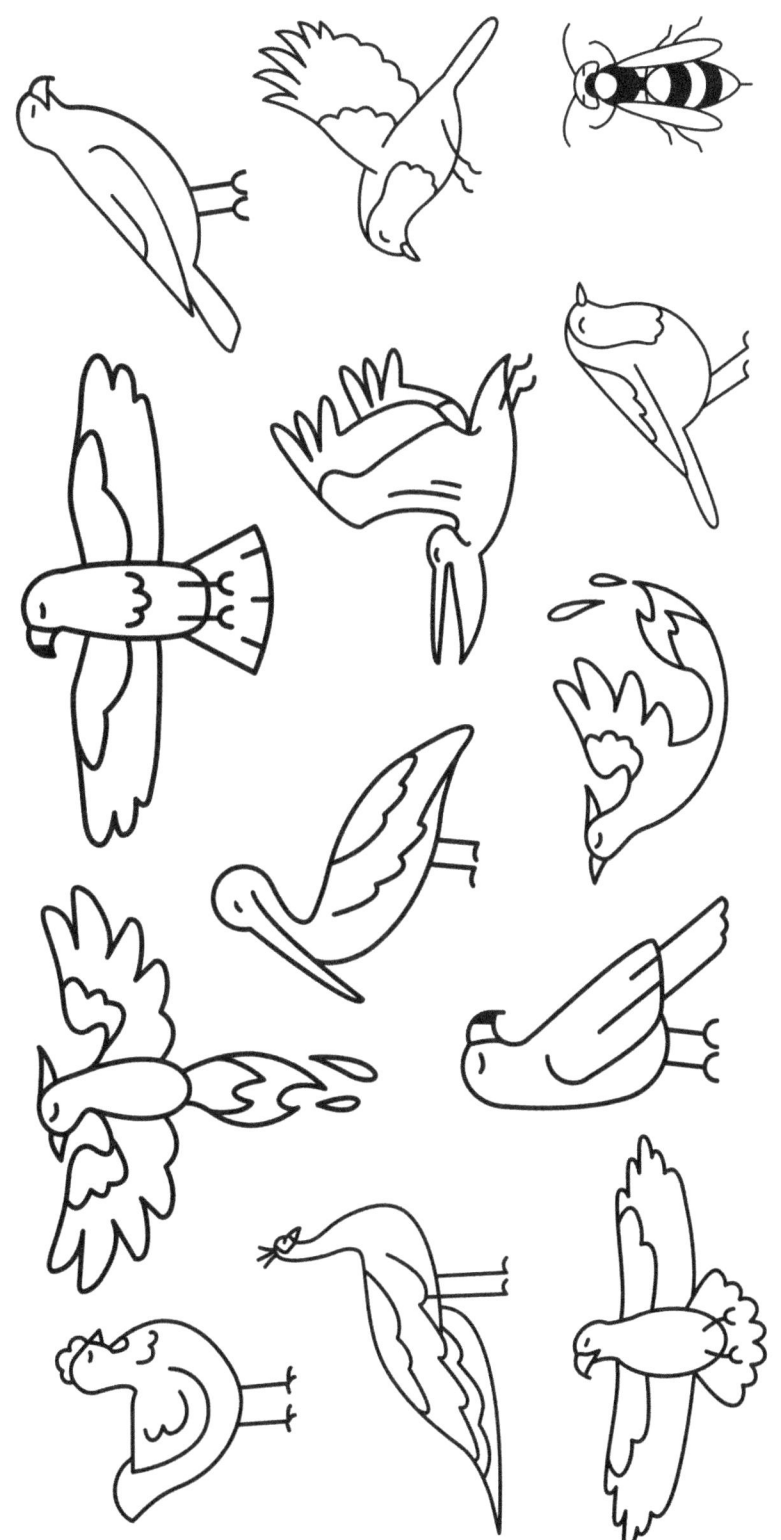

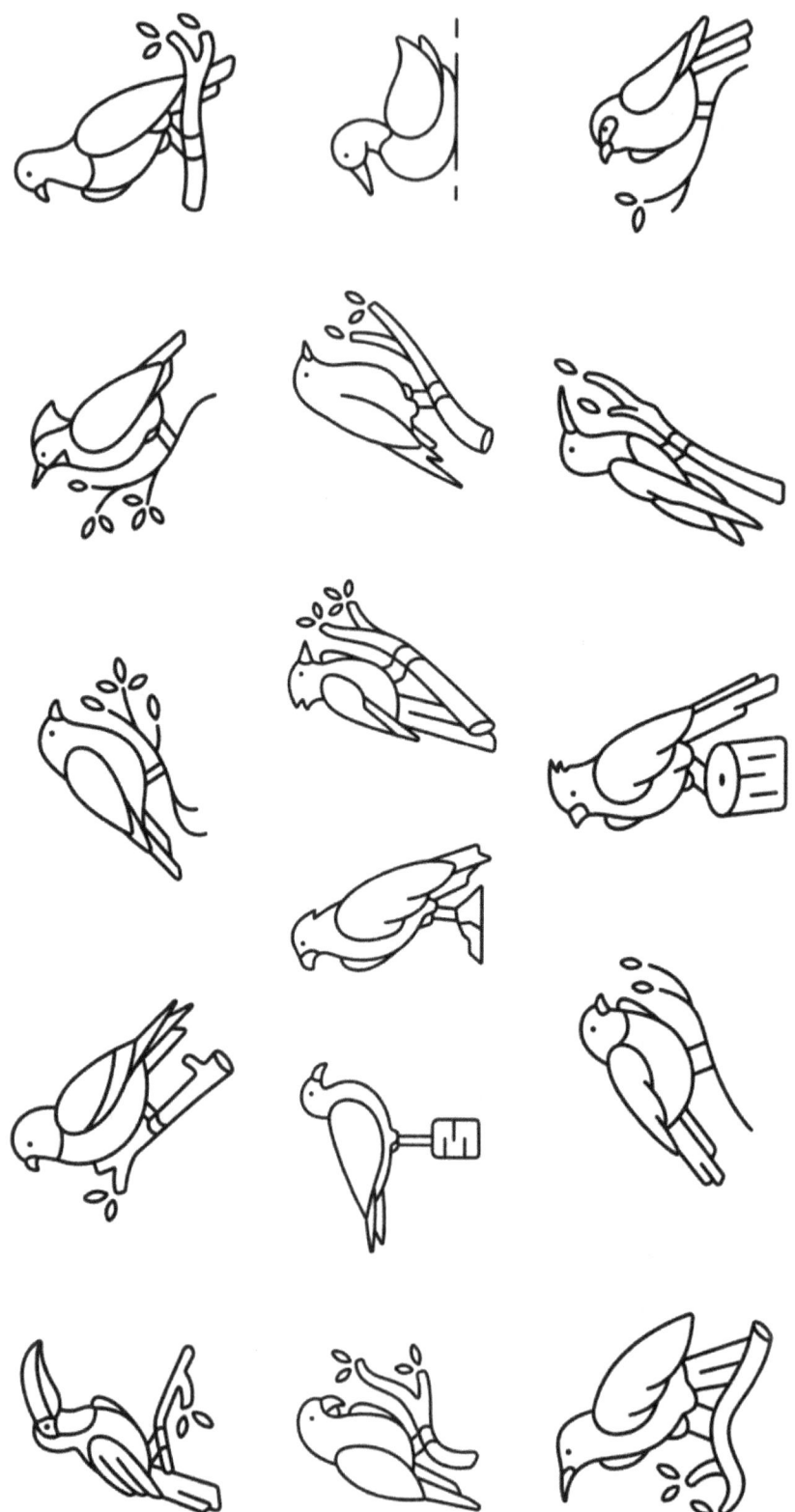

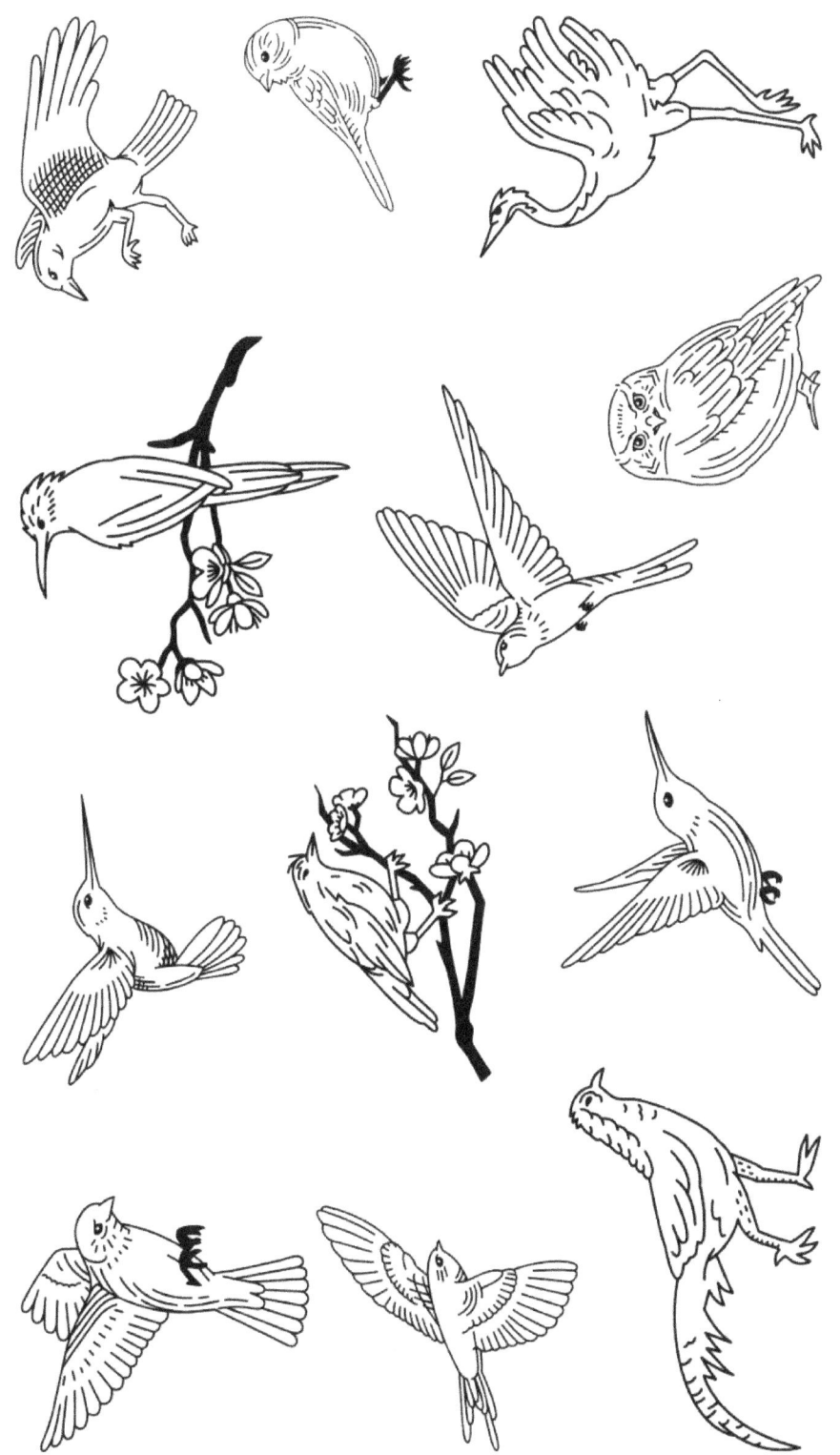

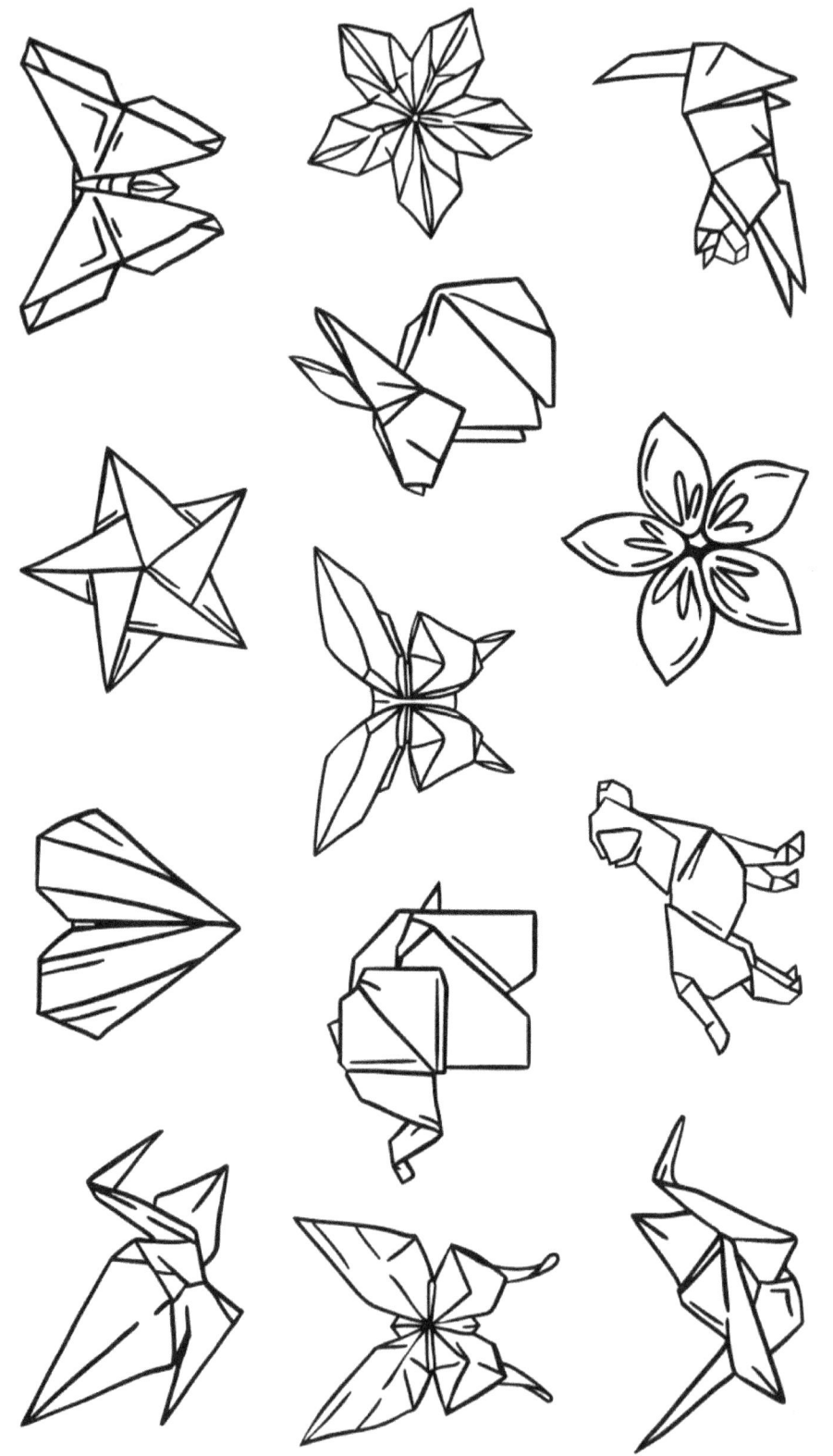

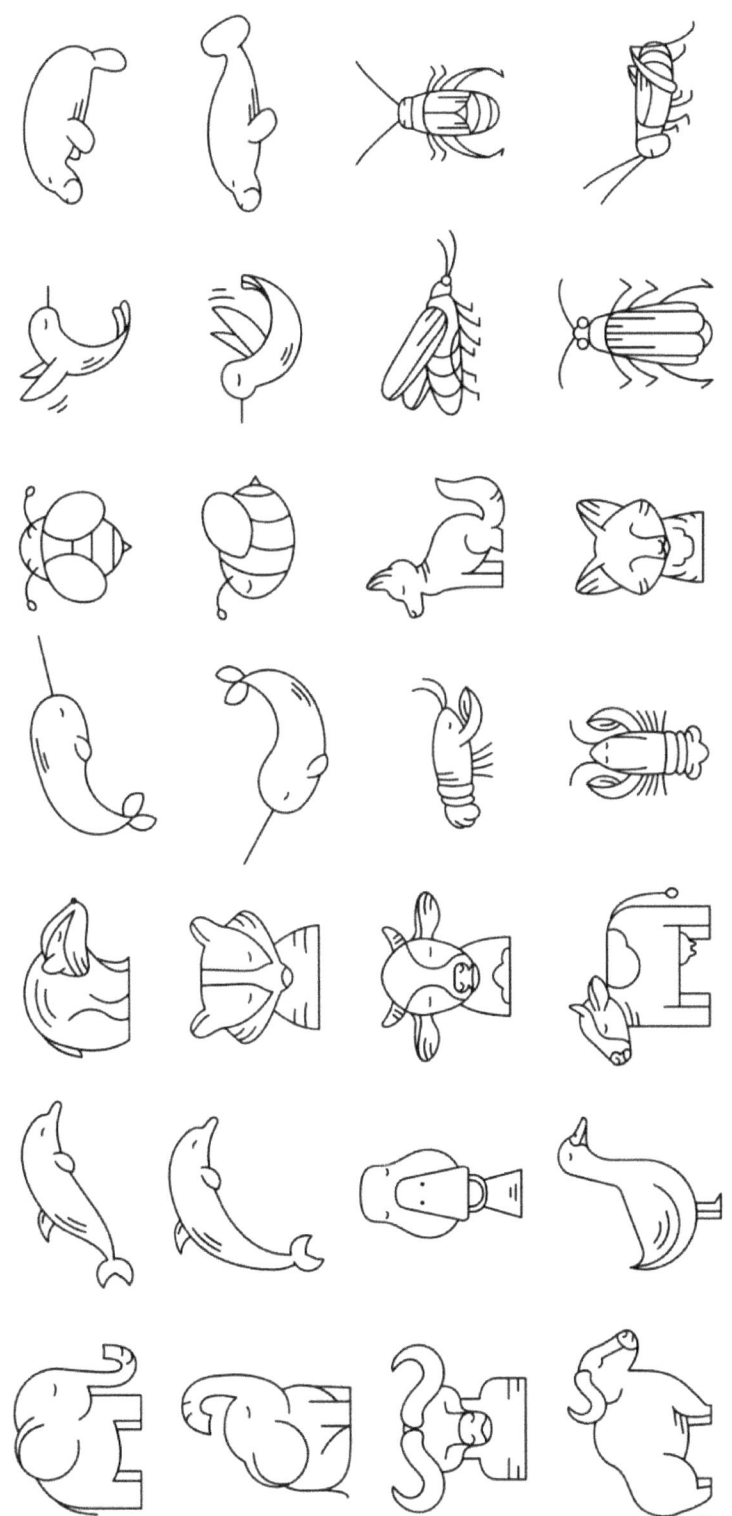

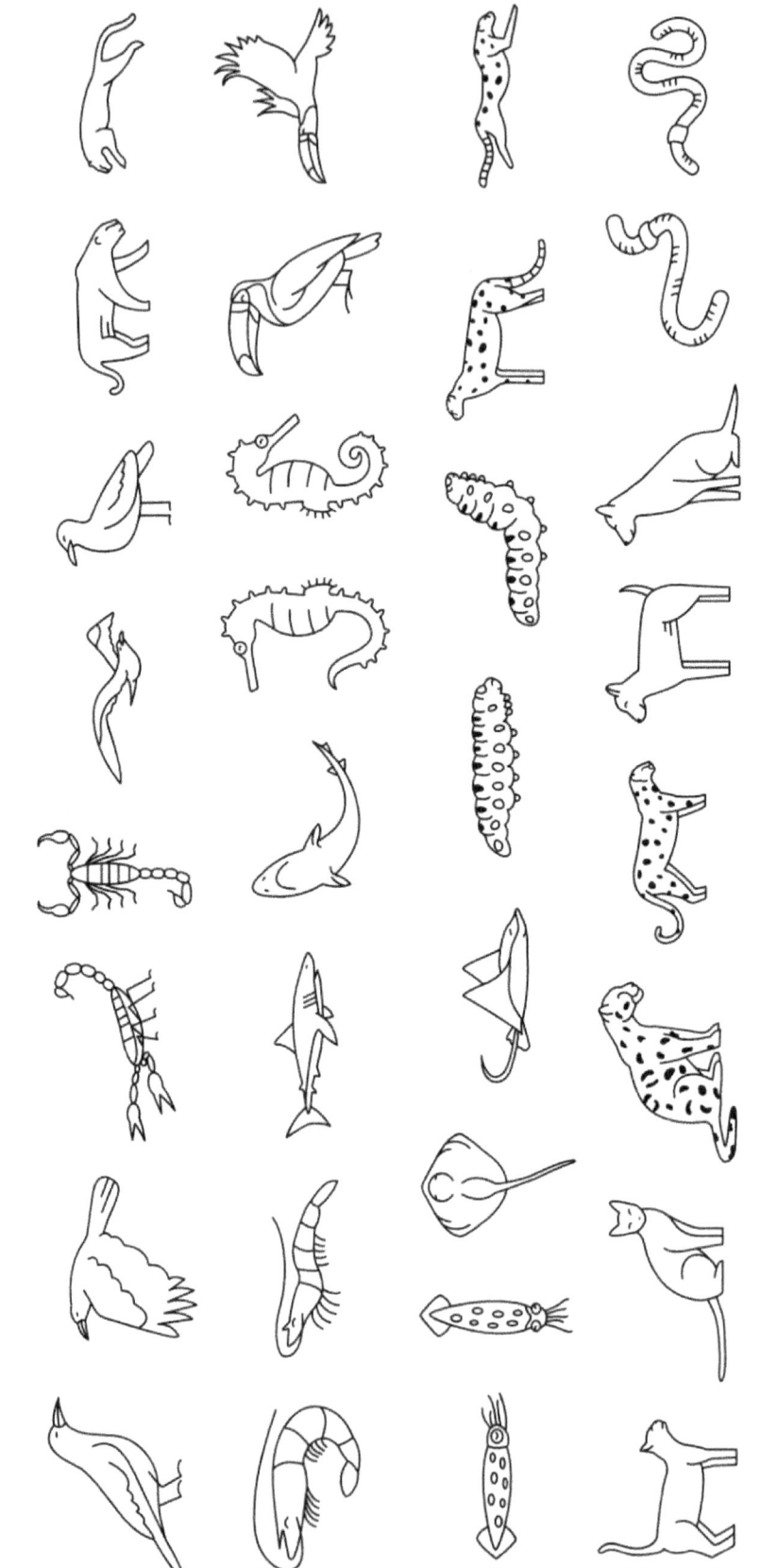

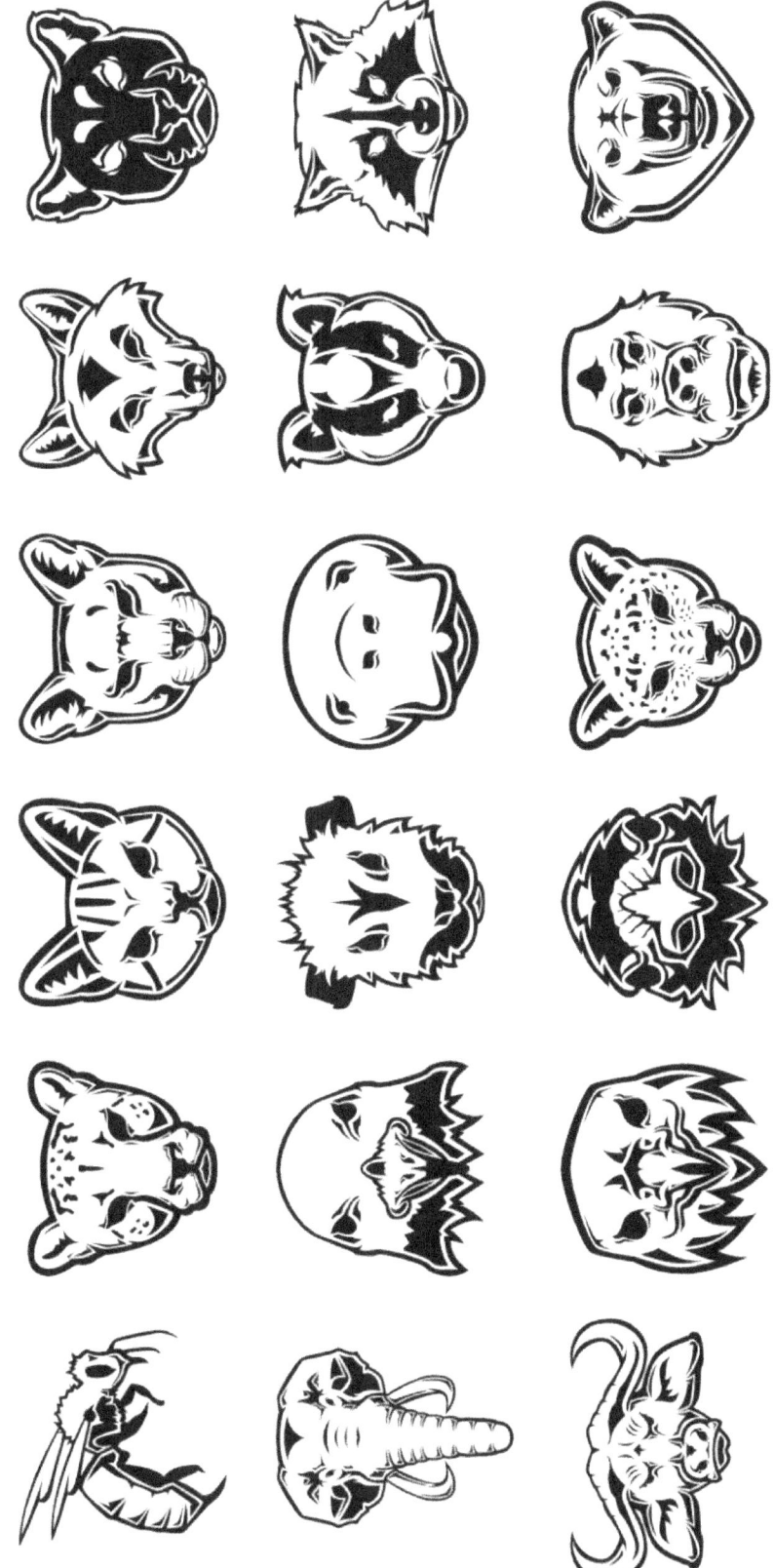

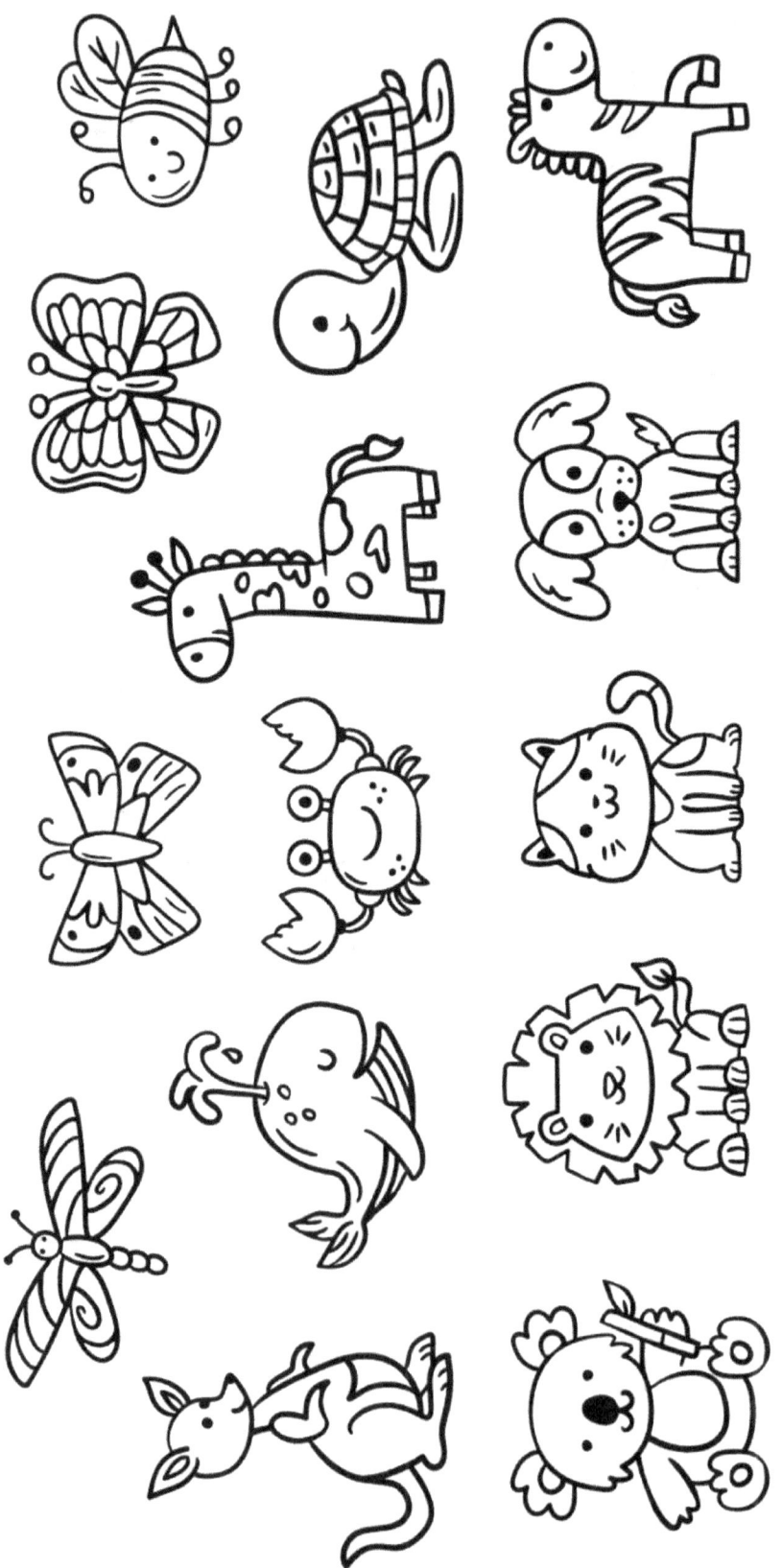

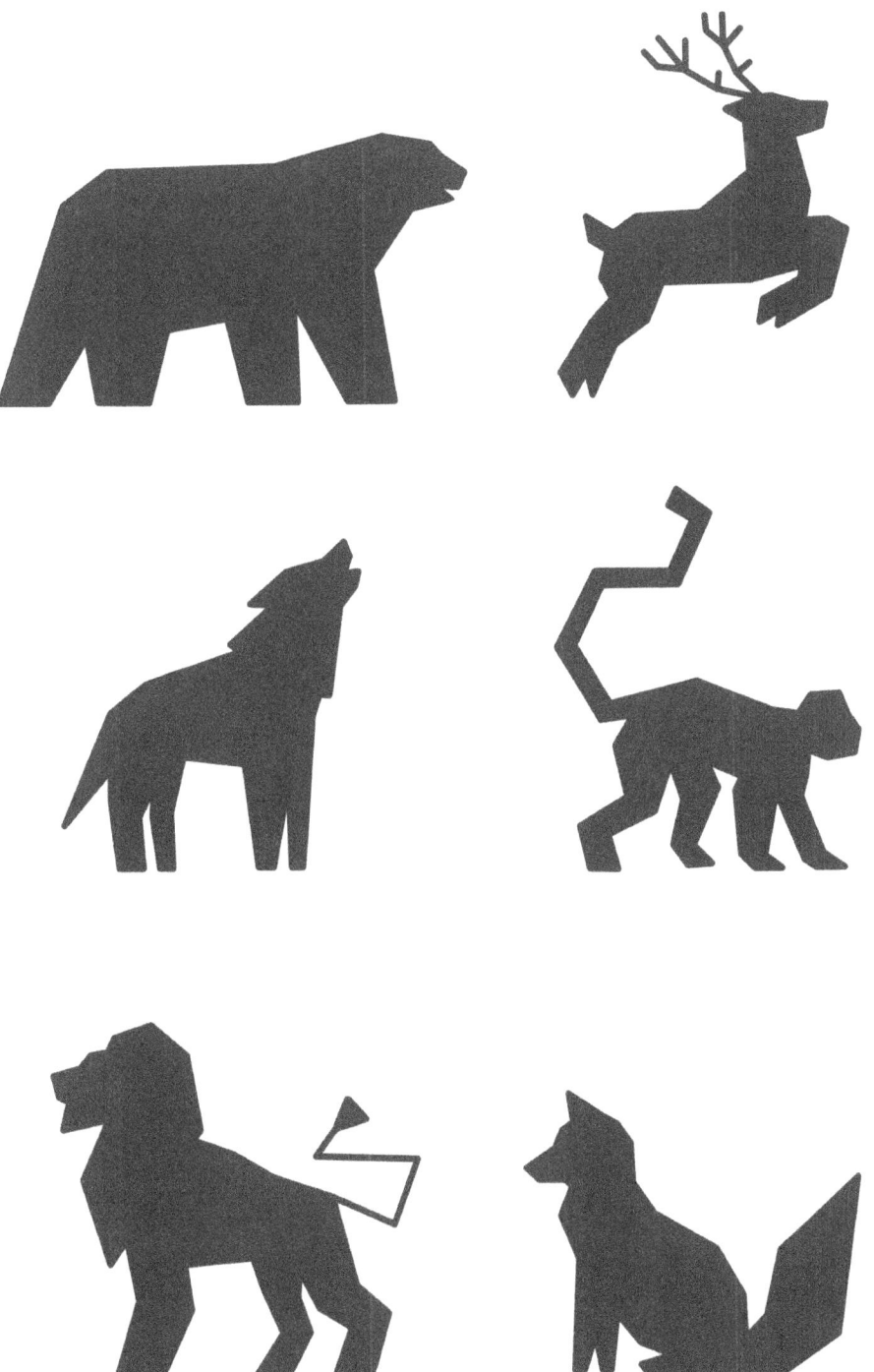

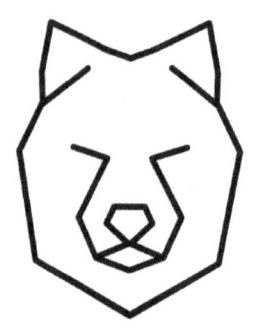
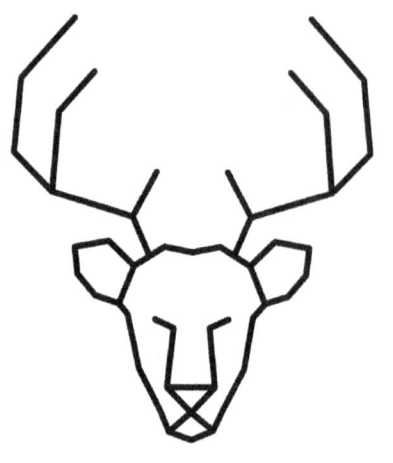
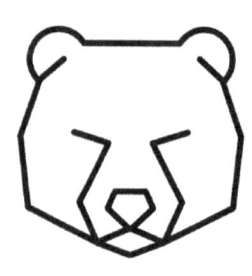
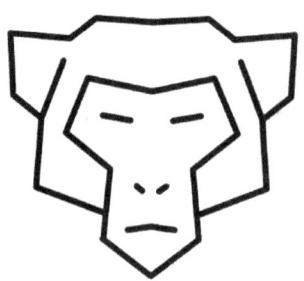
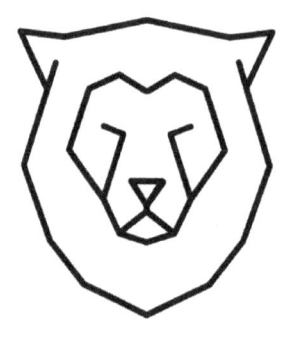
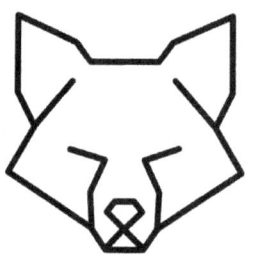

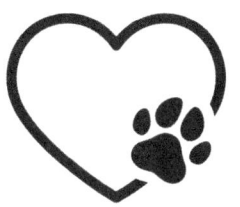
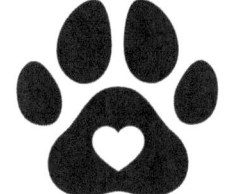
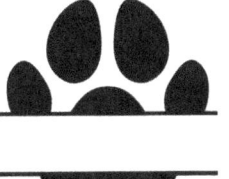

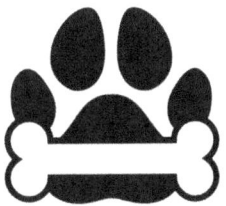

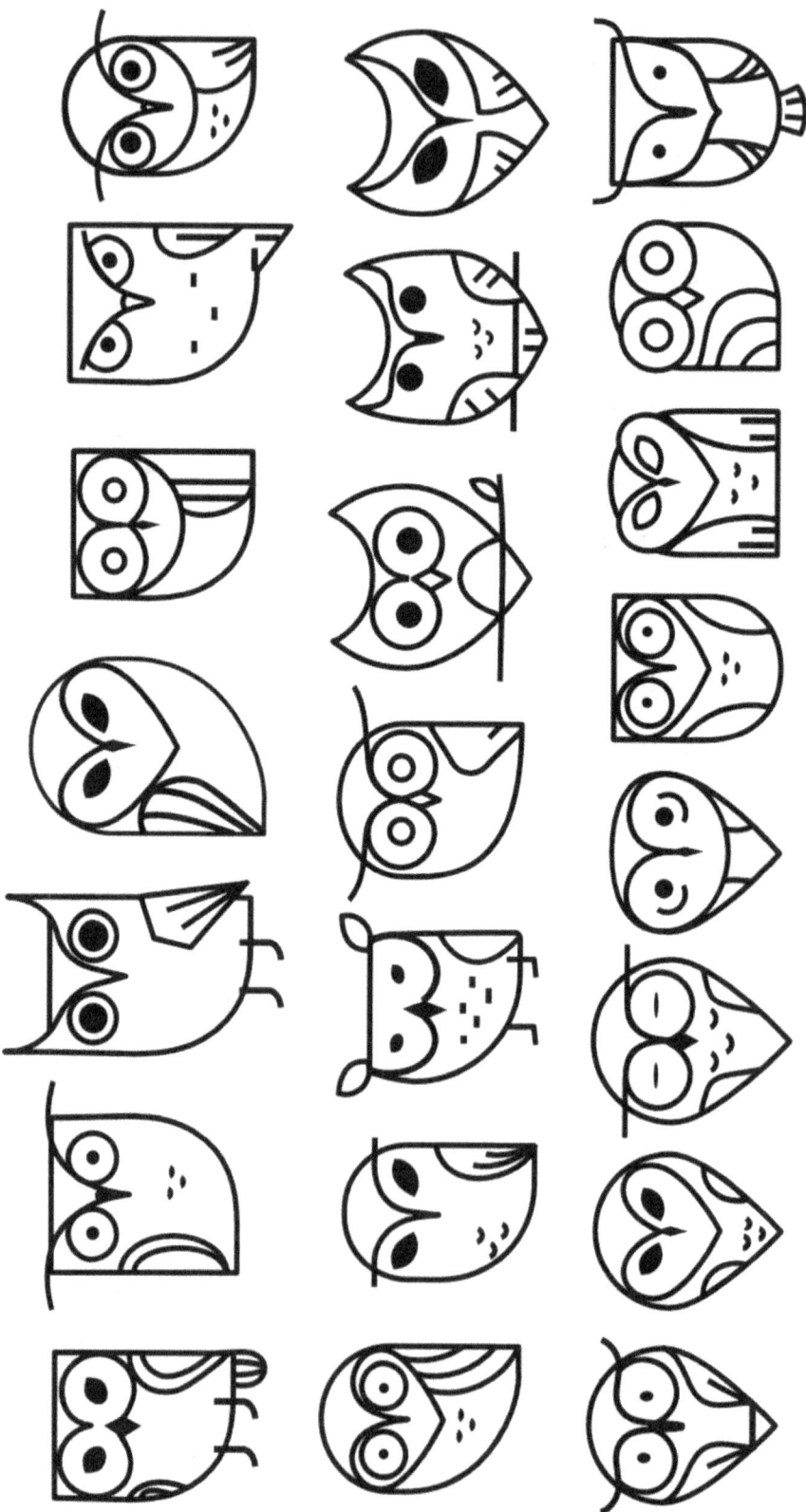

Essen & Trinken

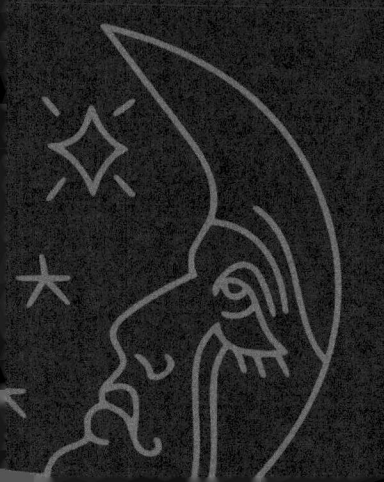

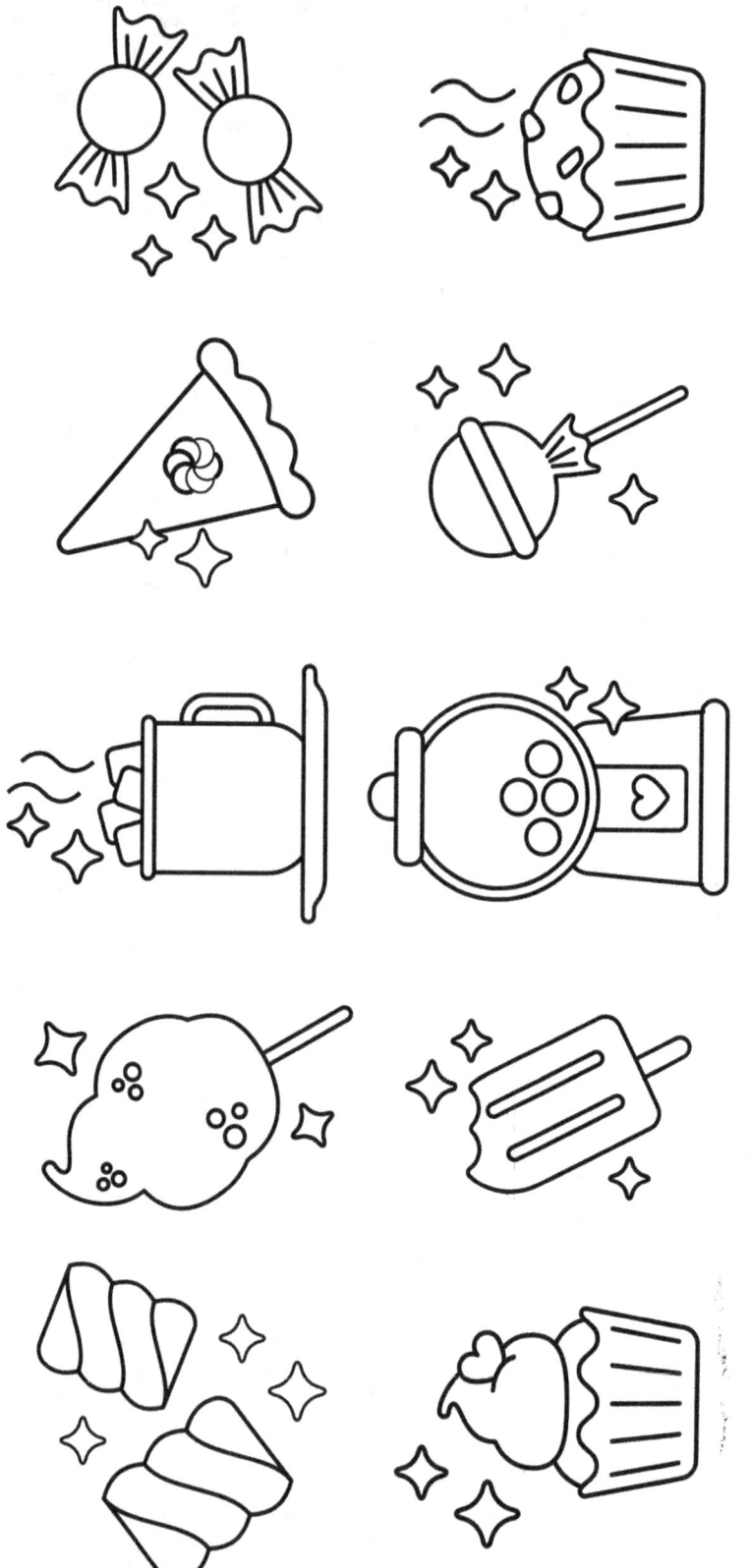

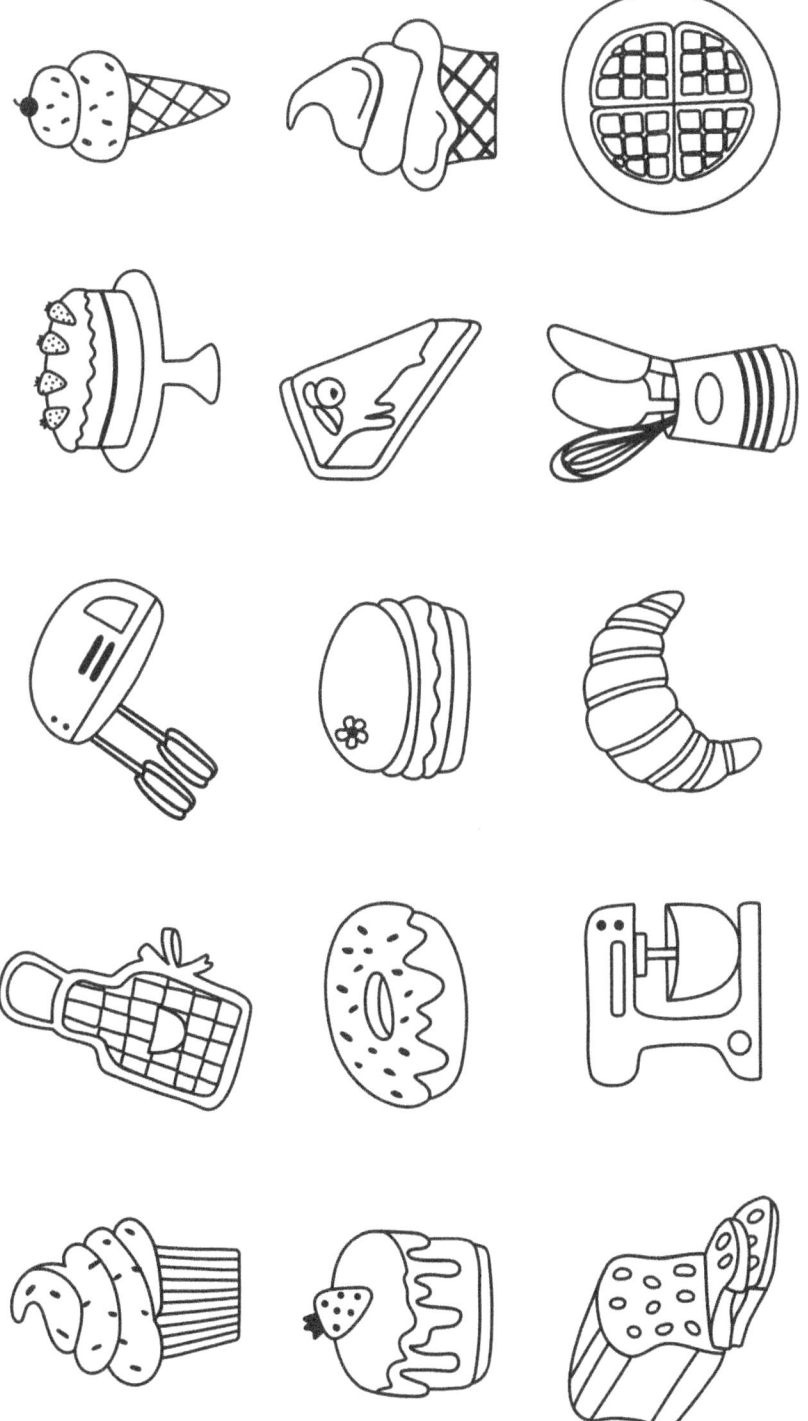

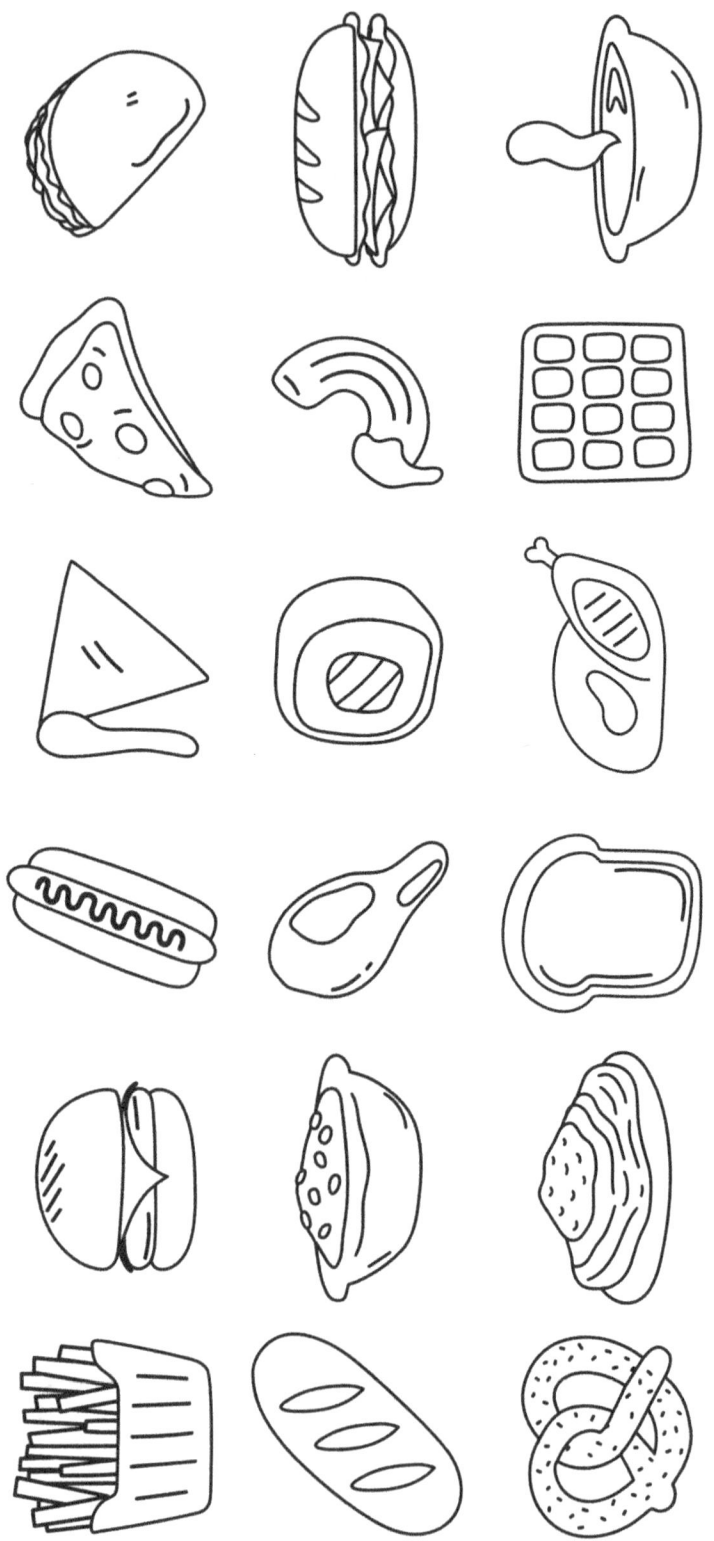

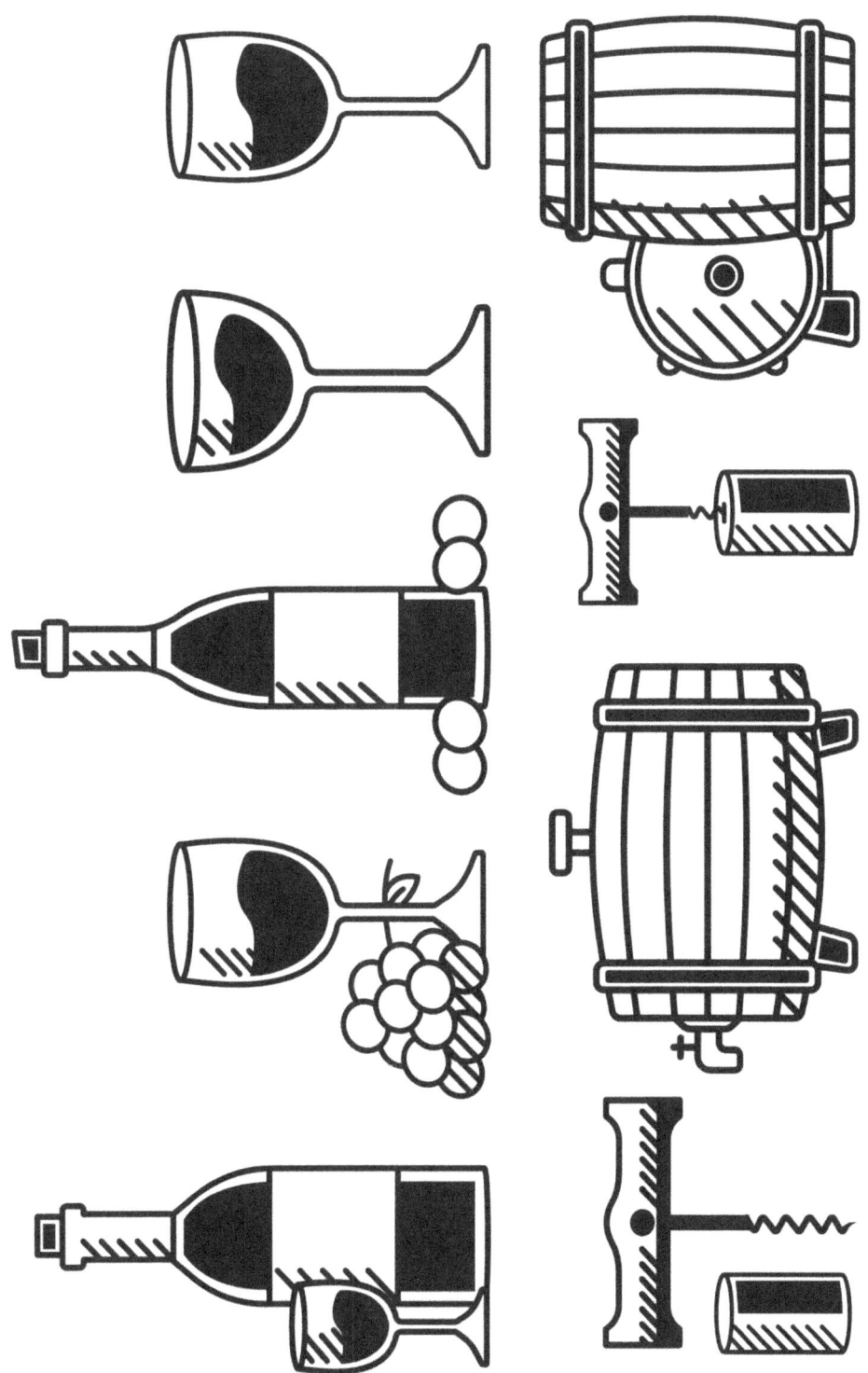

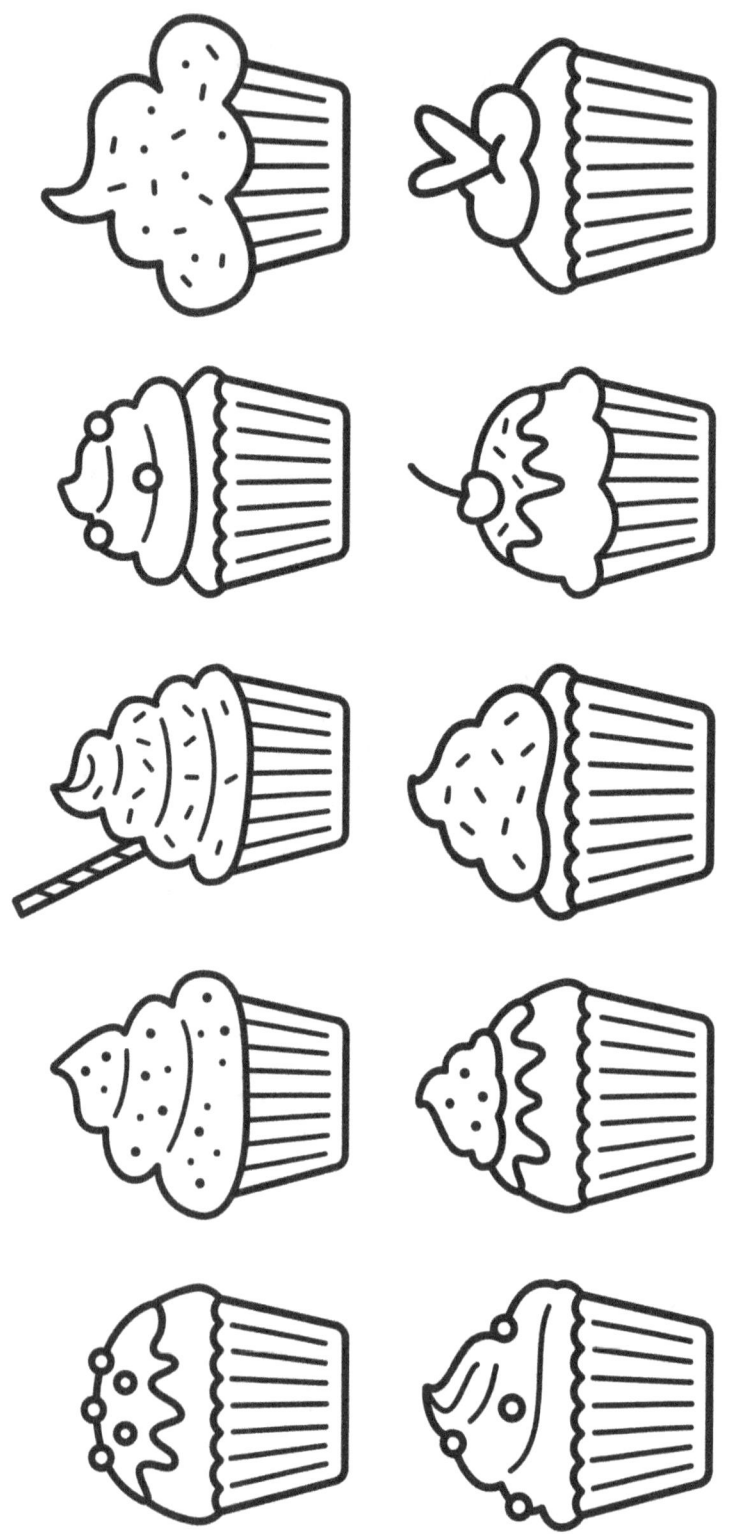

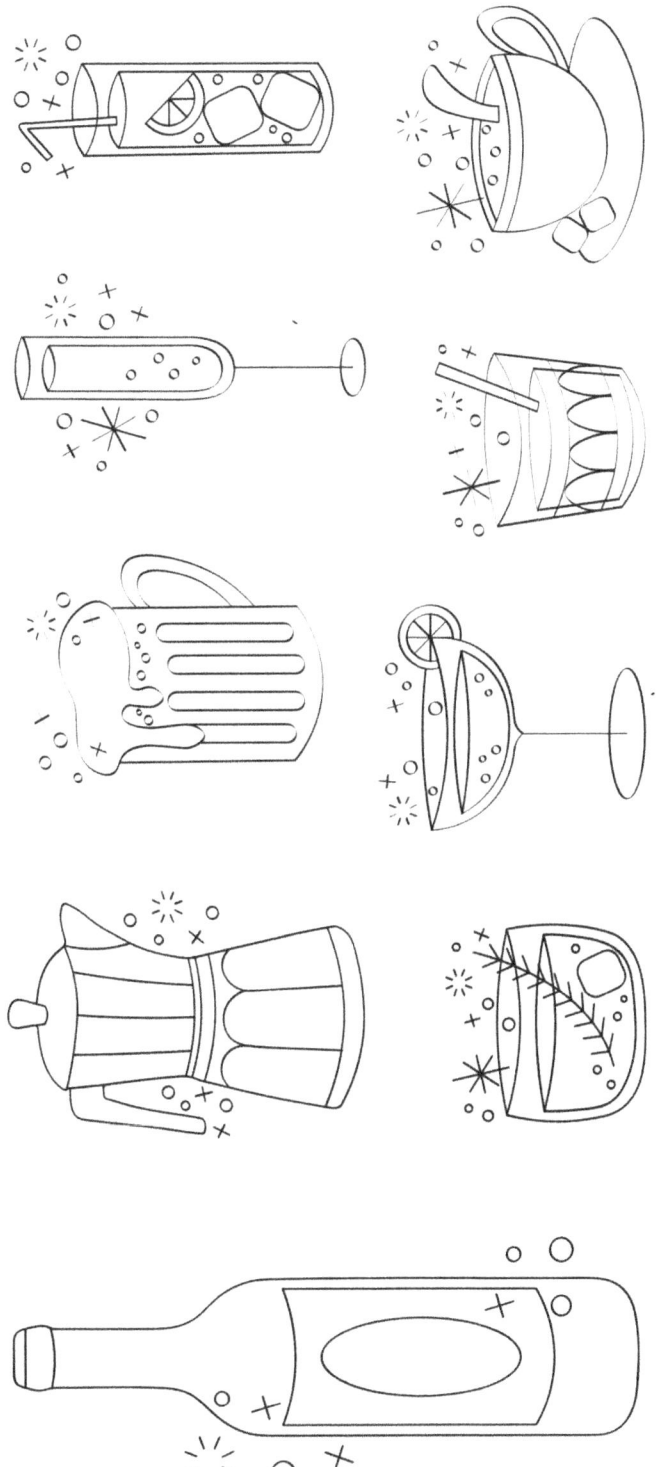

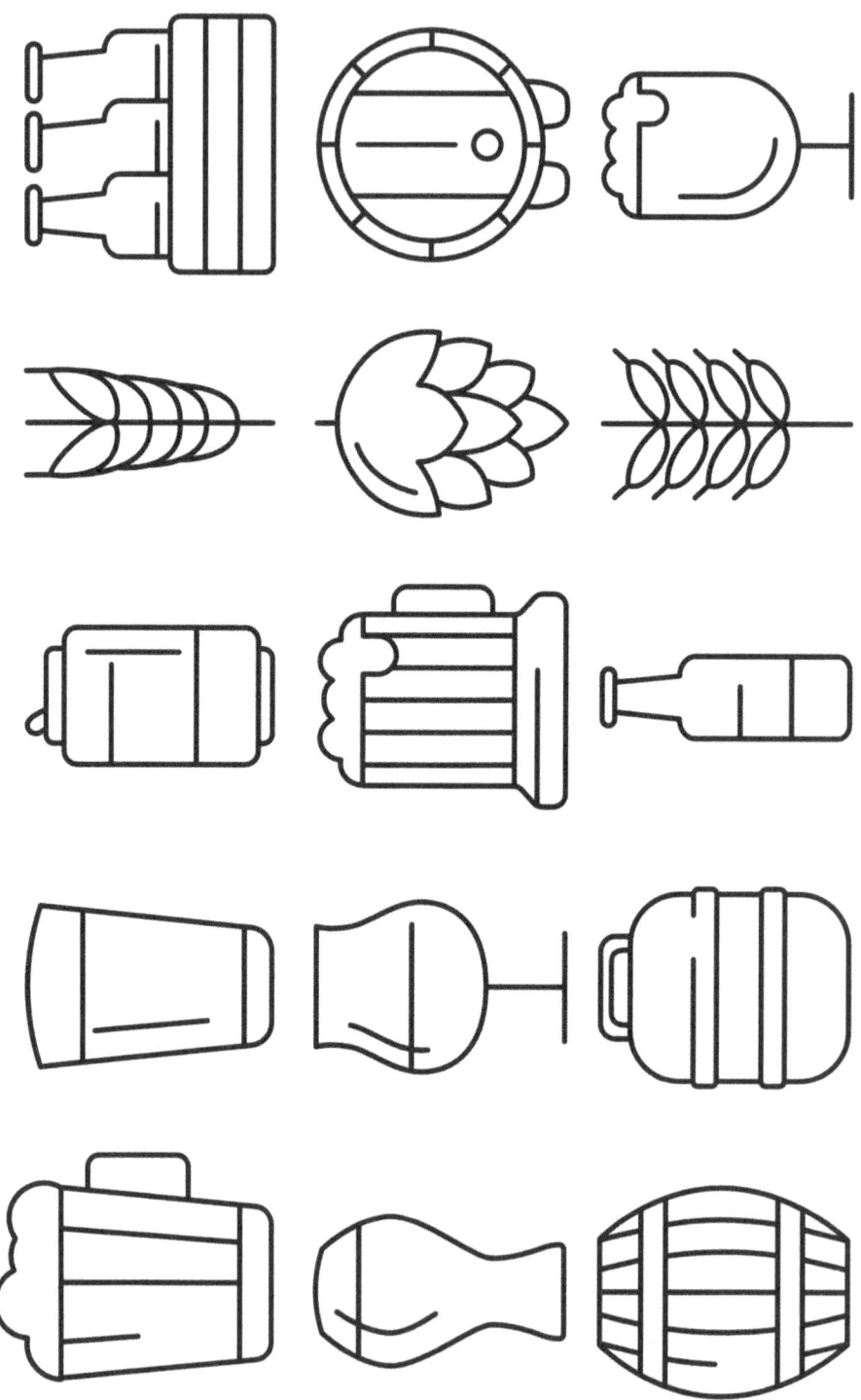

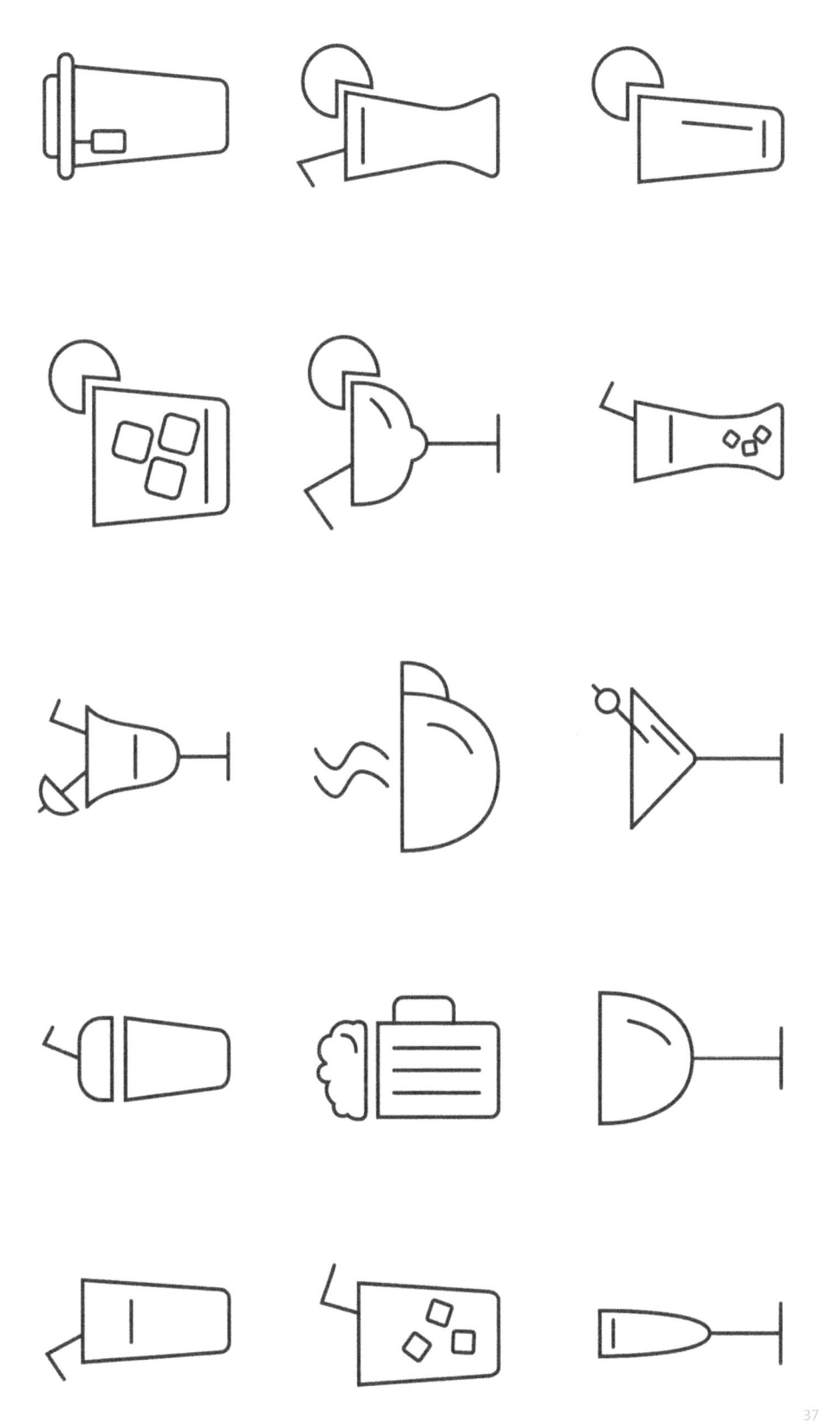

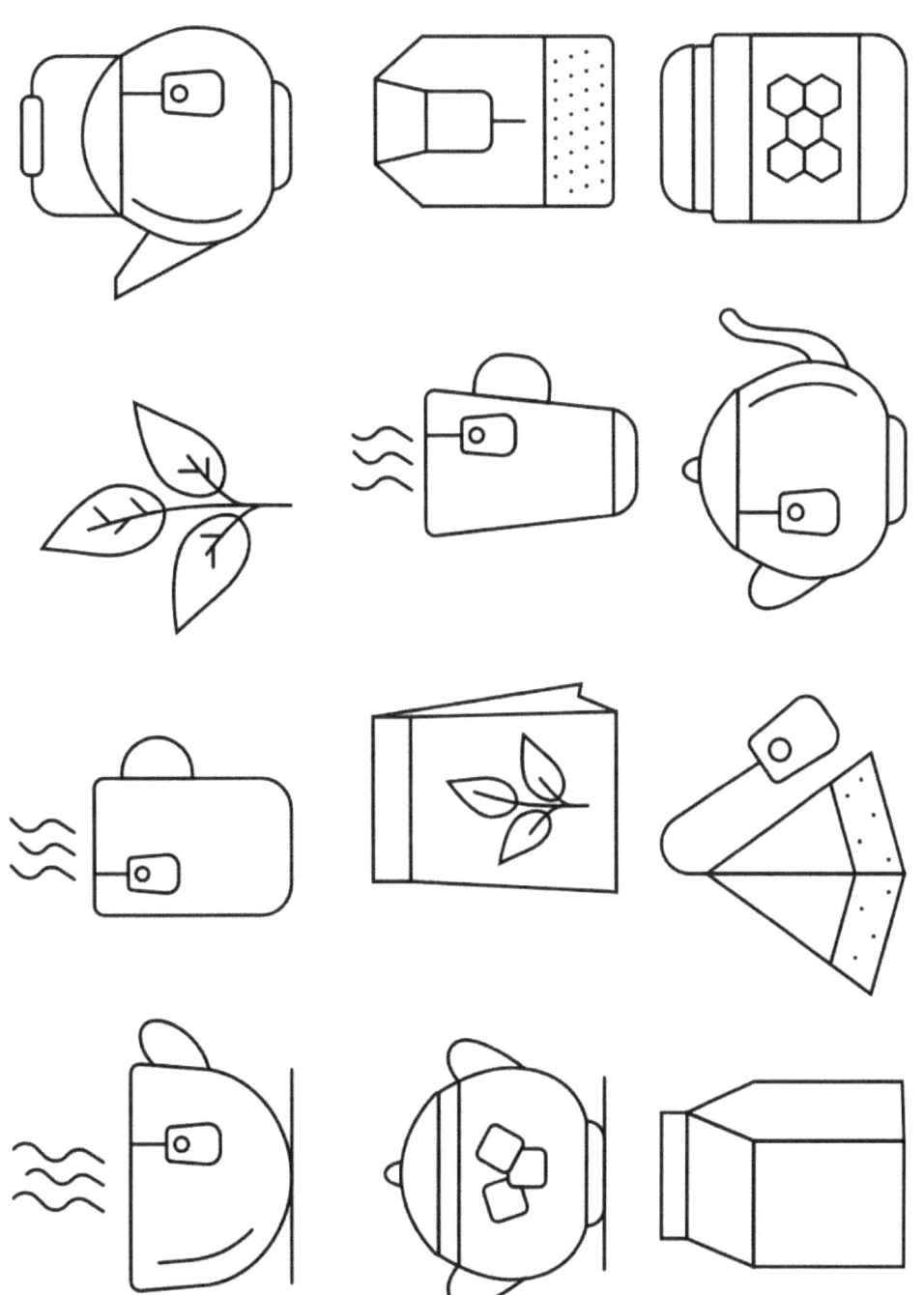

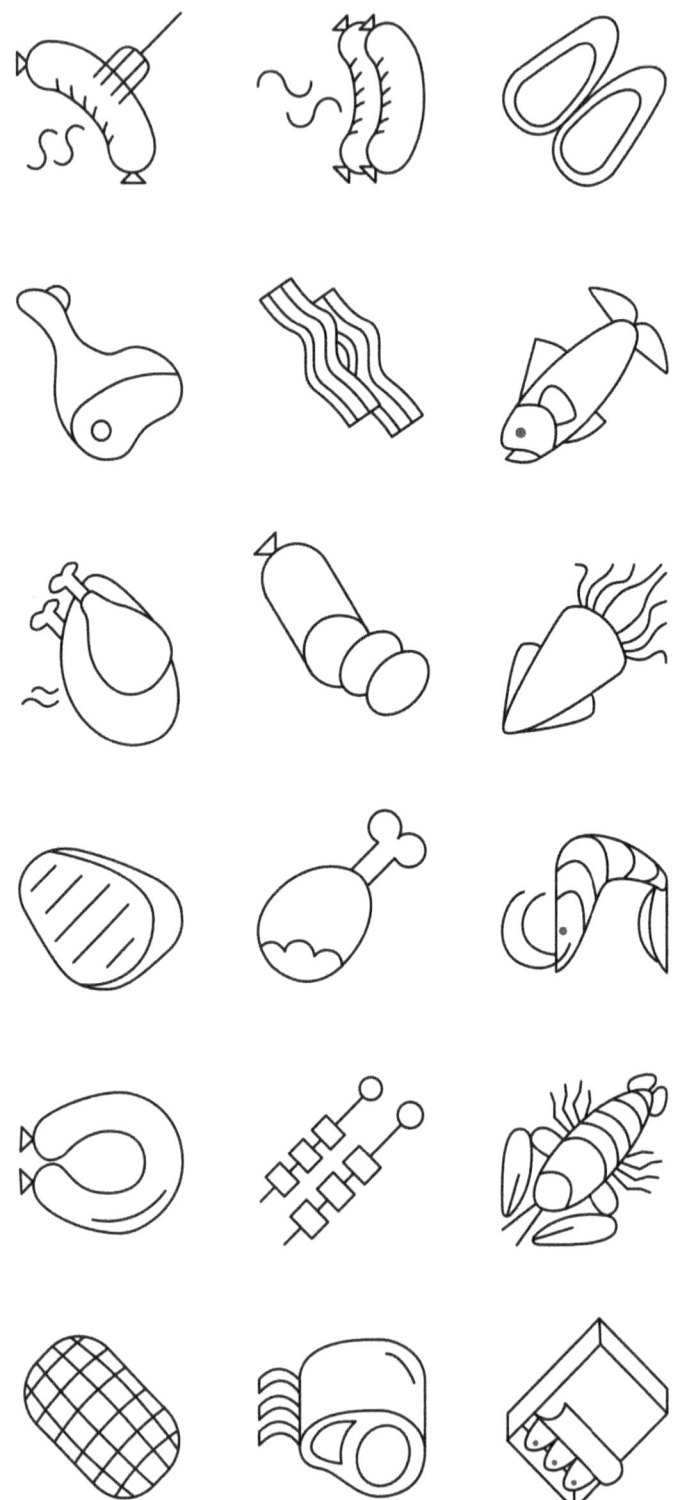

Natur & Umwelt

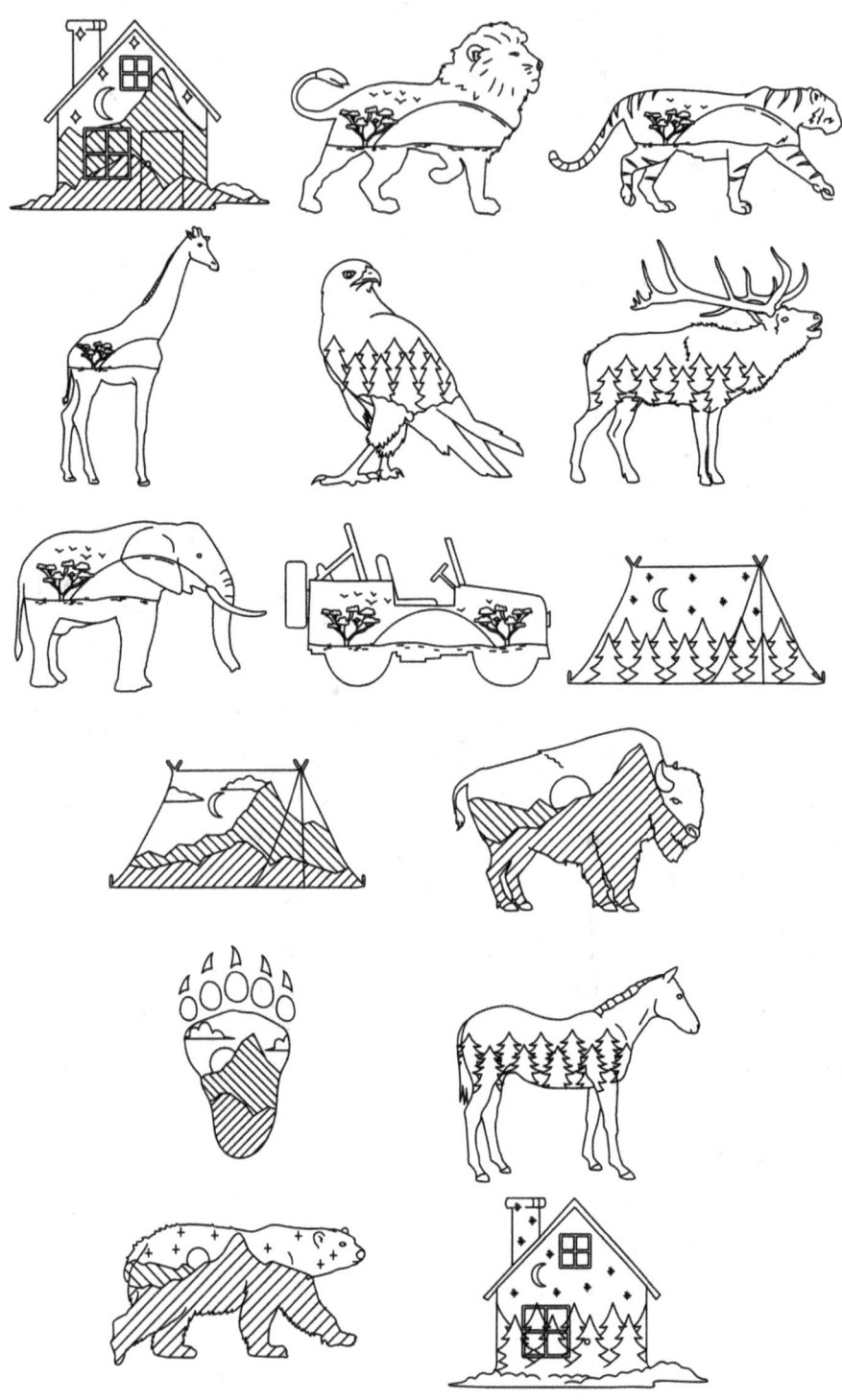

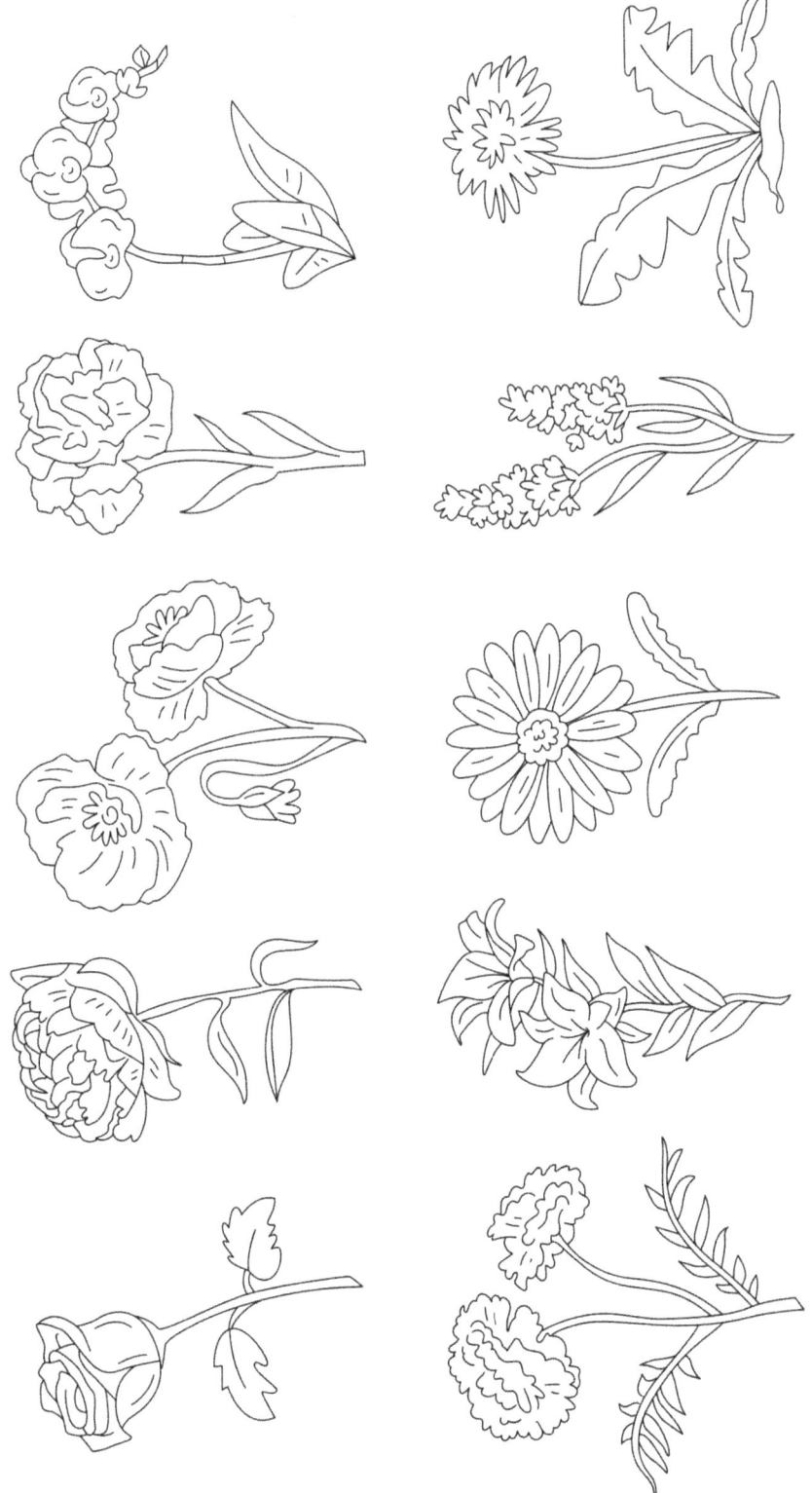

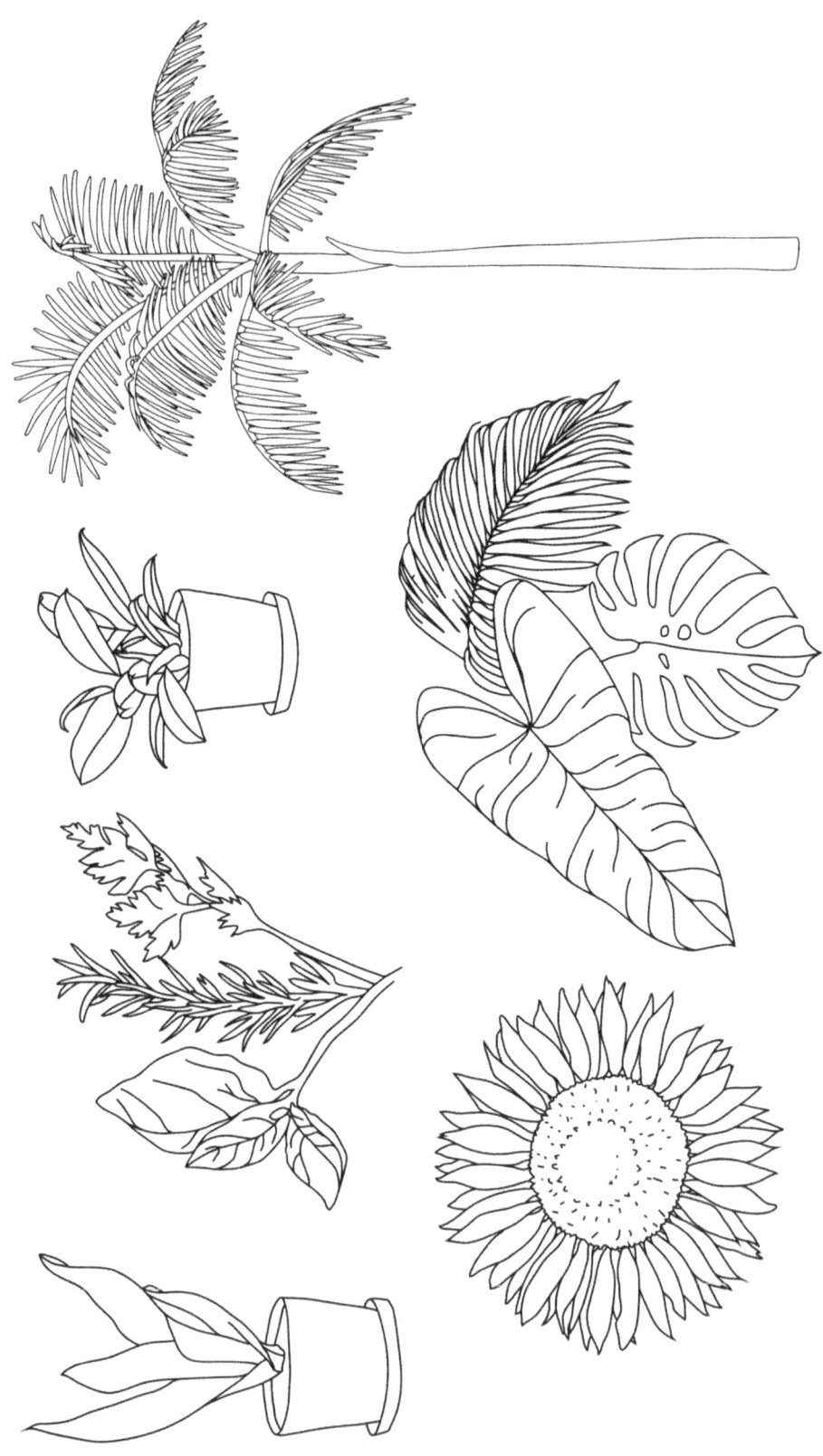

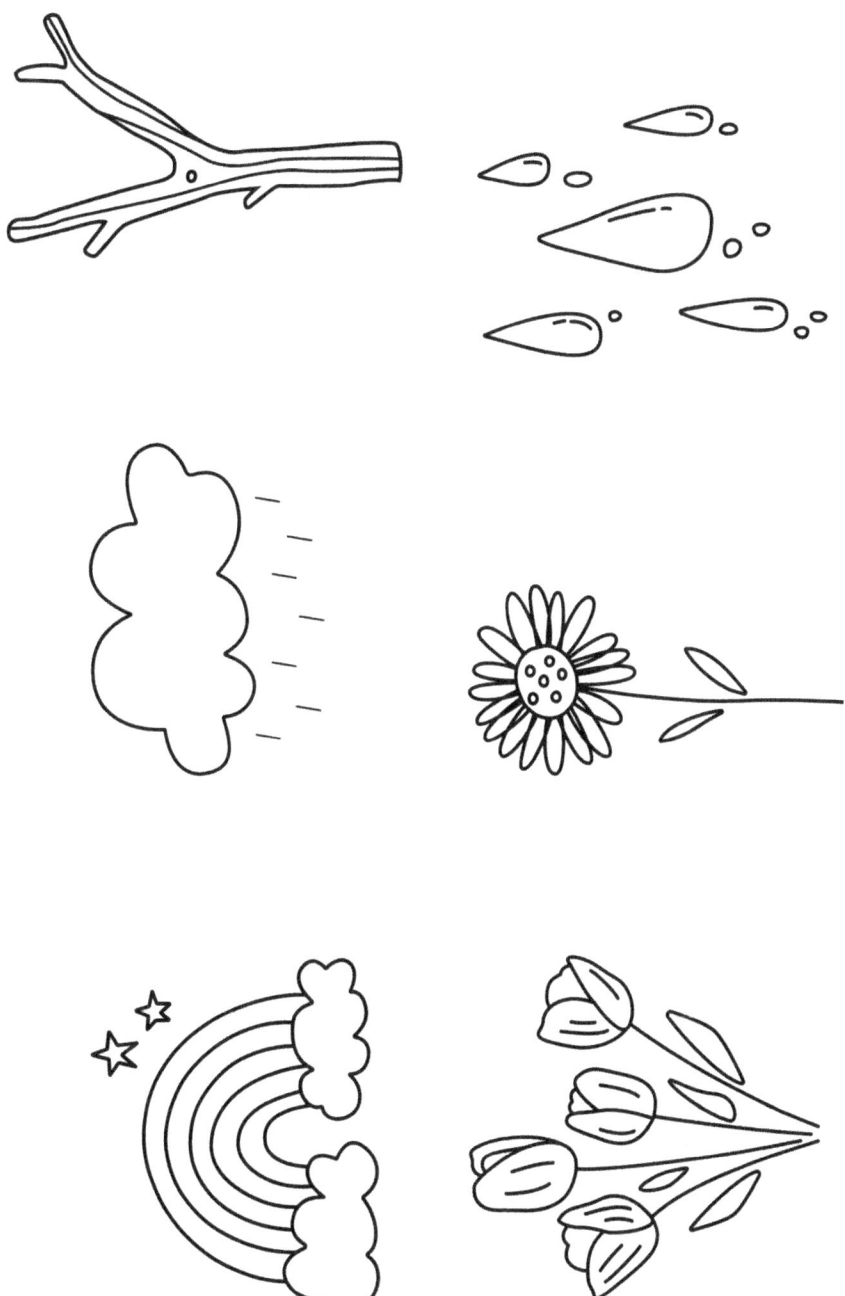

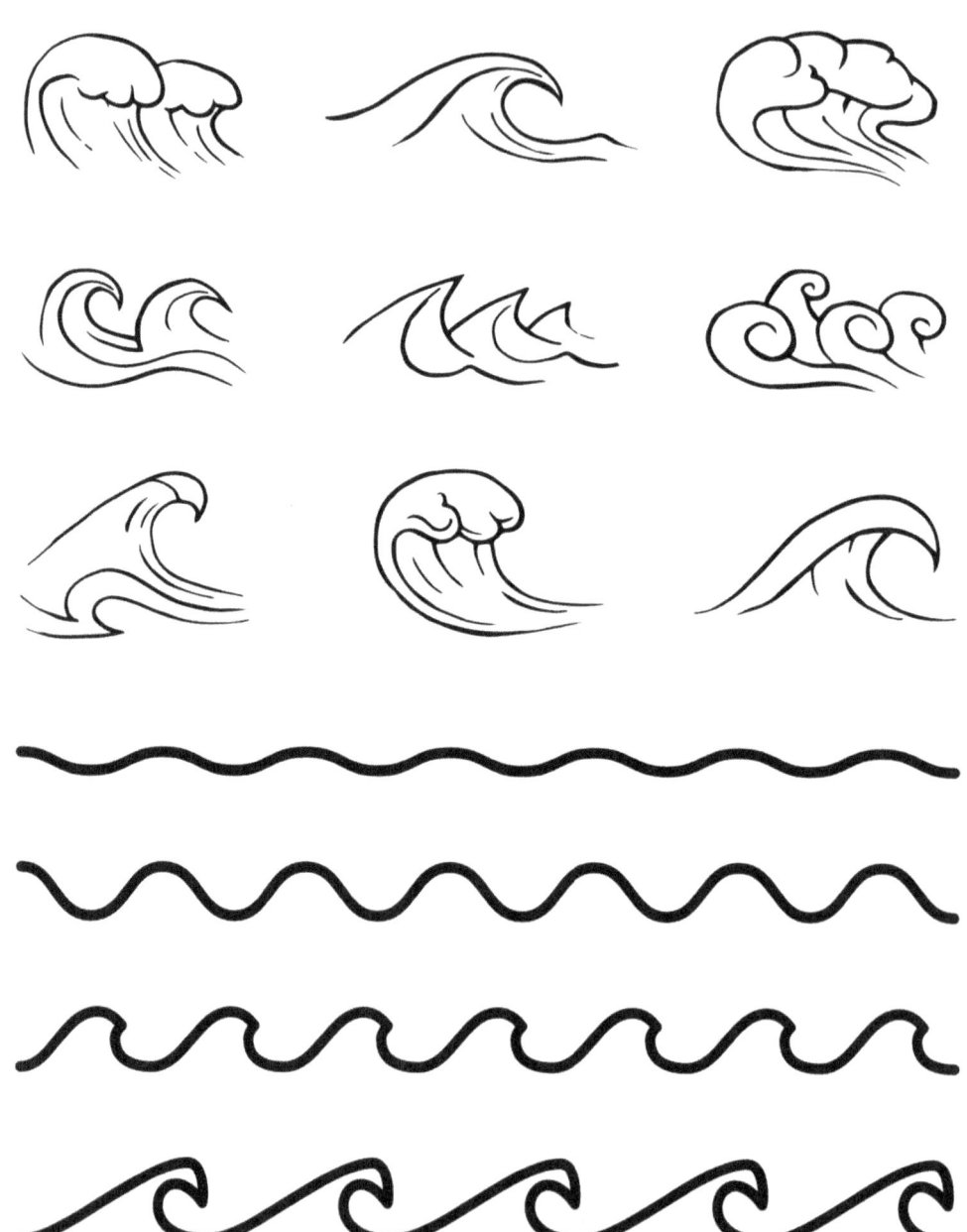

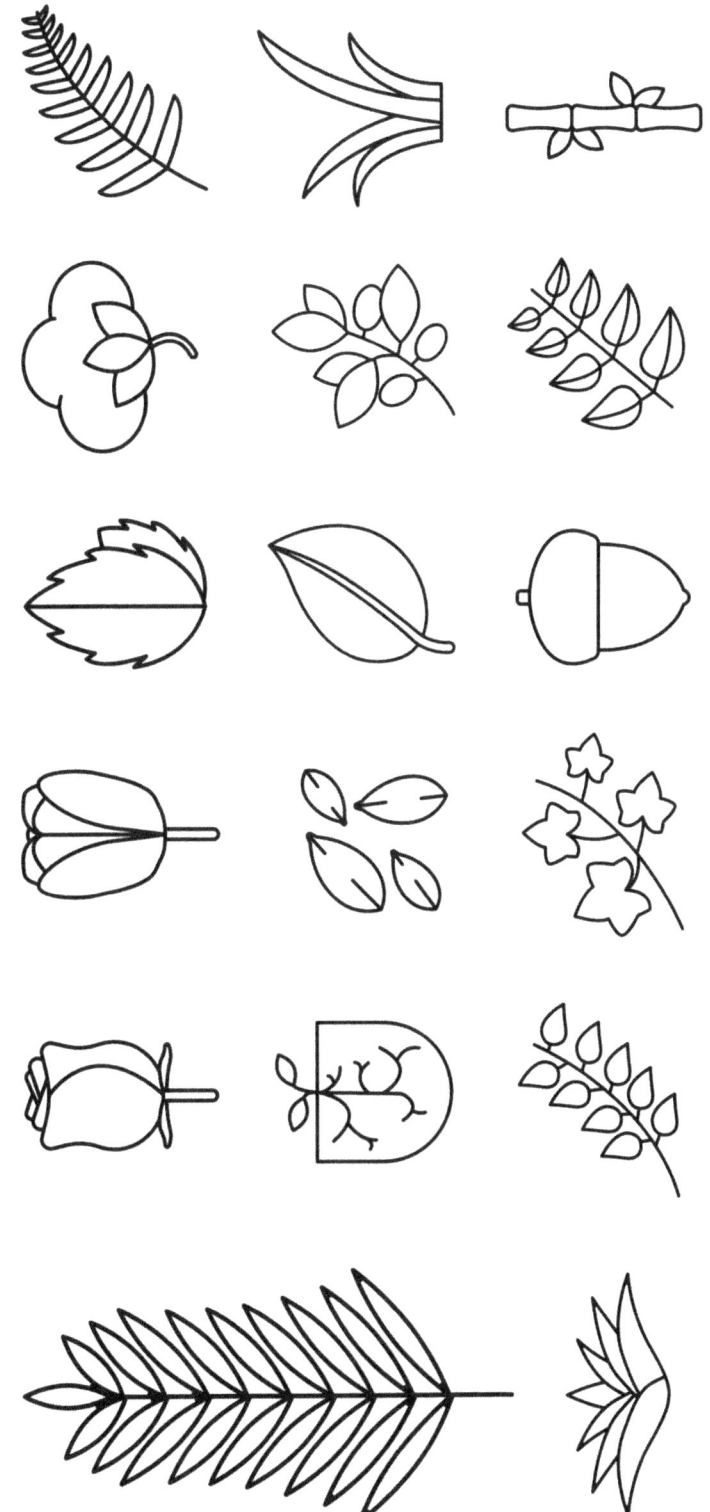

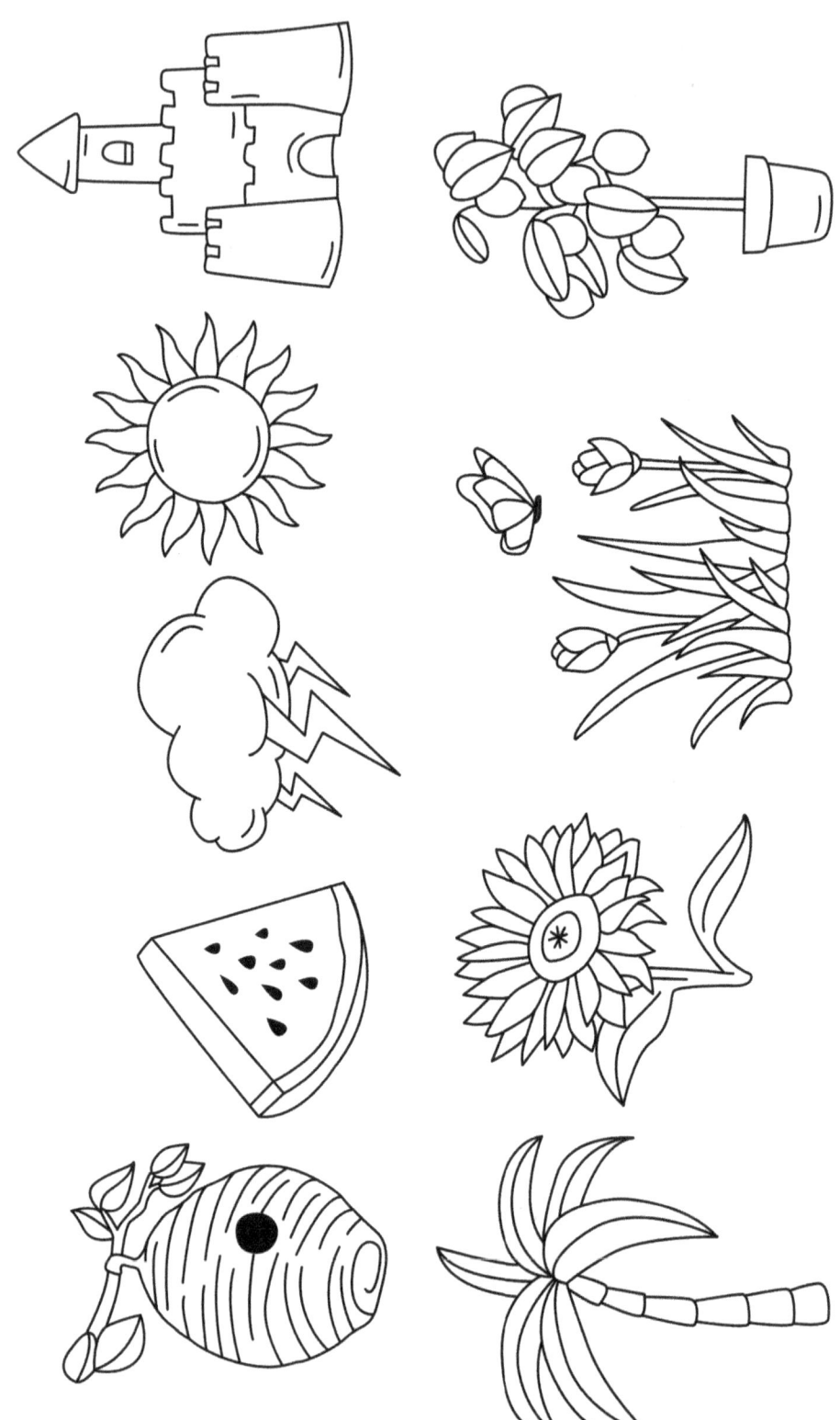

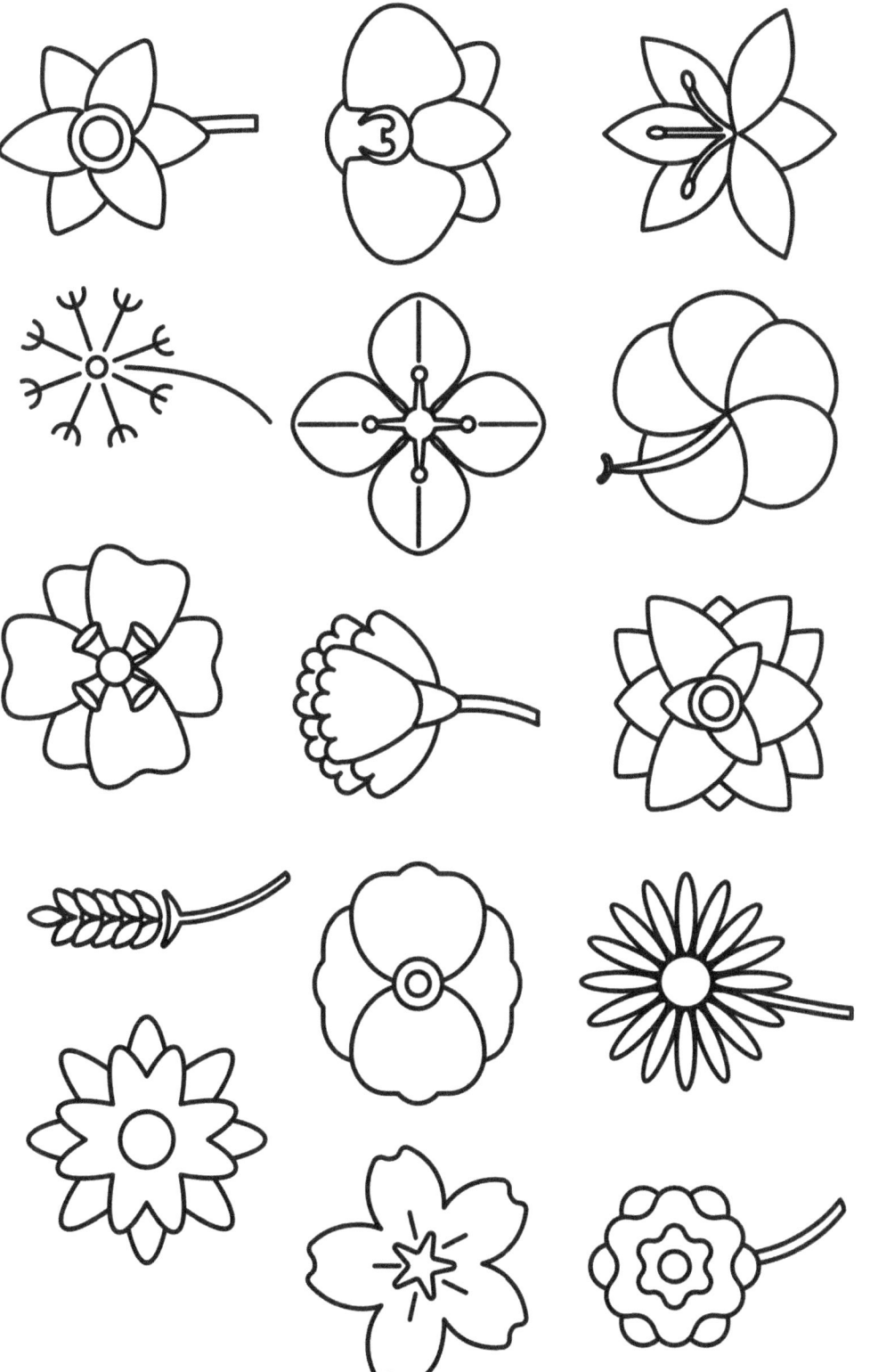

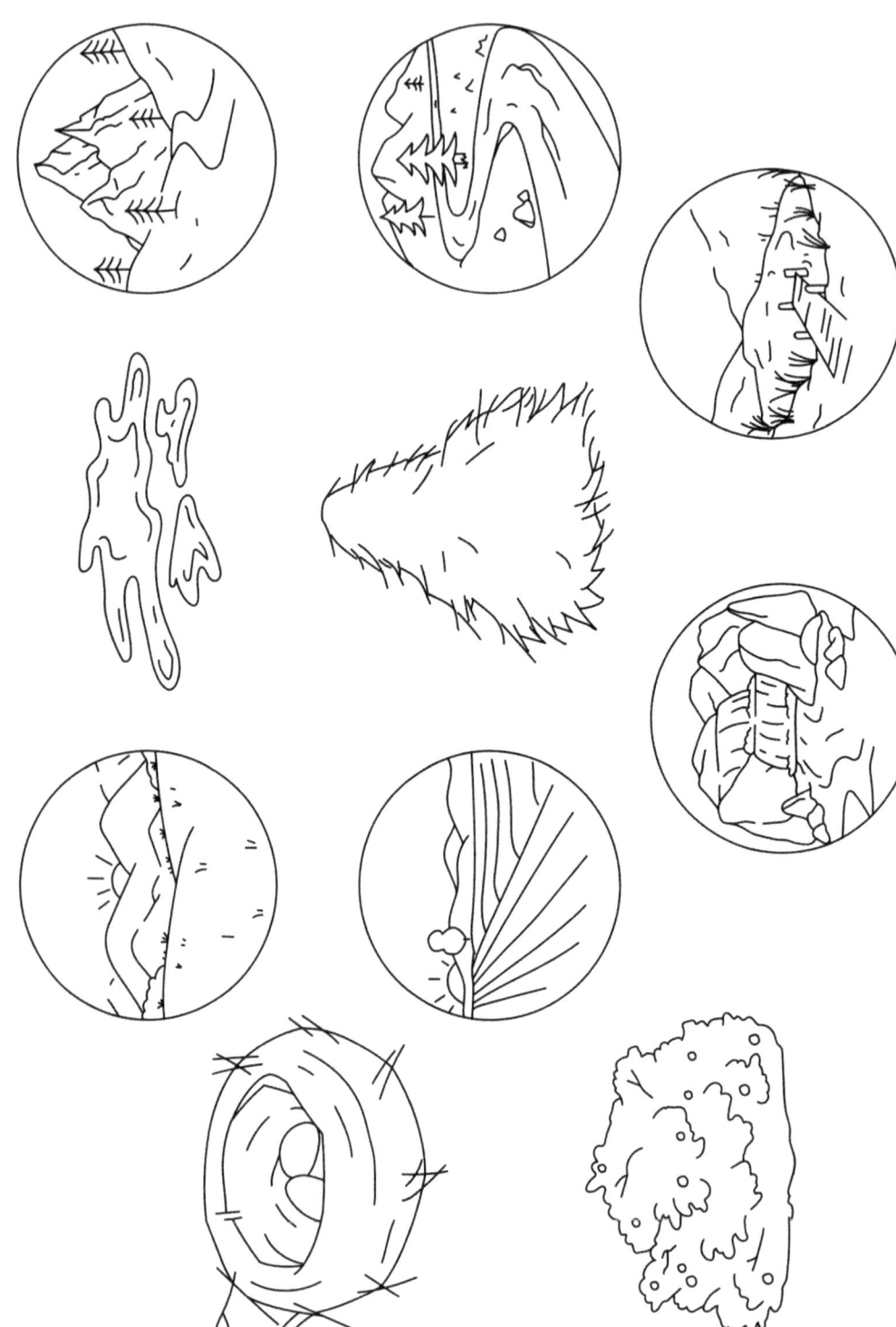

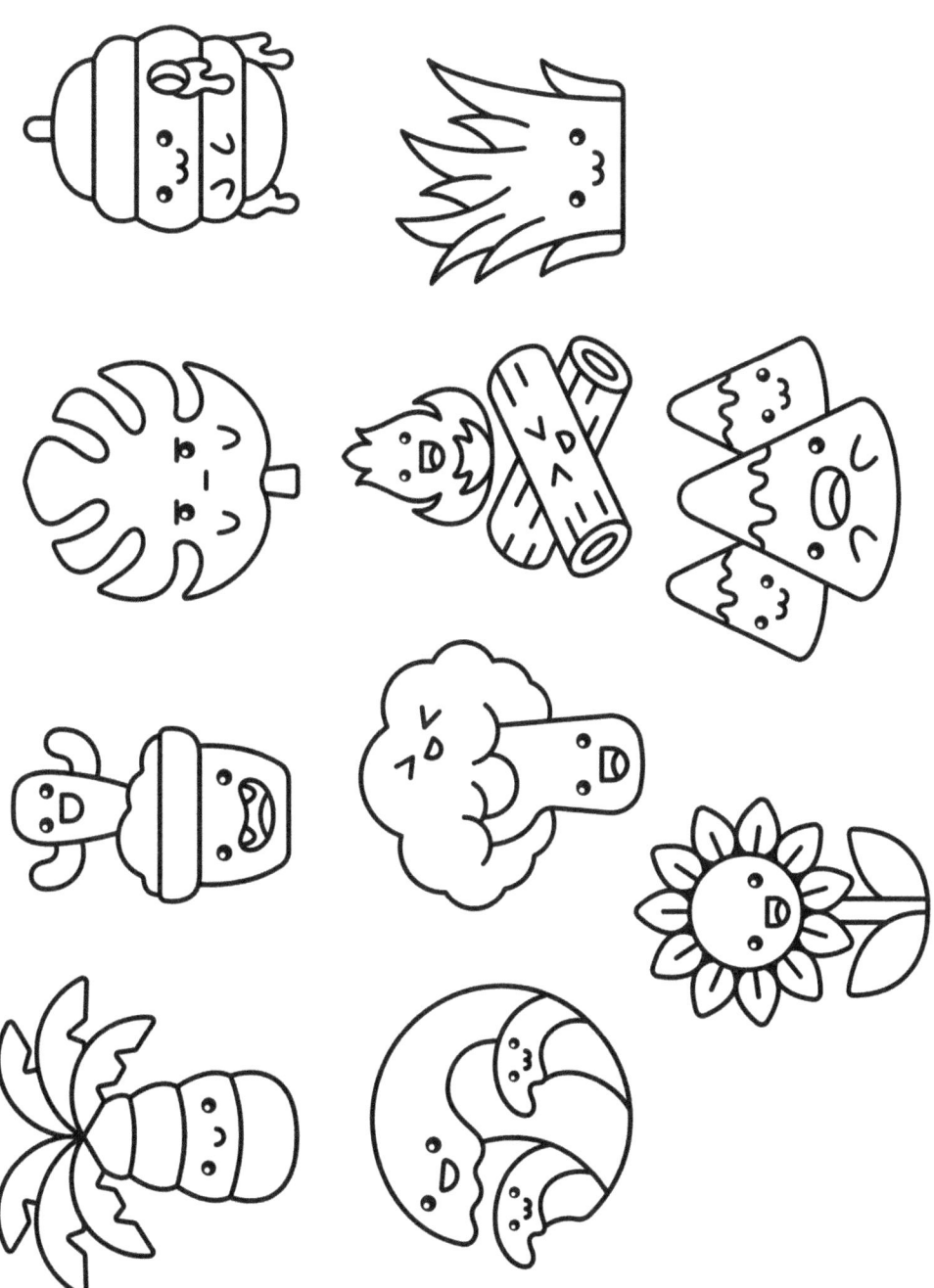

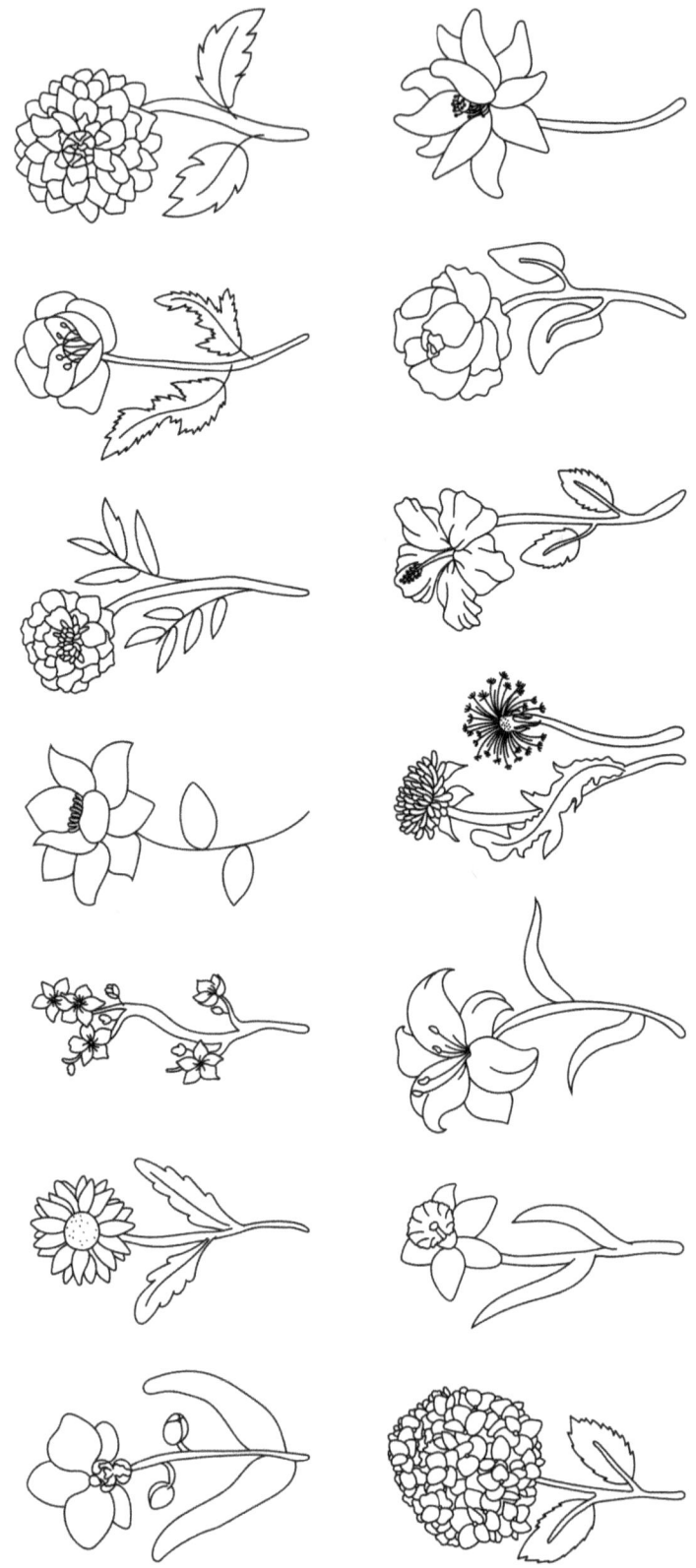

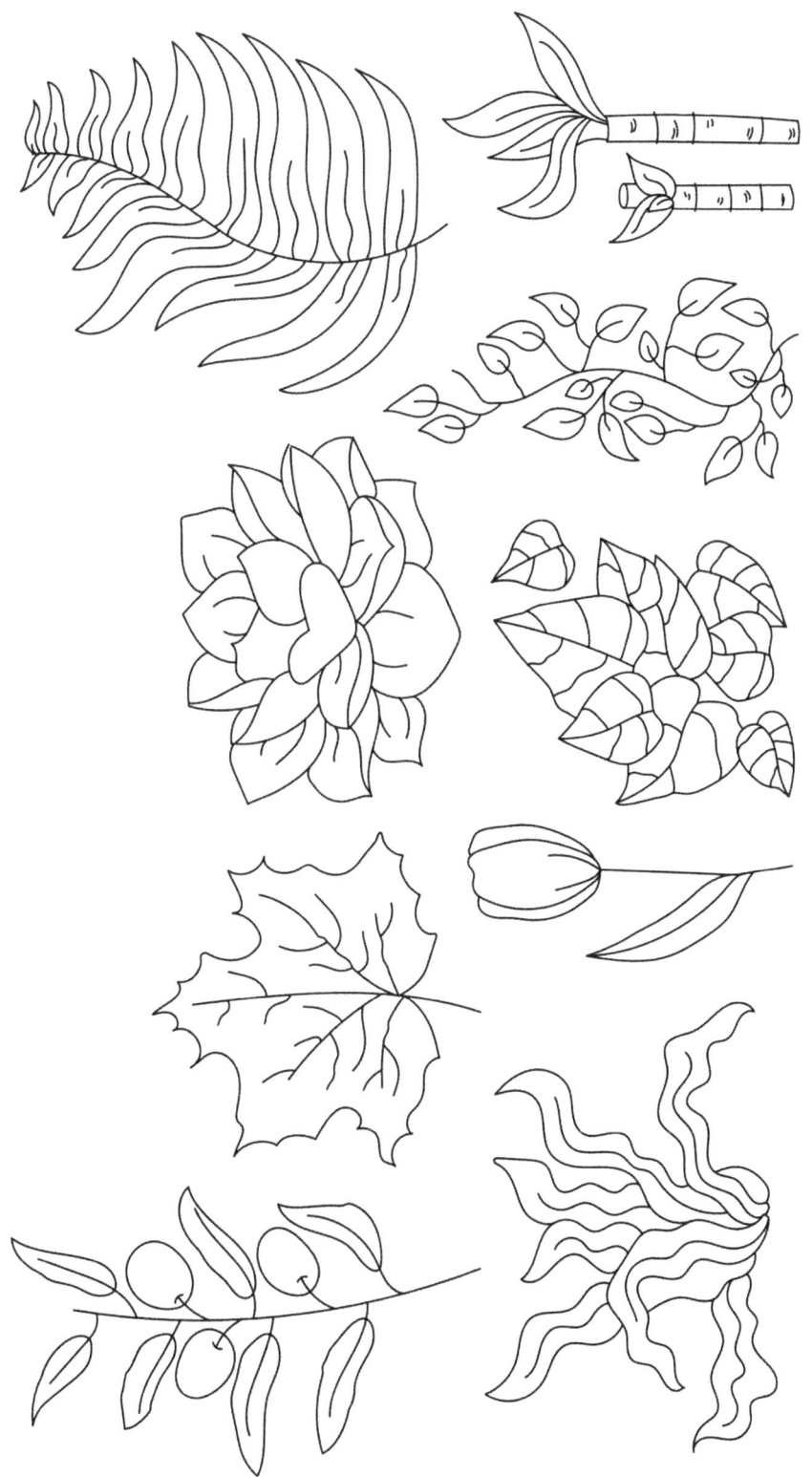

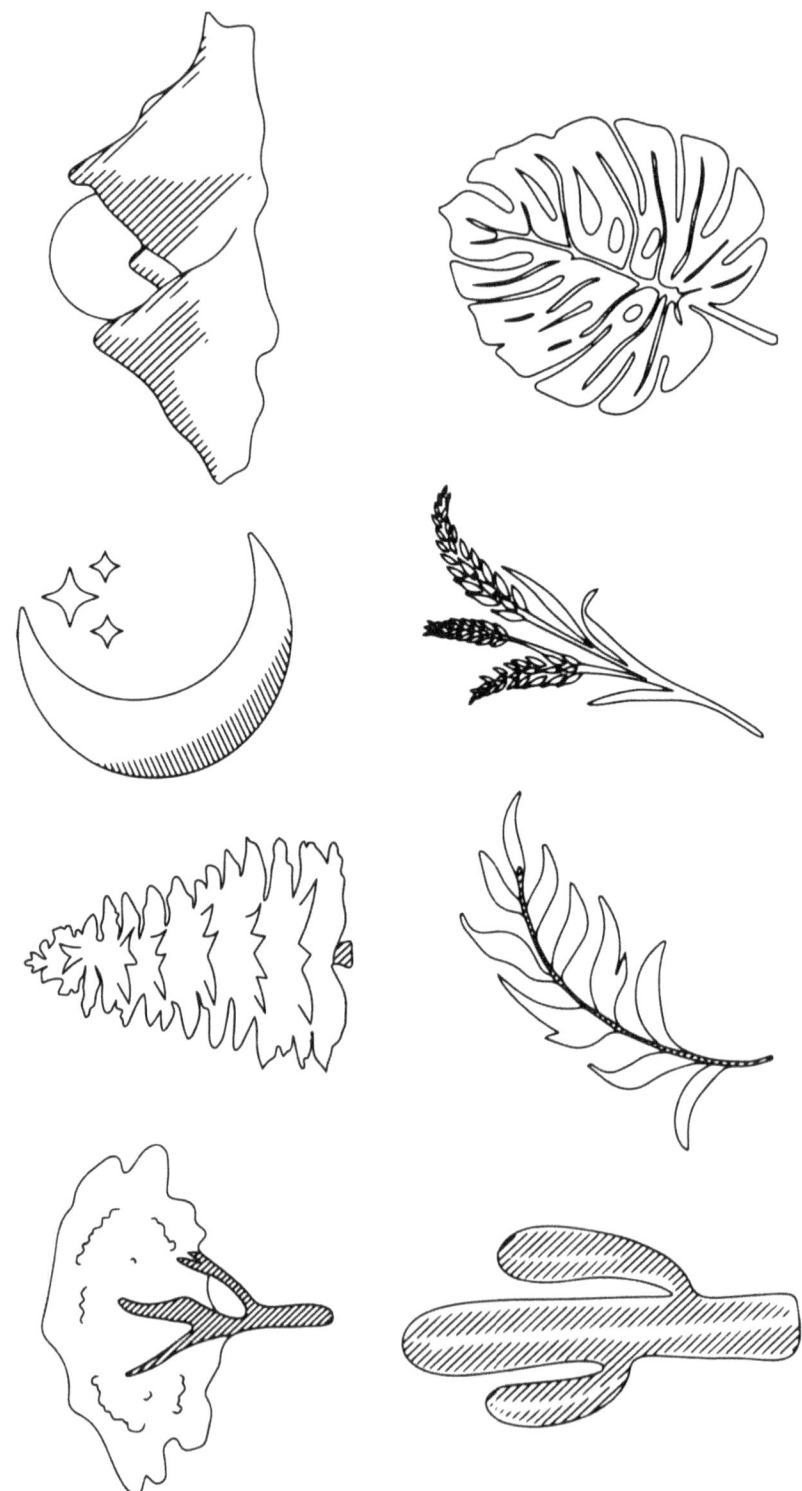

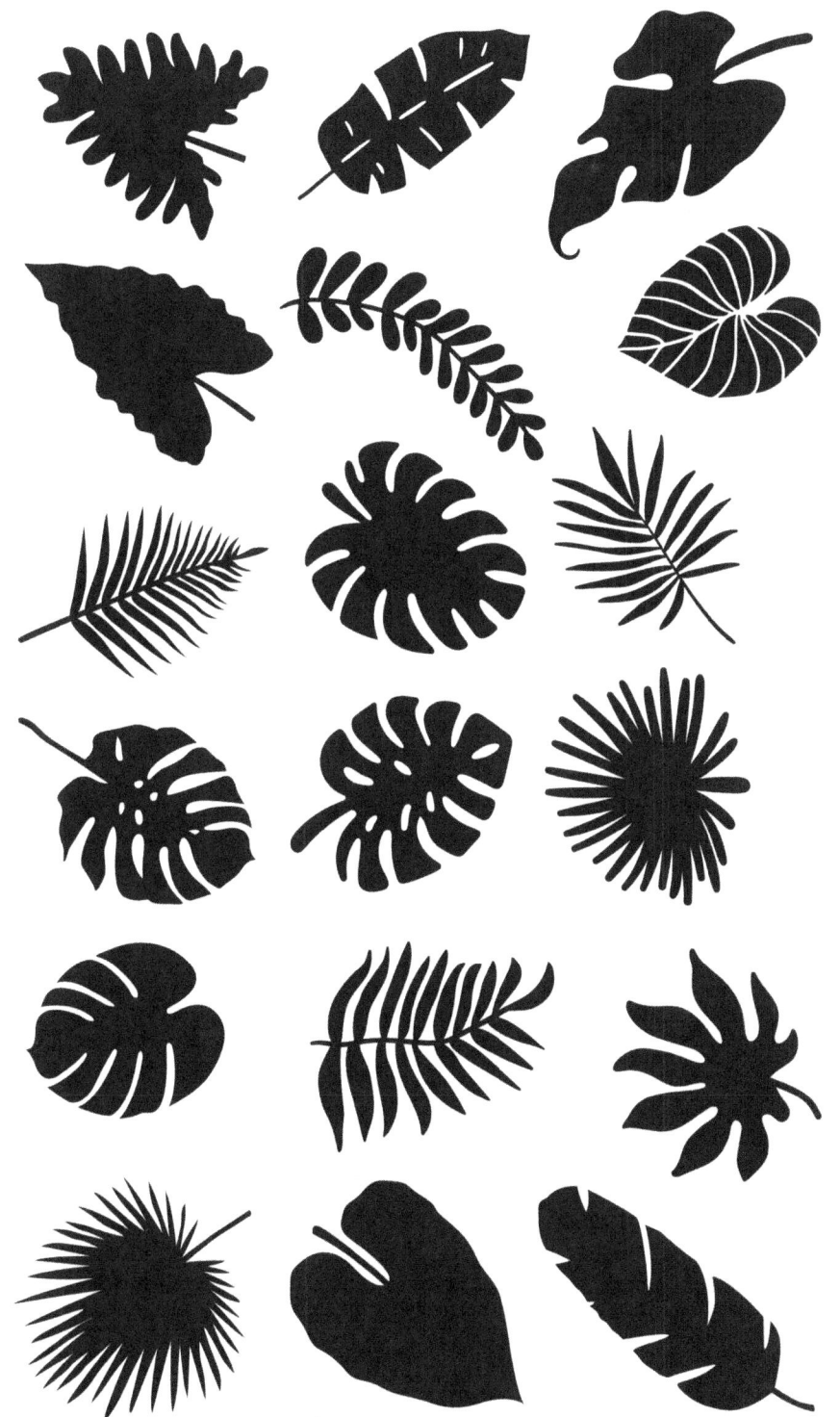

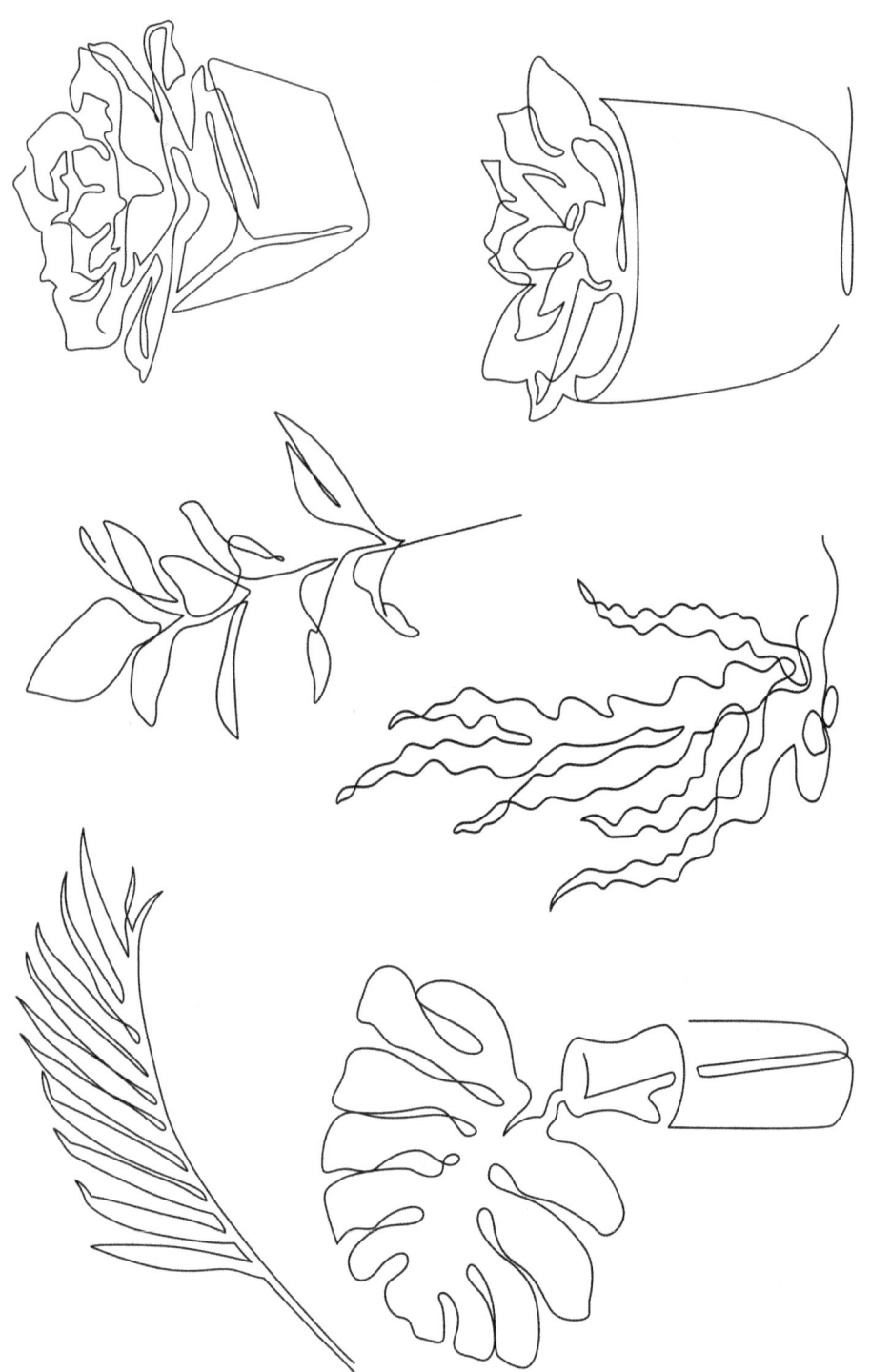

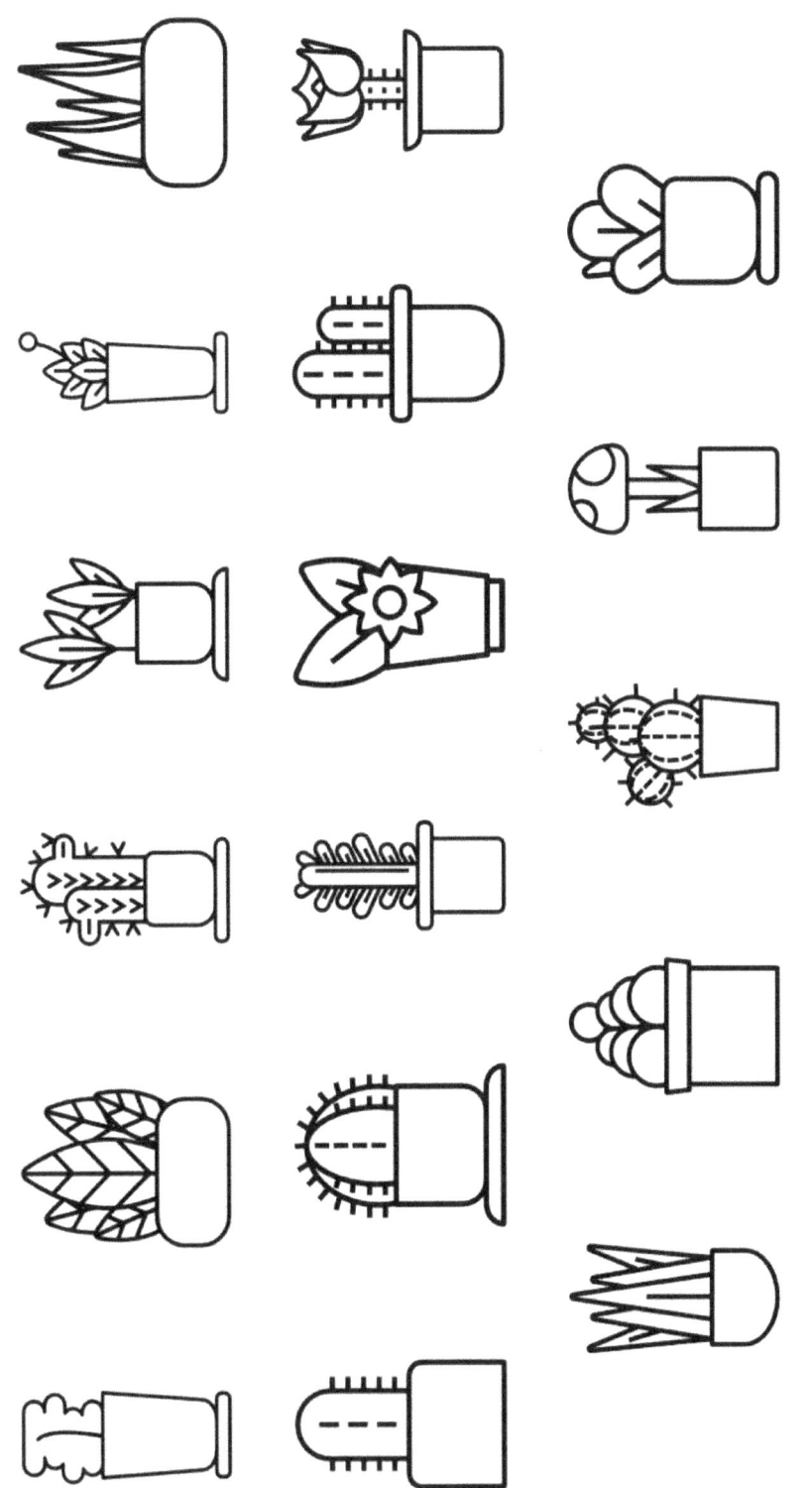

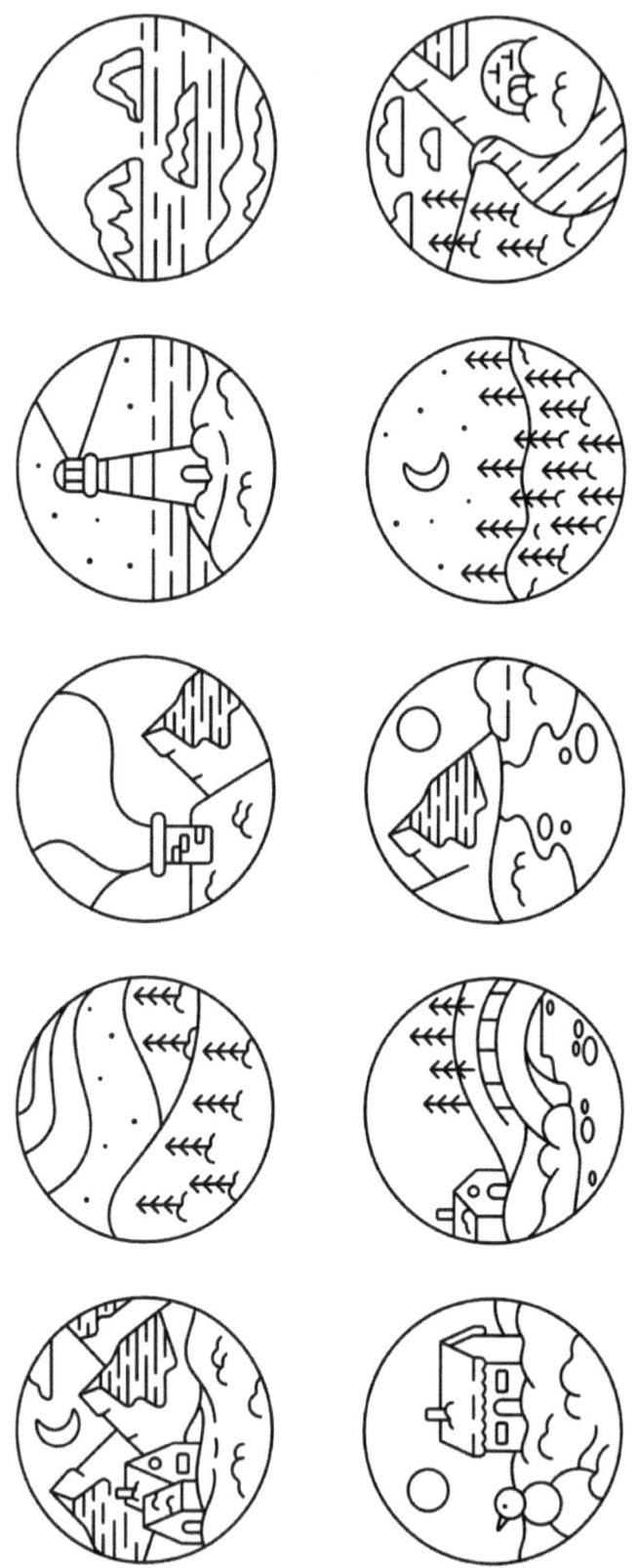

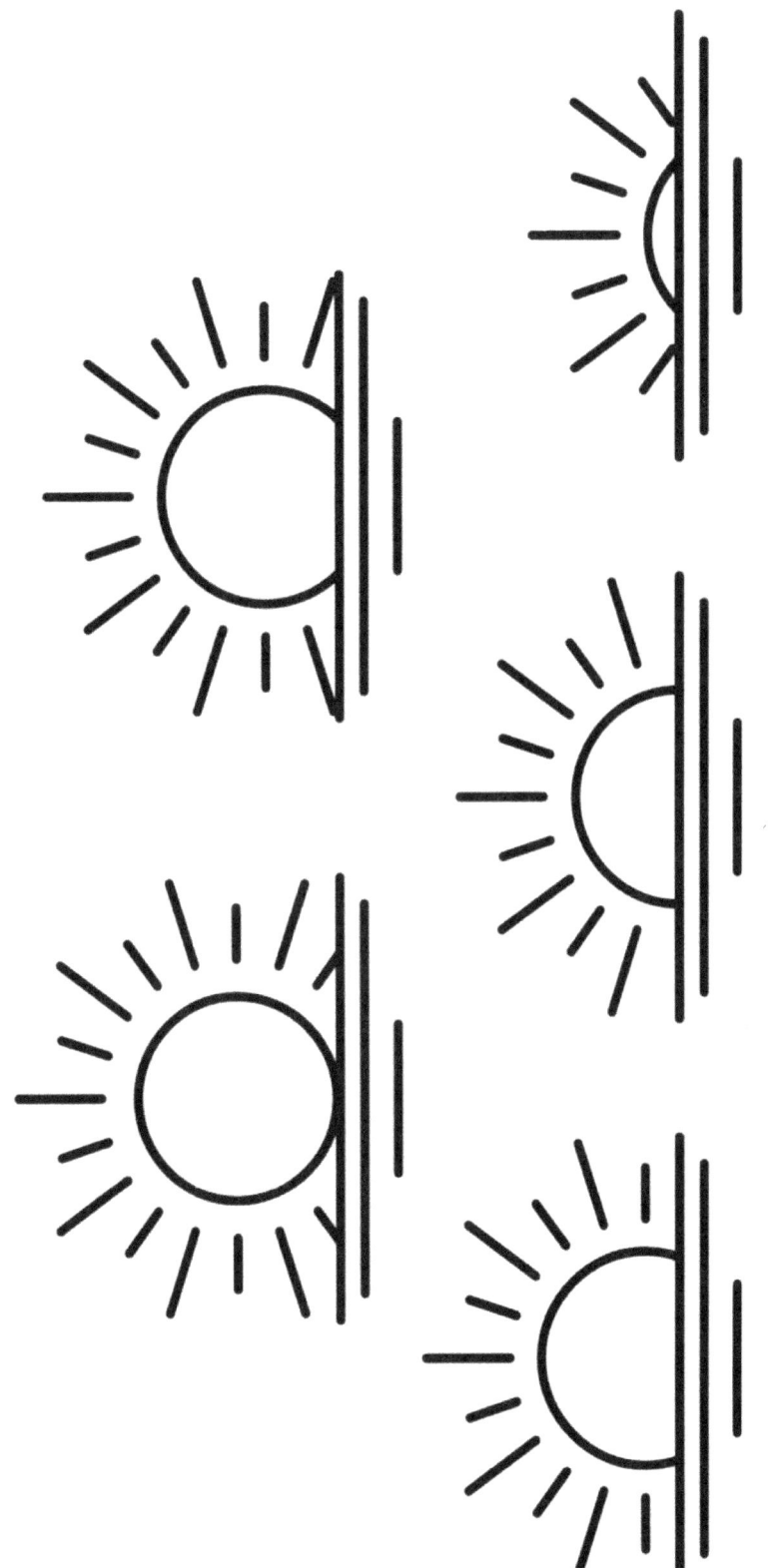

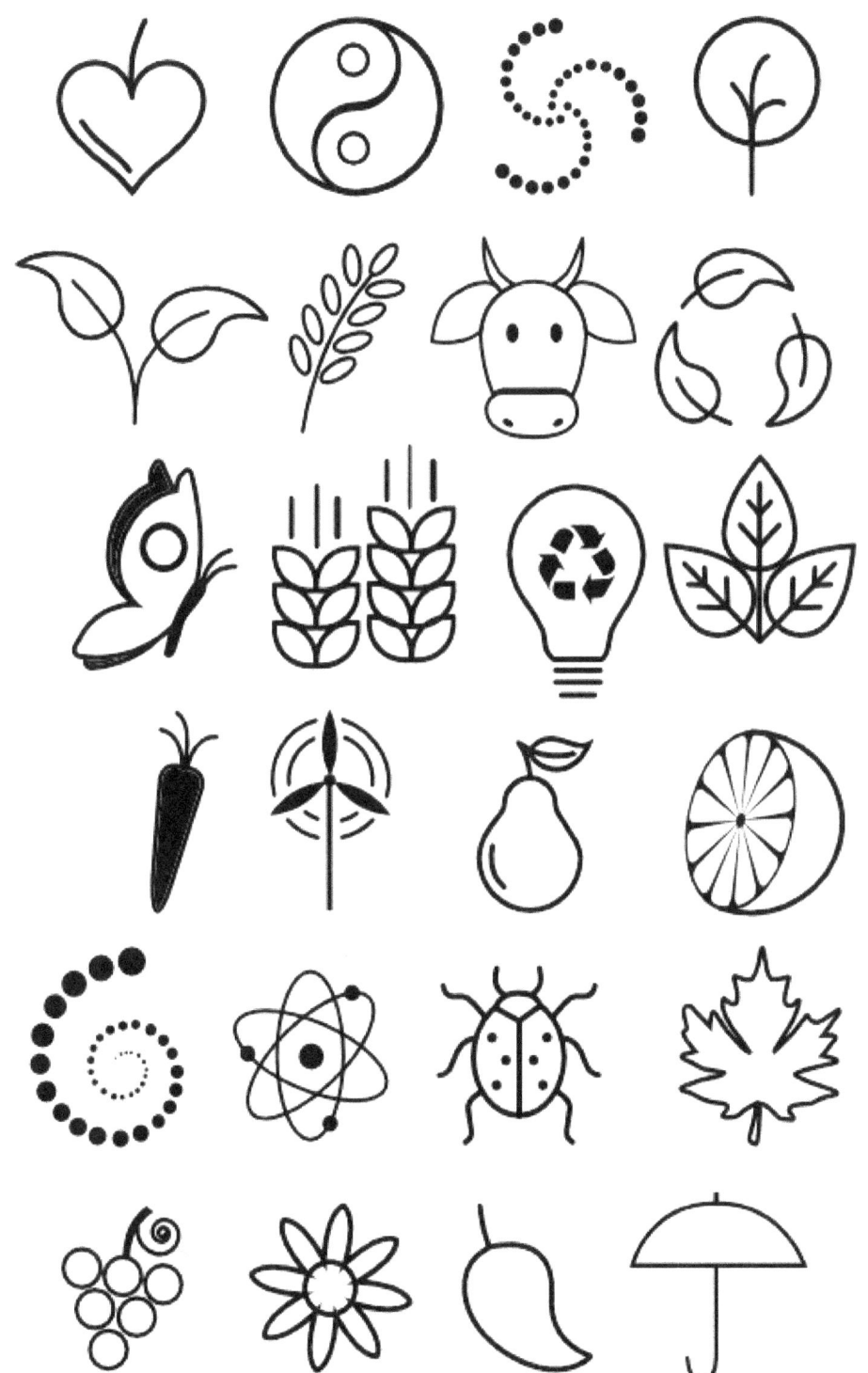

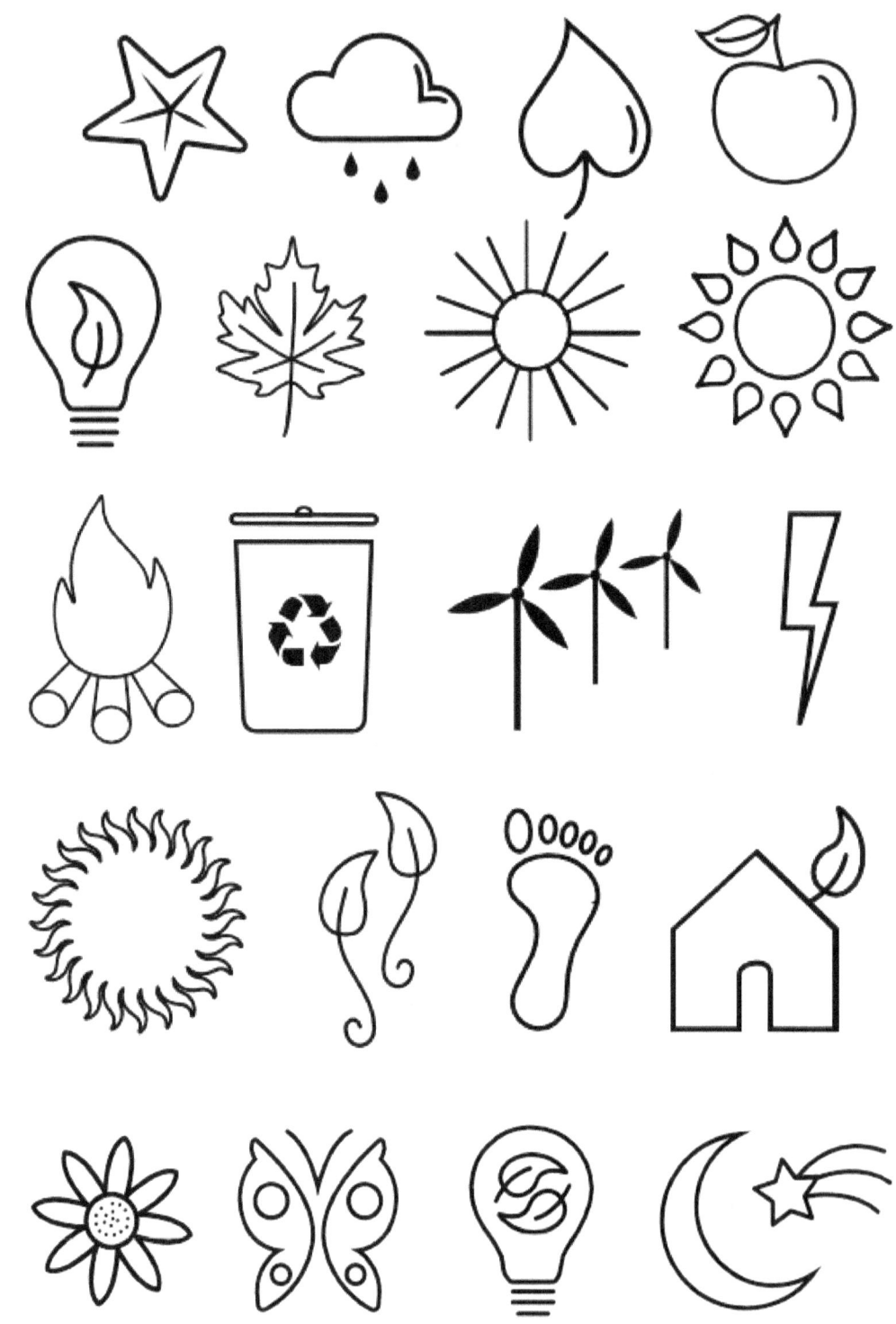

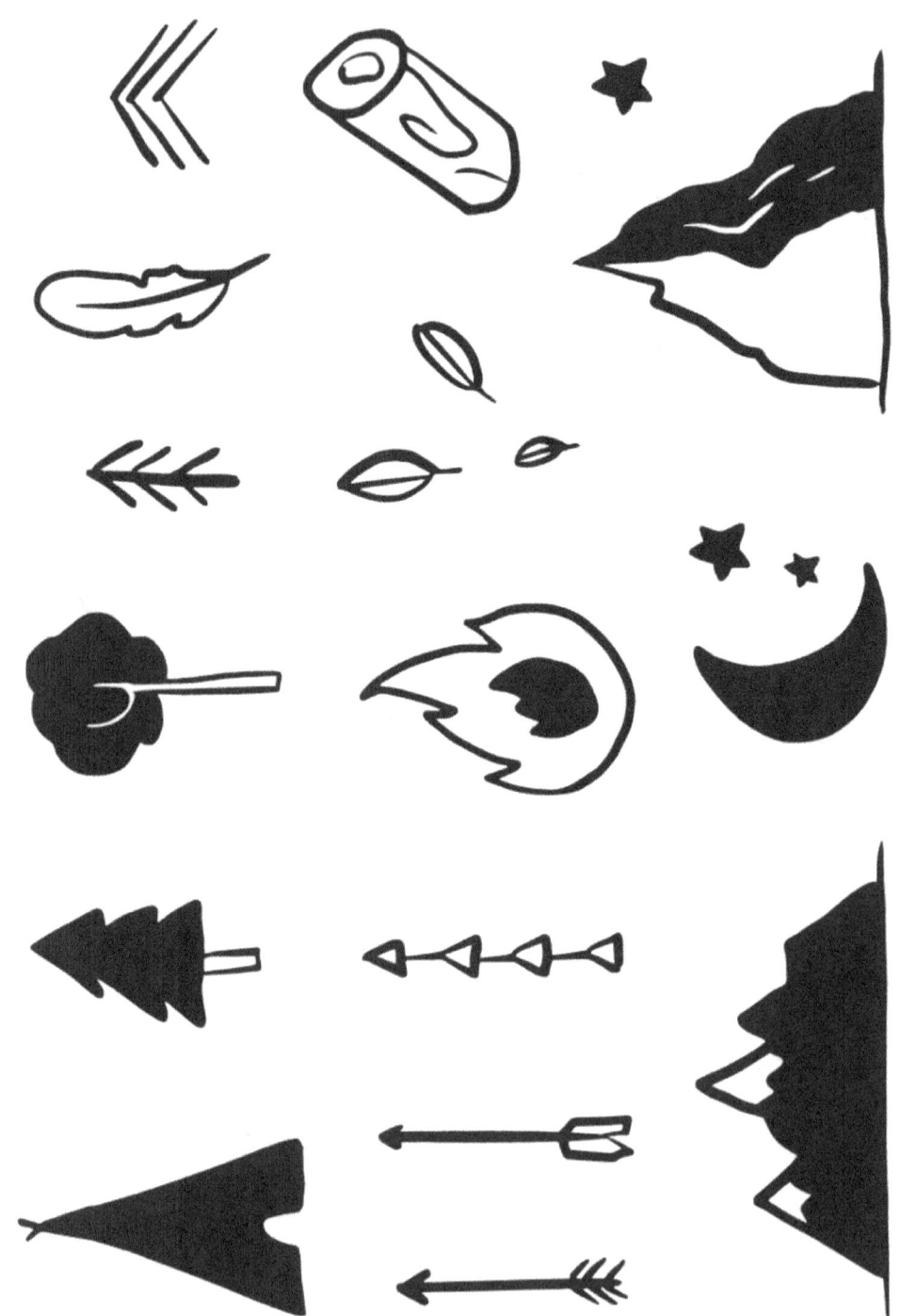

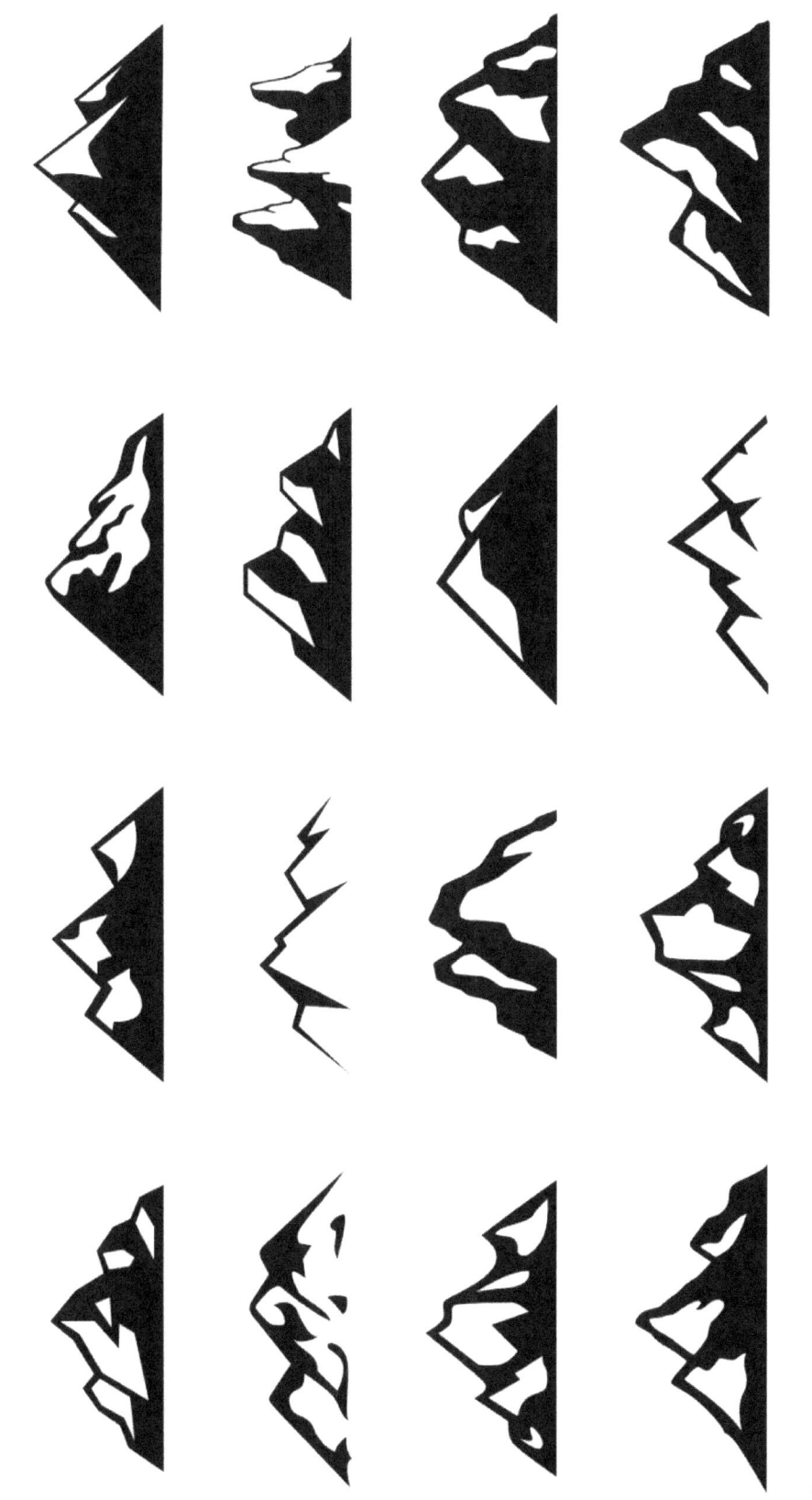

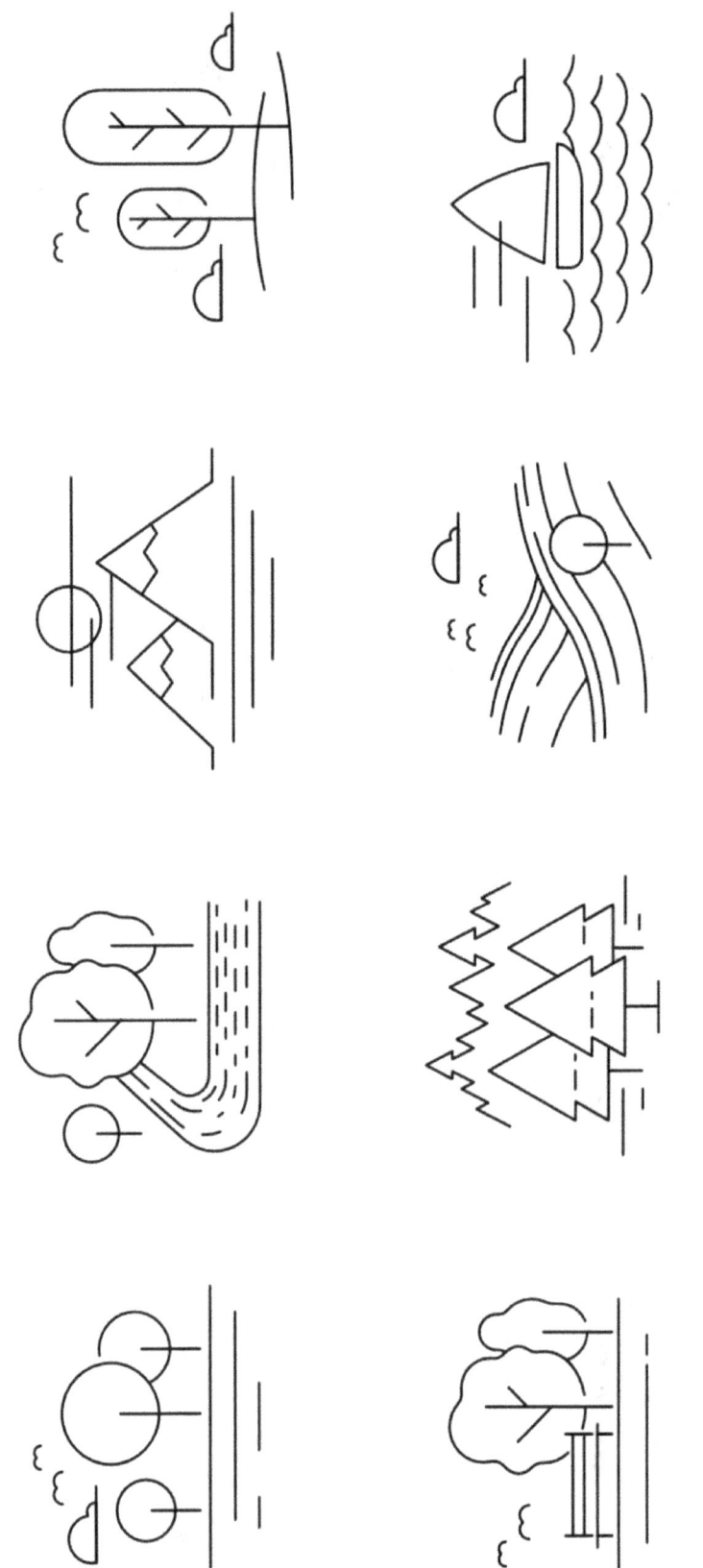

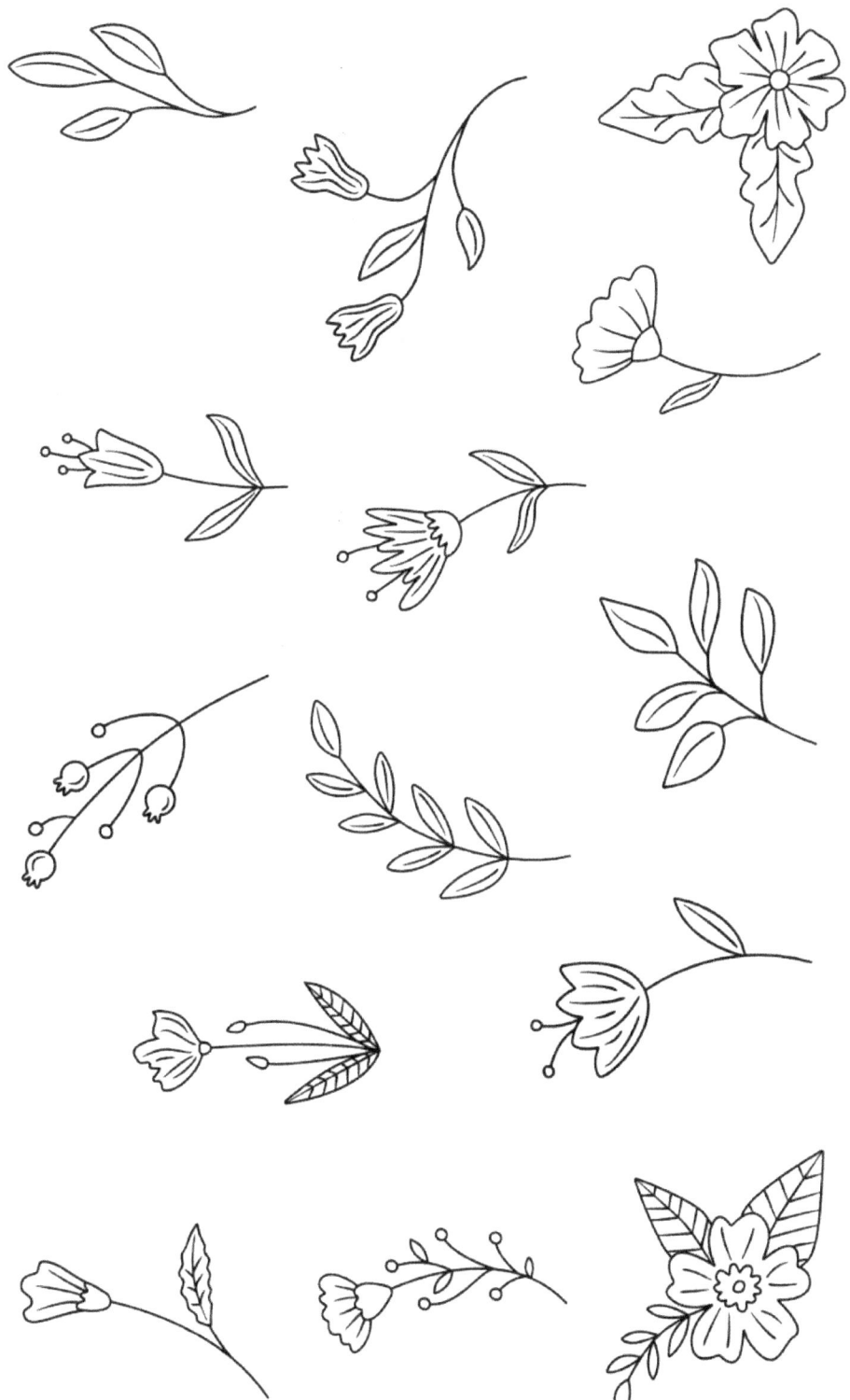

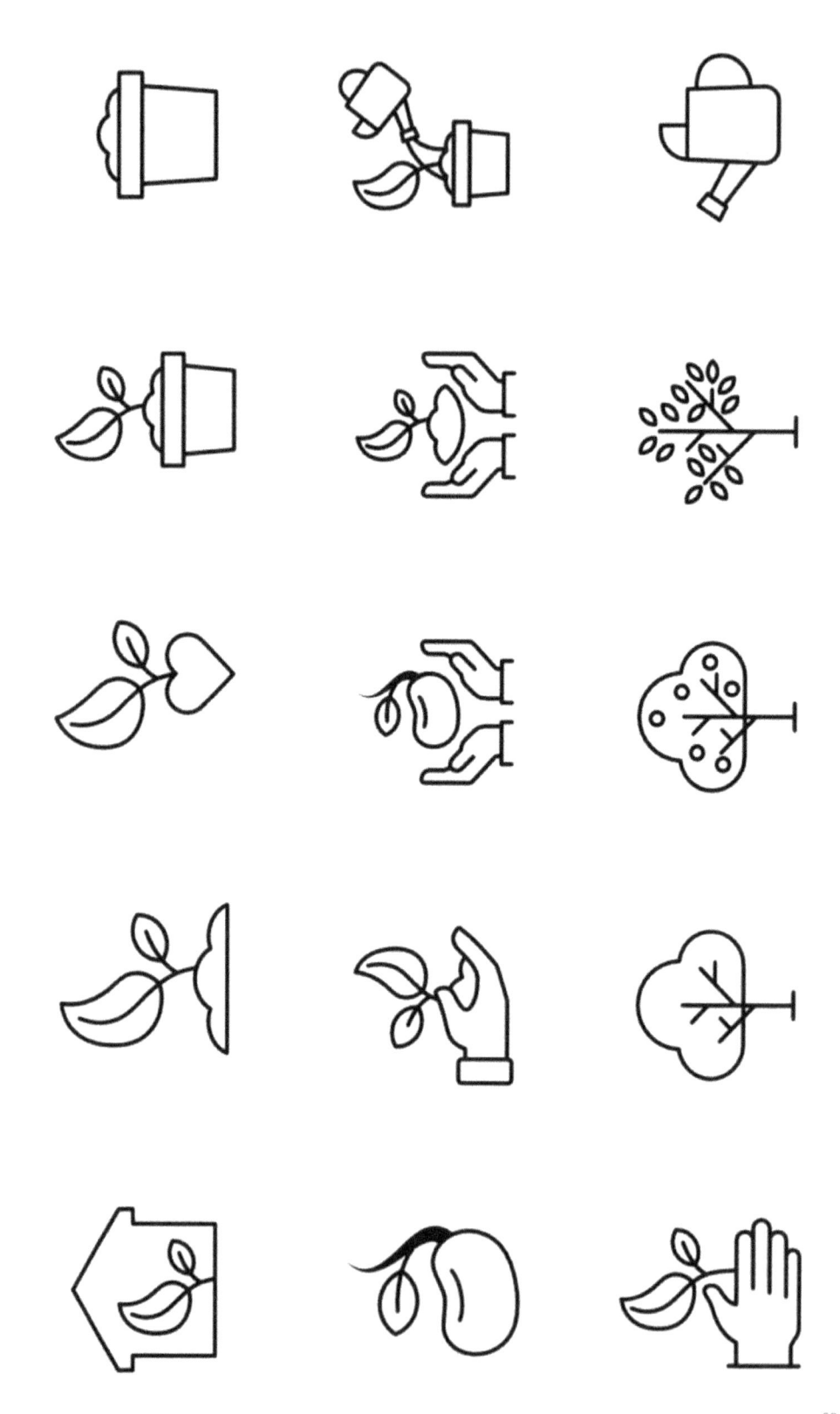

Esoterik & Astrologie

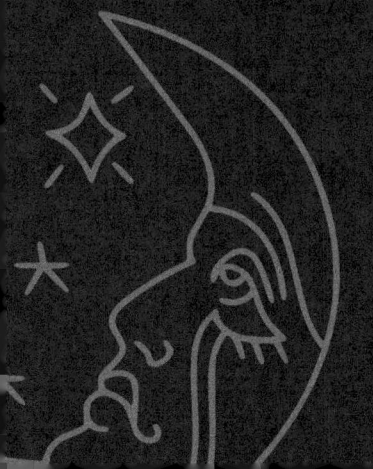

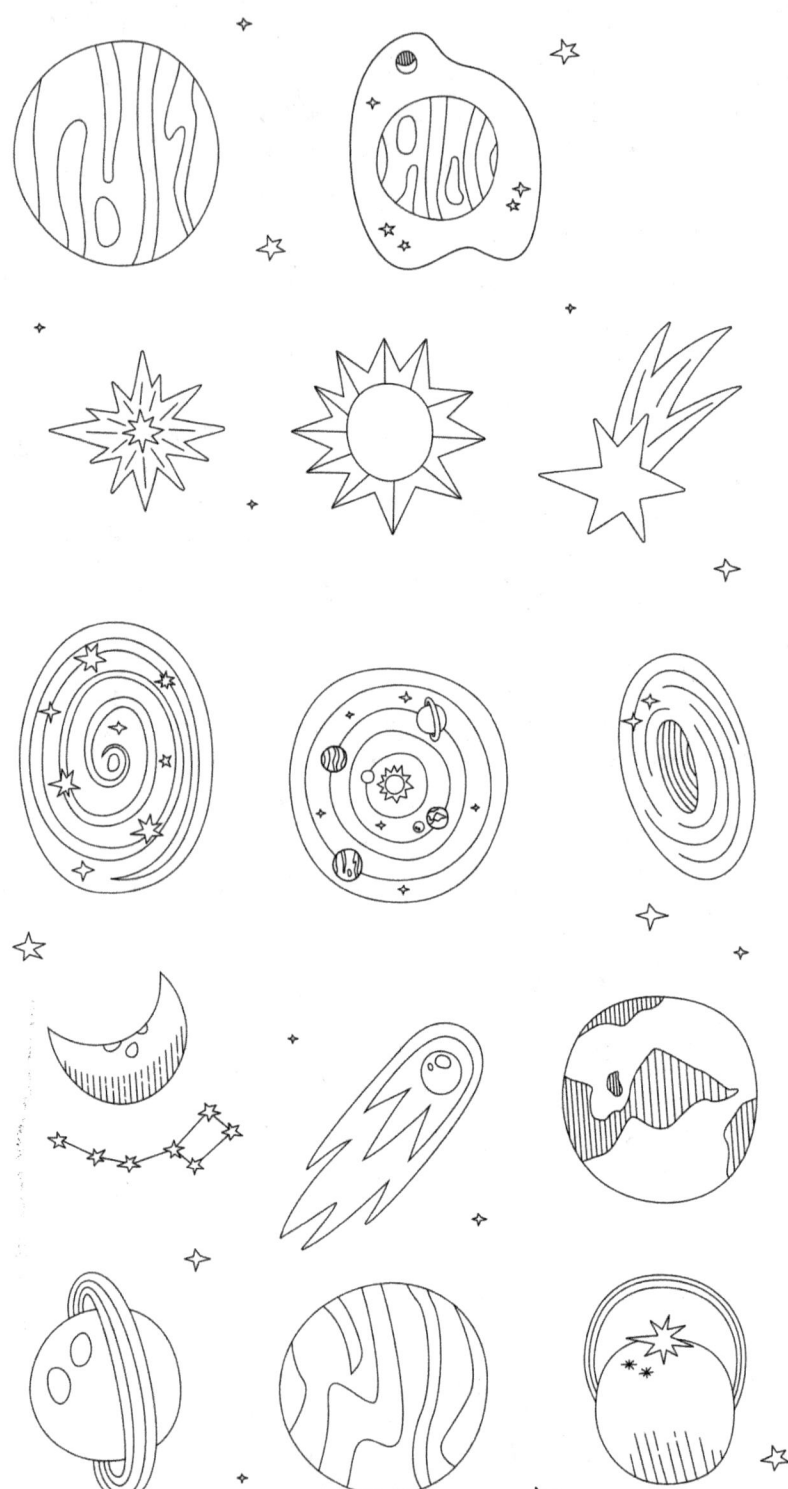

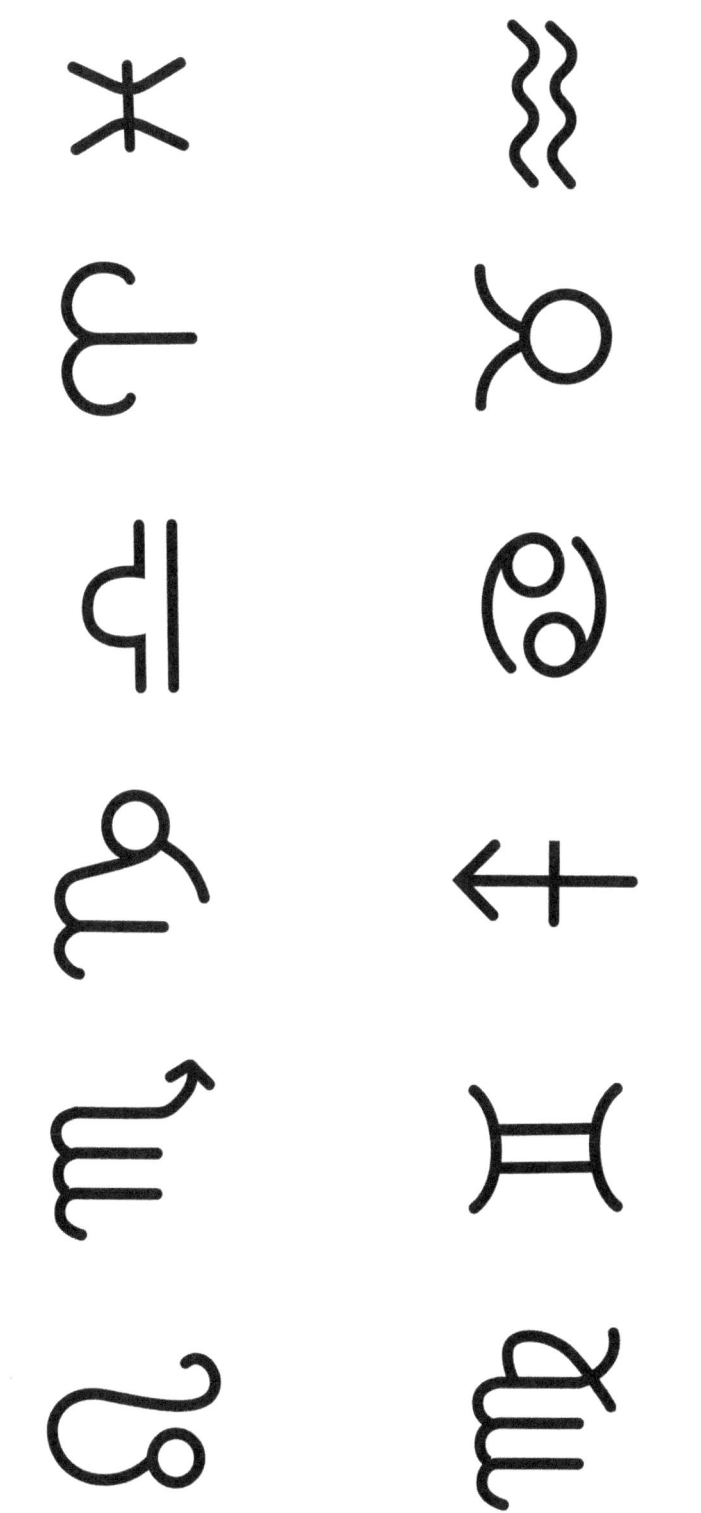

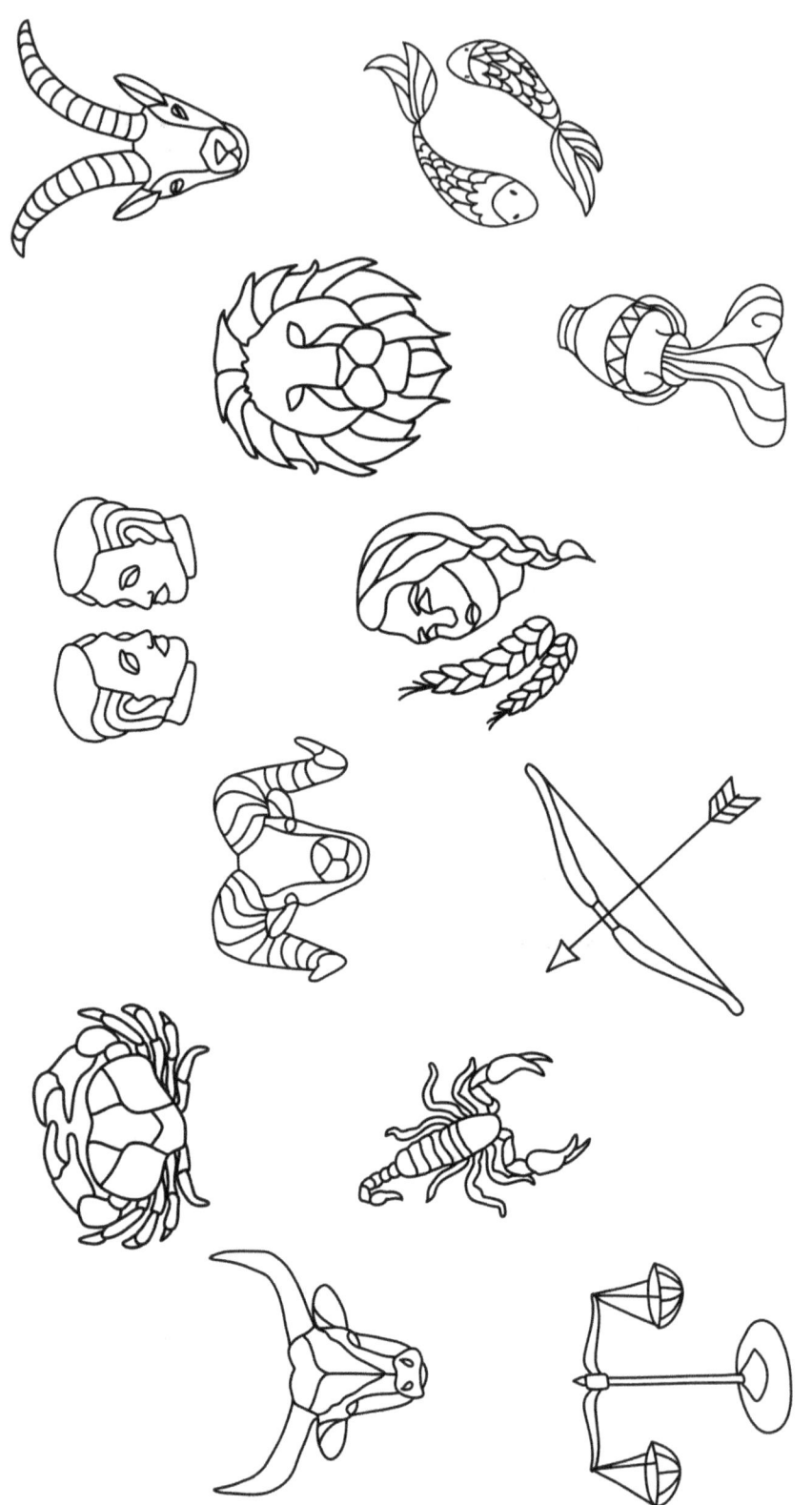

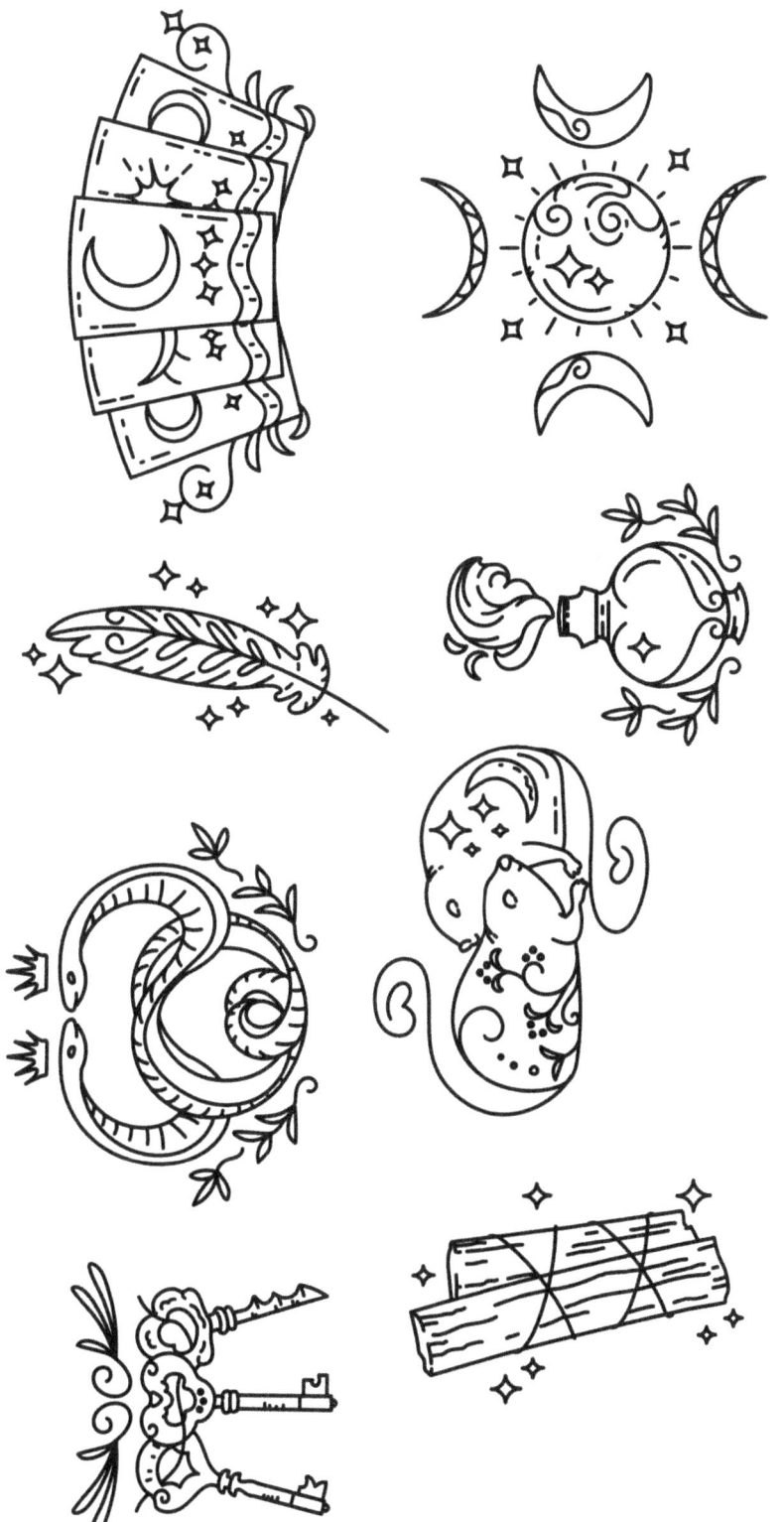

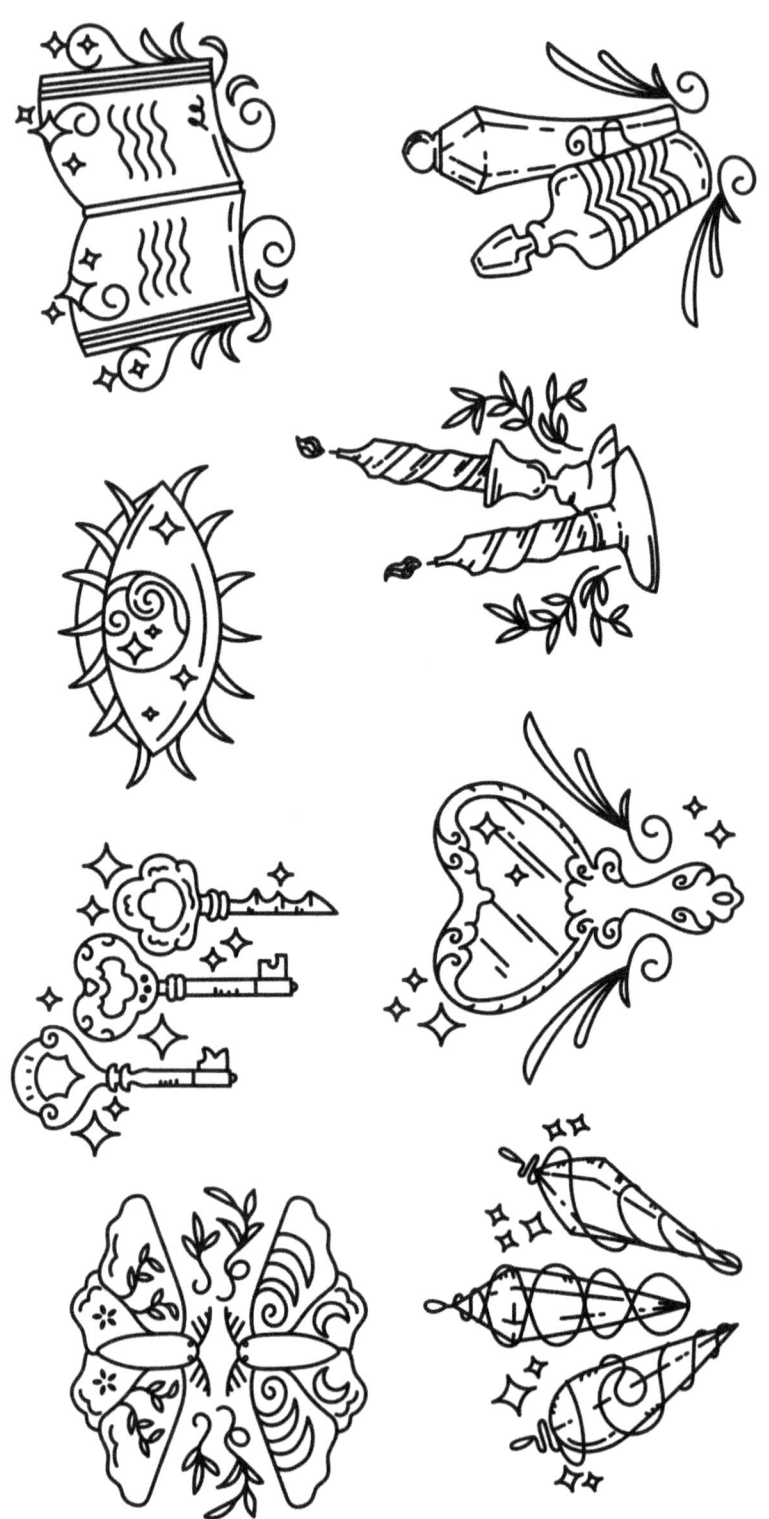

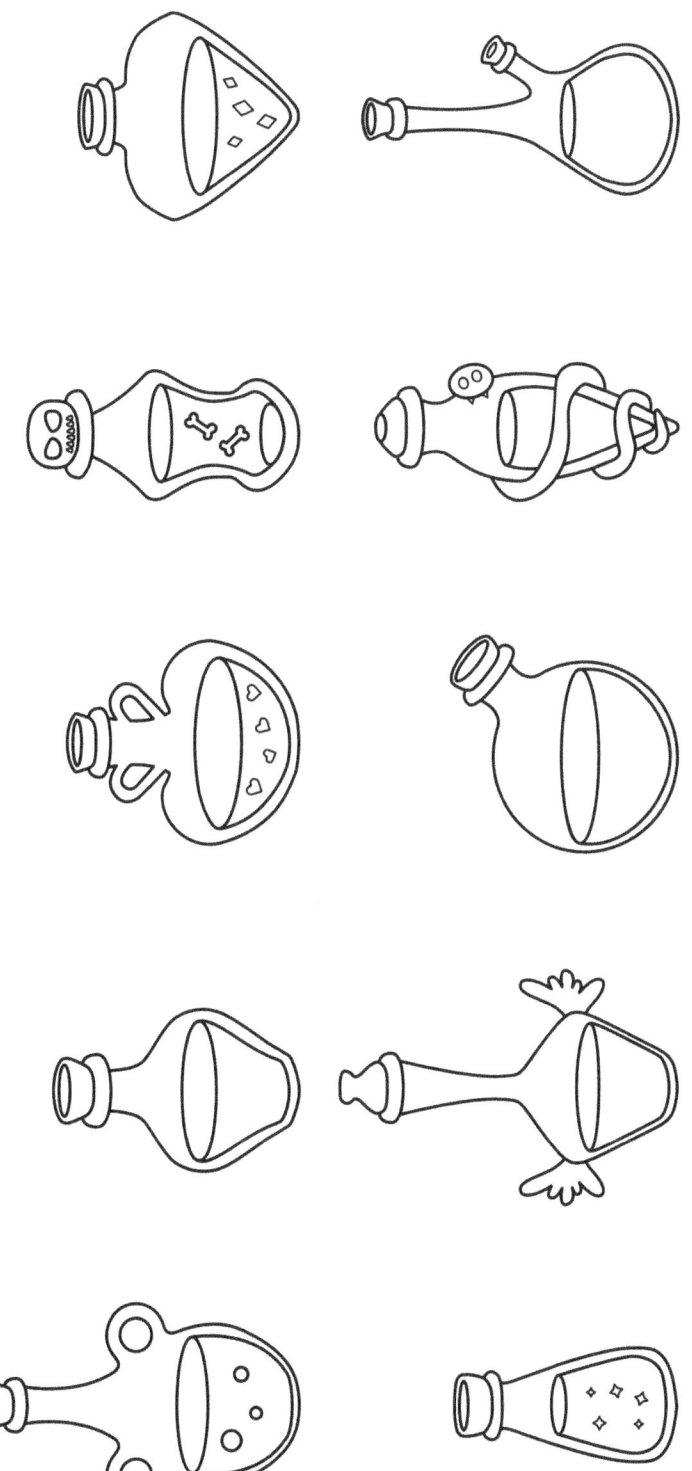

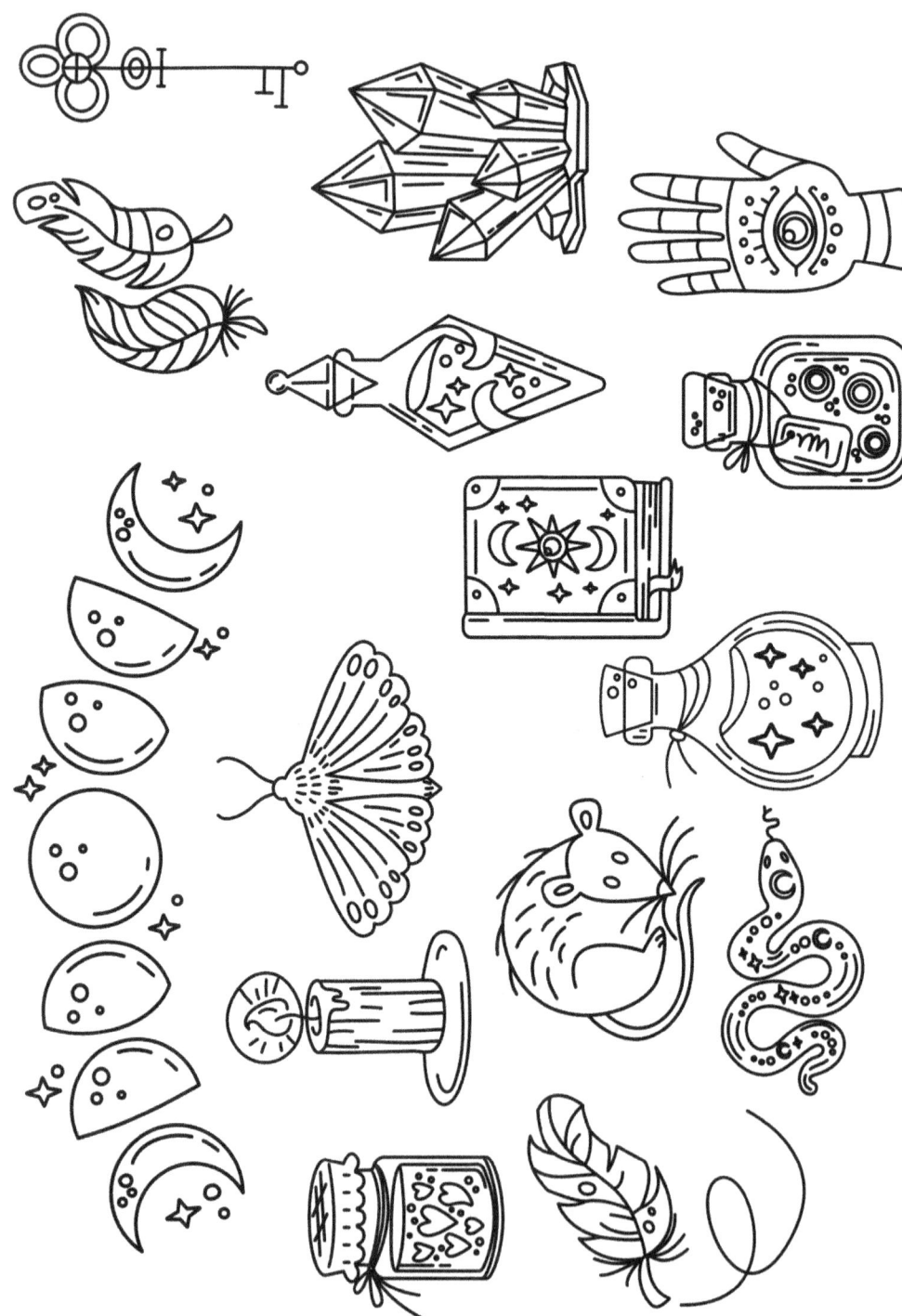

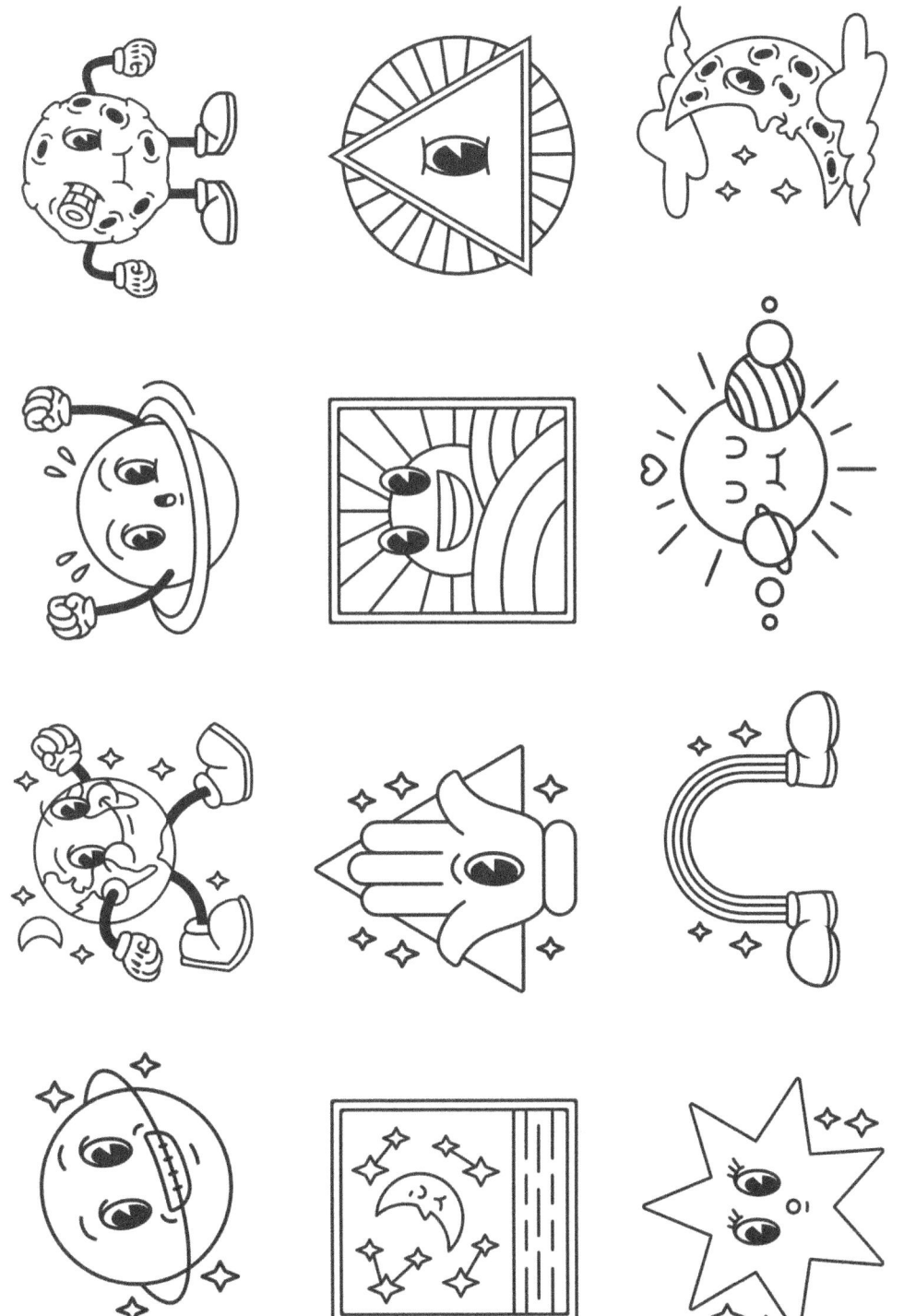

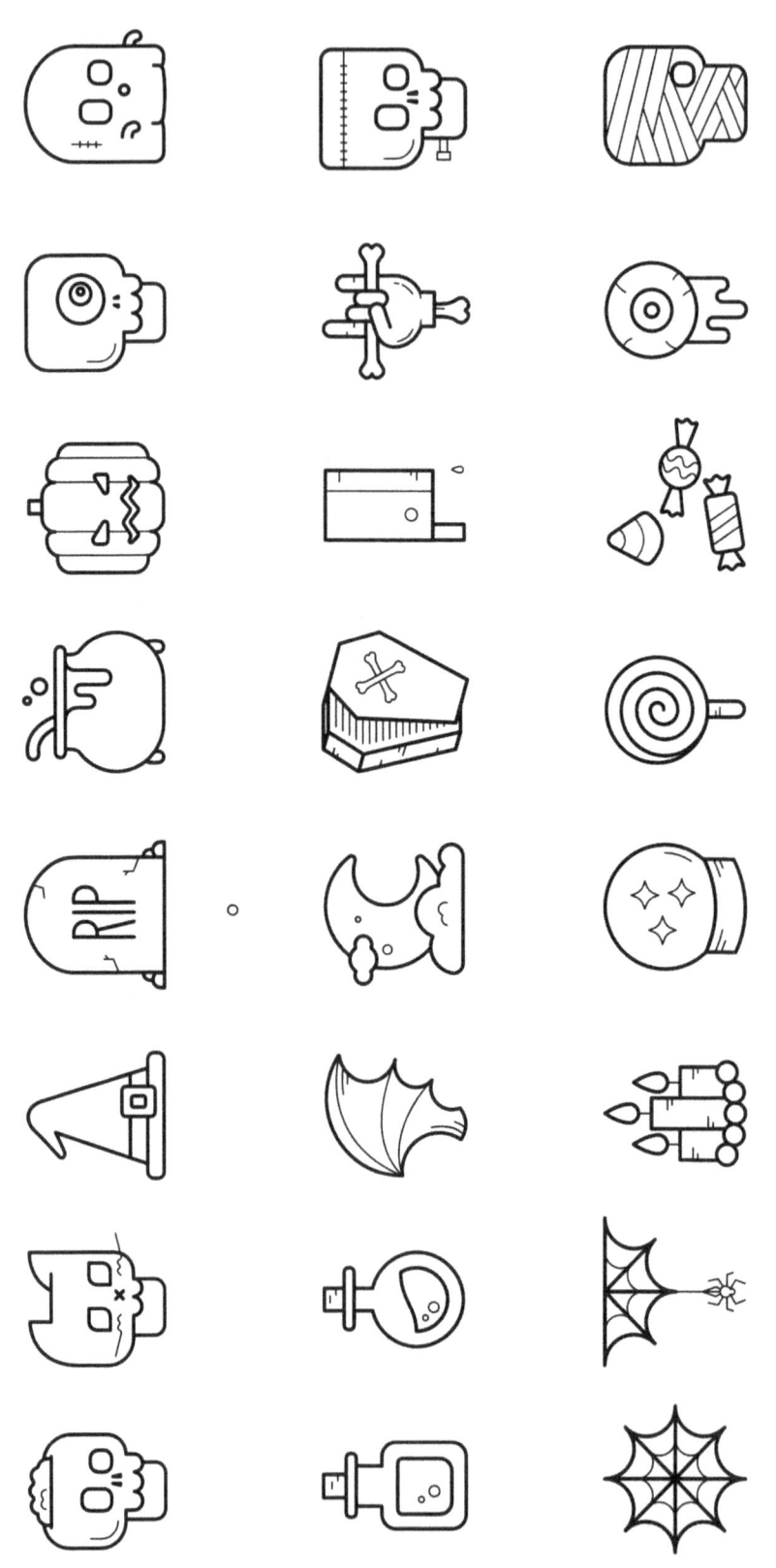

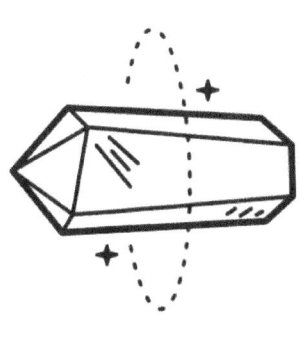
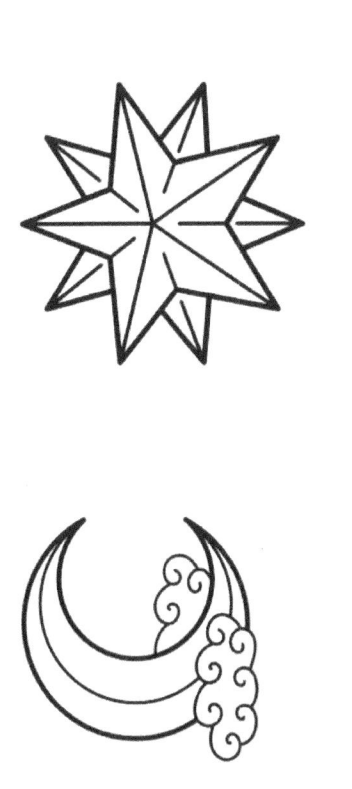
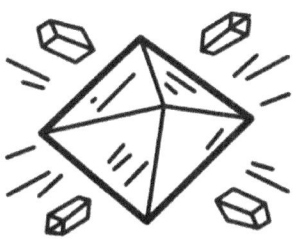
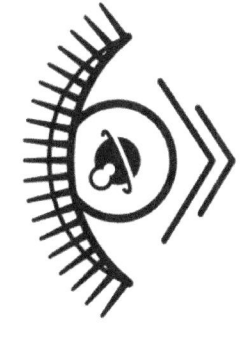

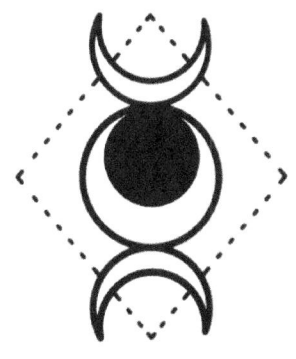
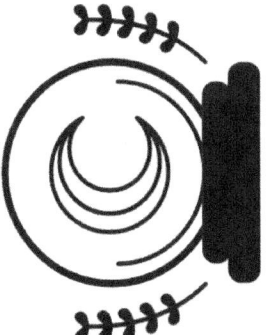

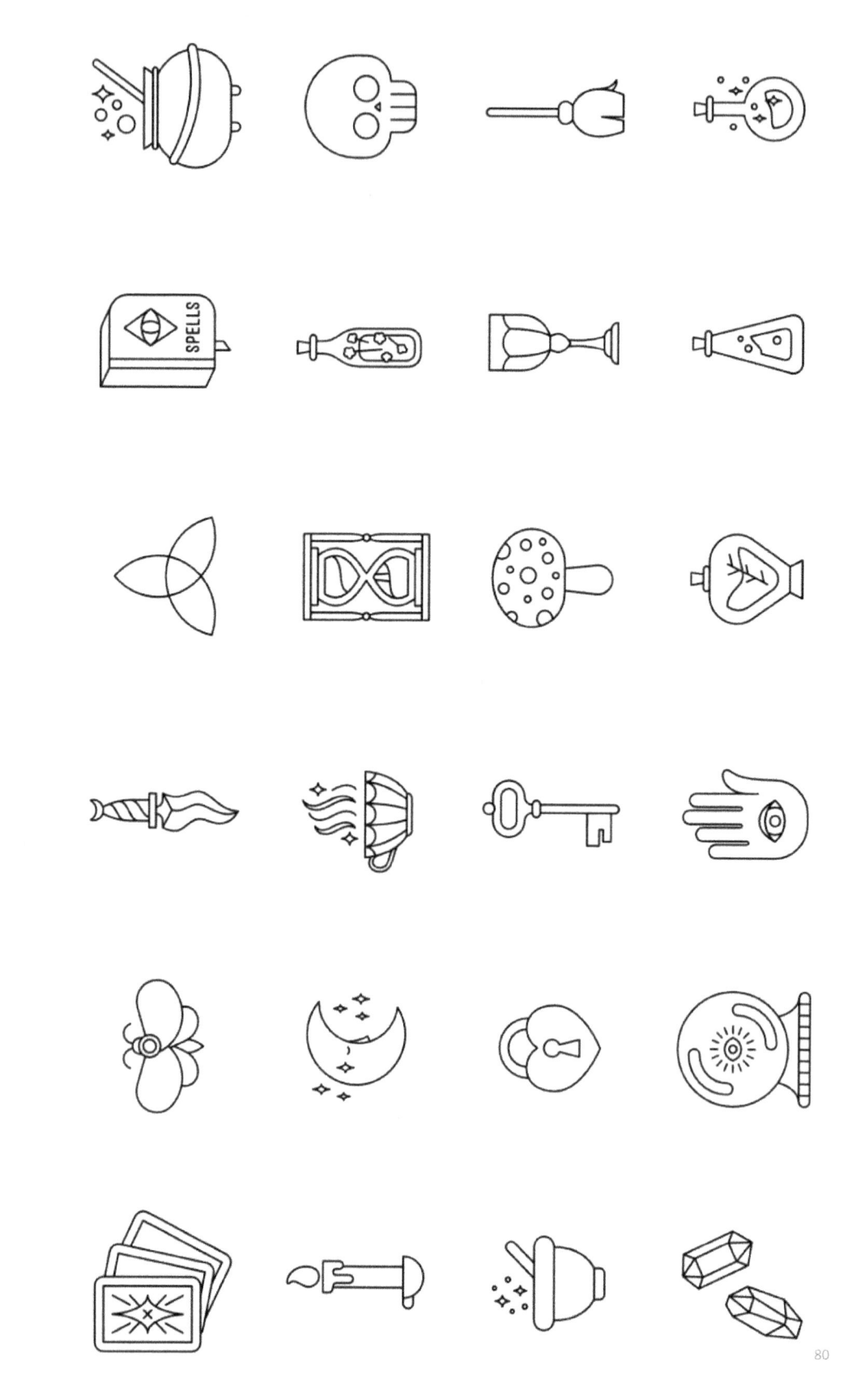

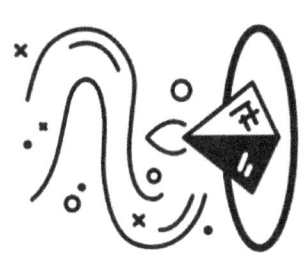
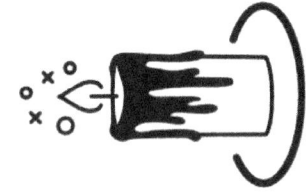

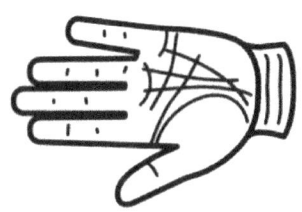
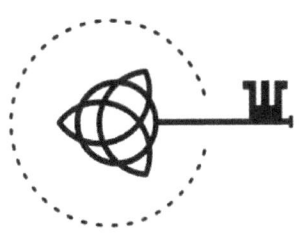

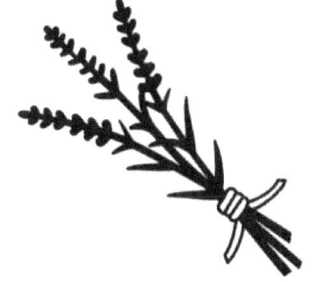
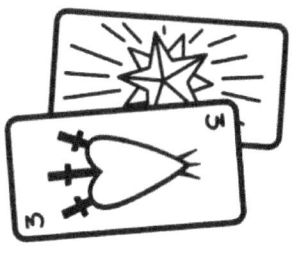
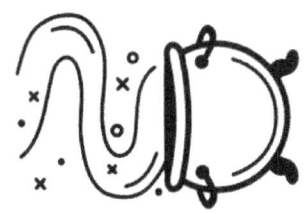
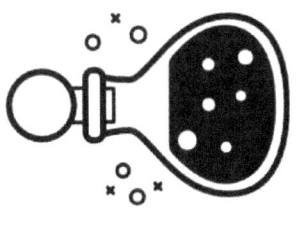

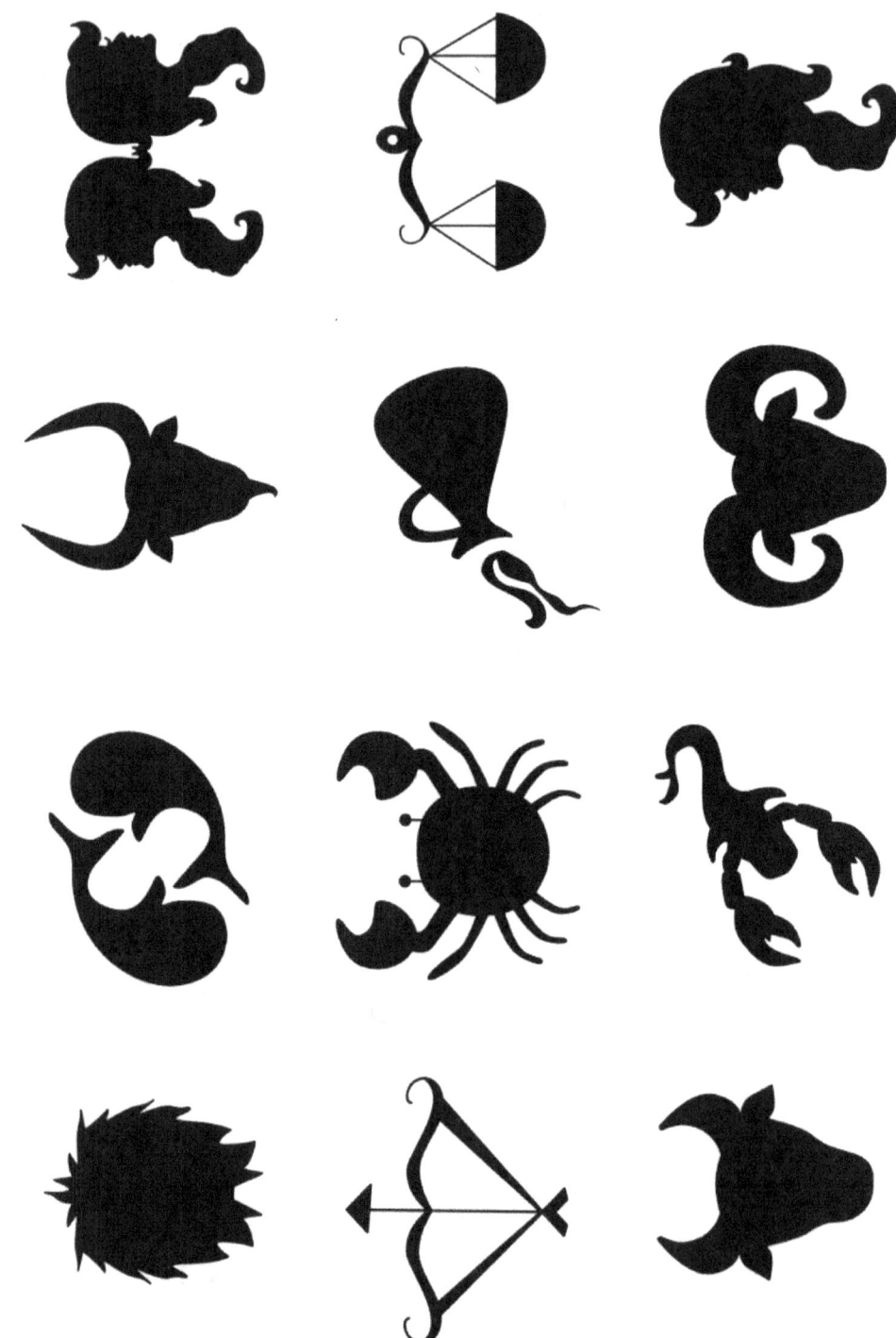

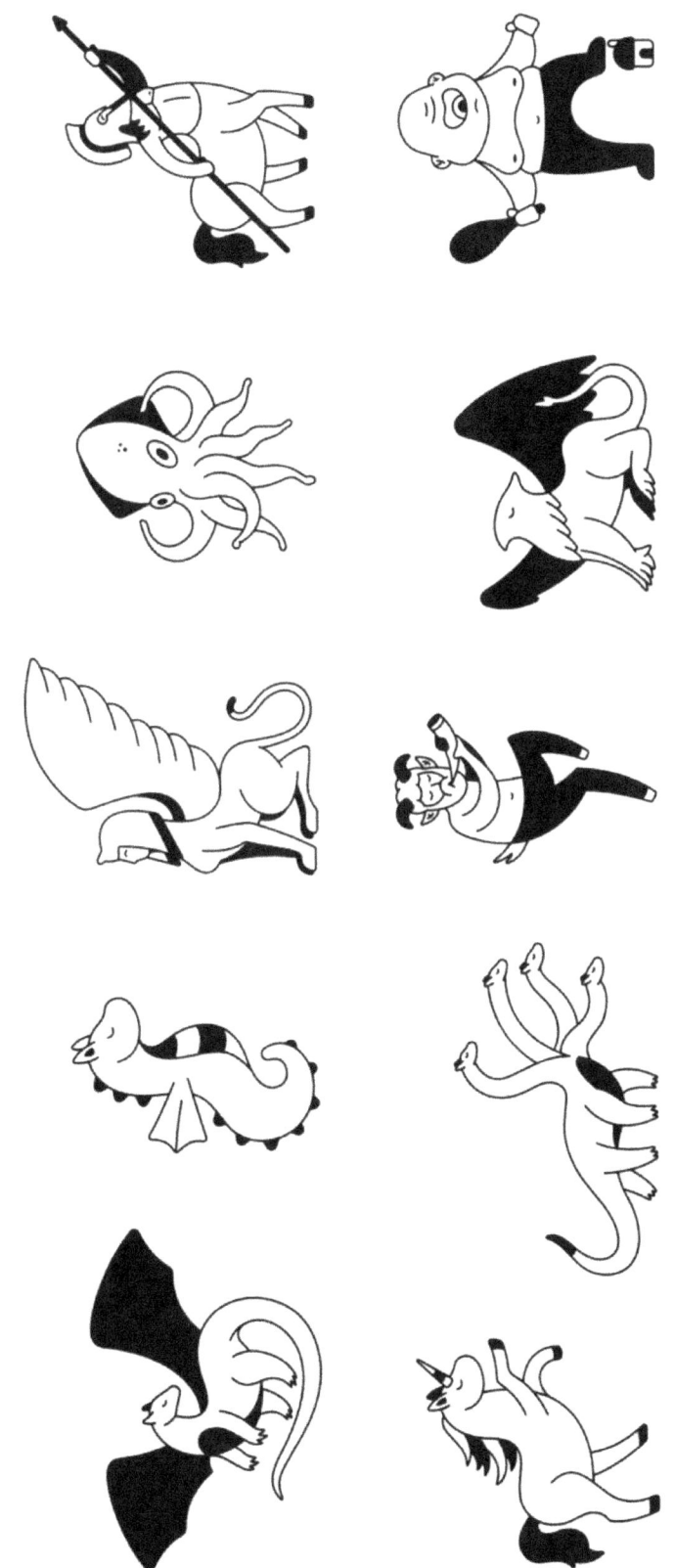

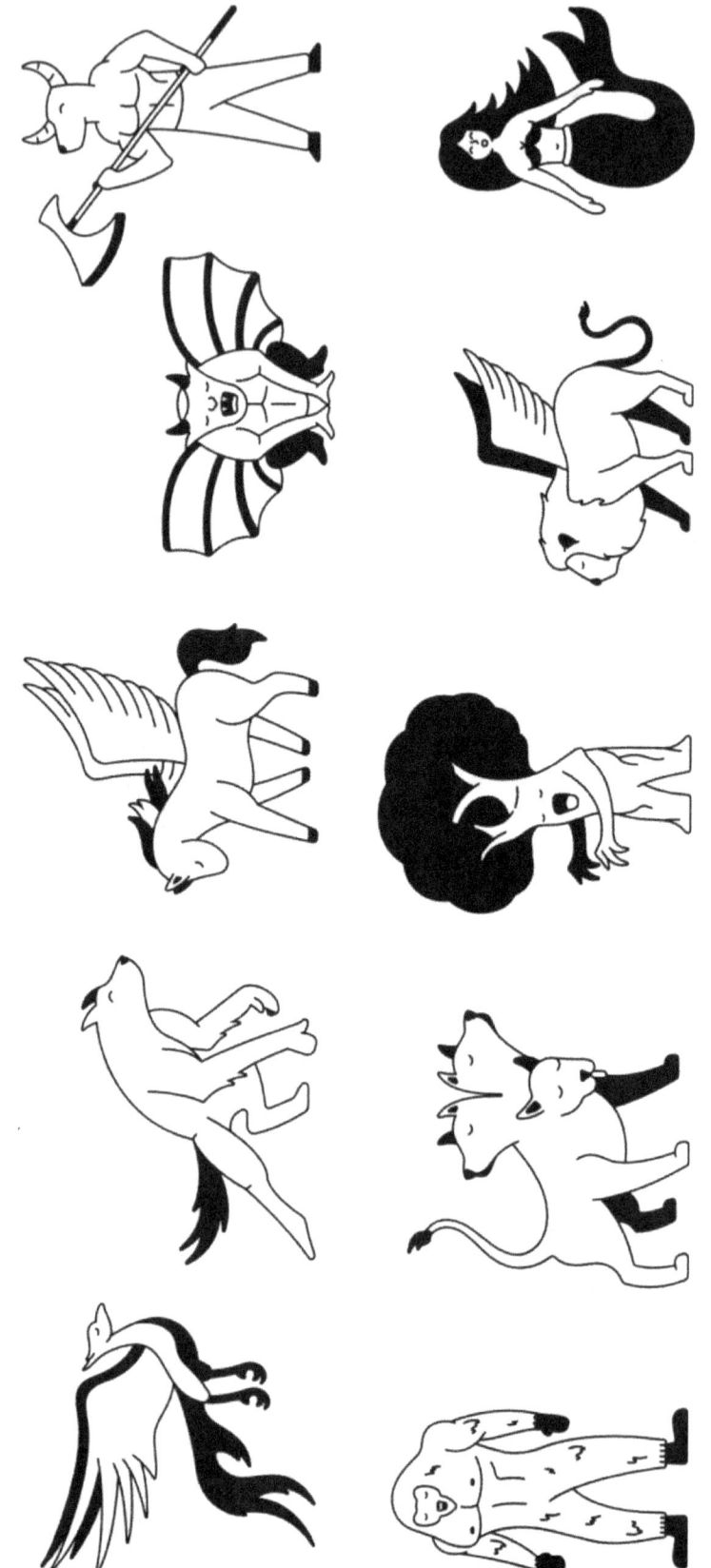

Hobby & Sport

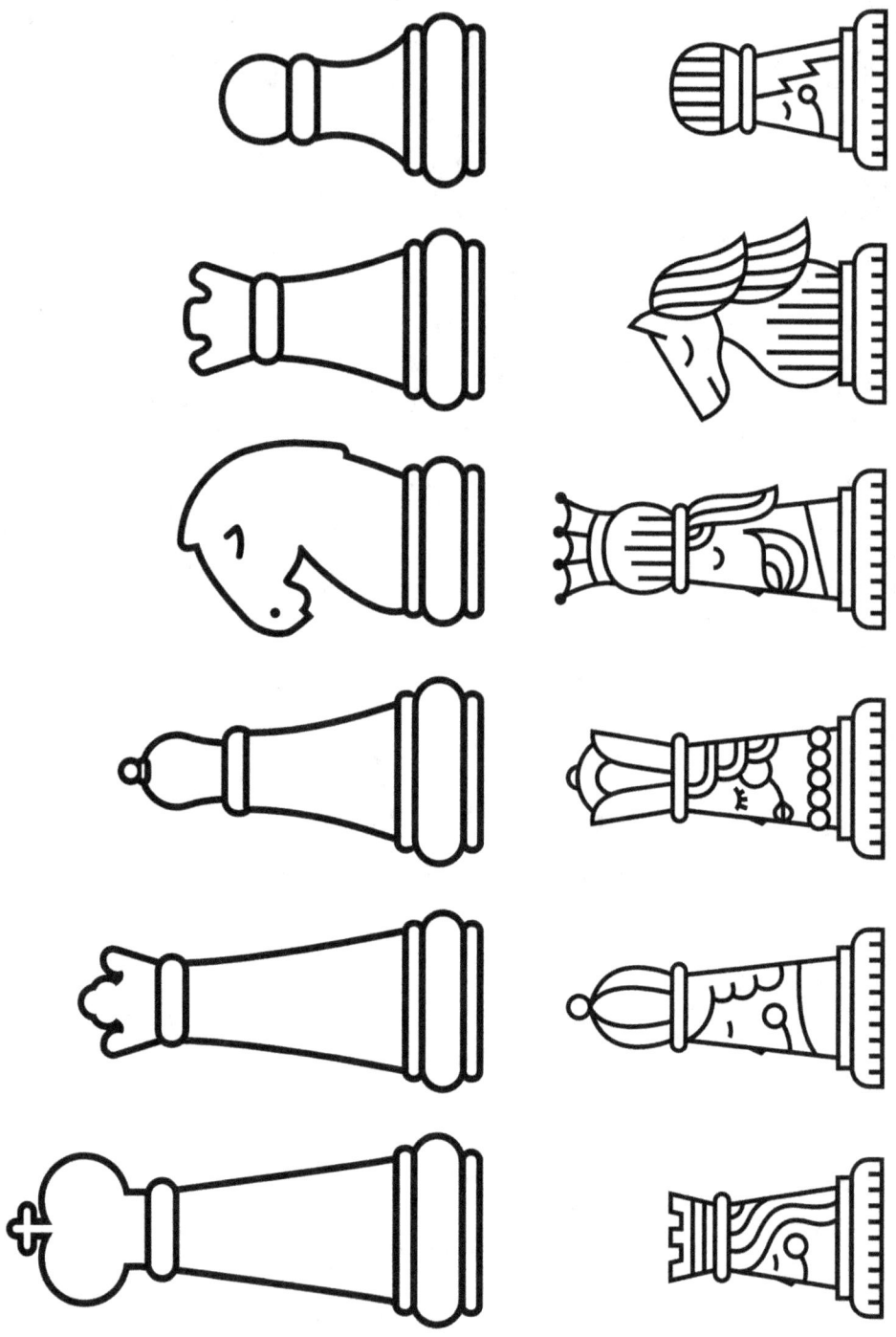

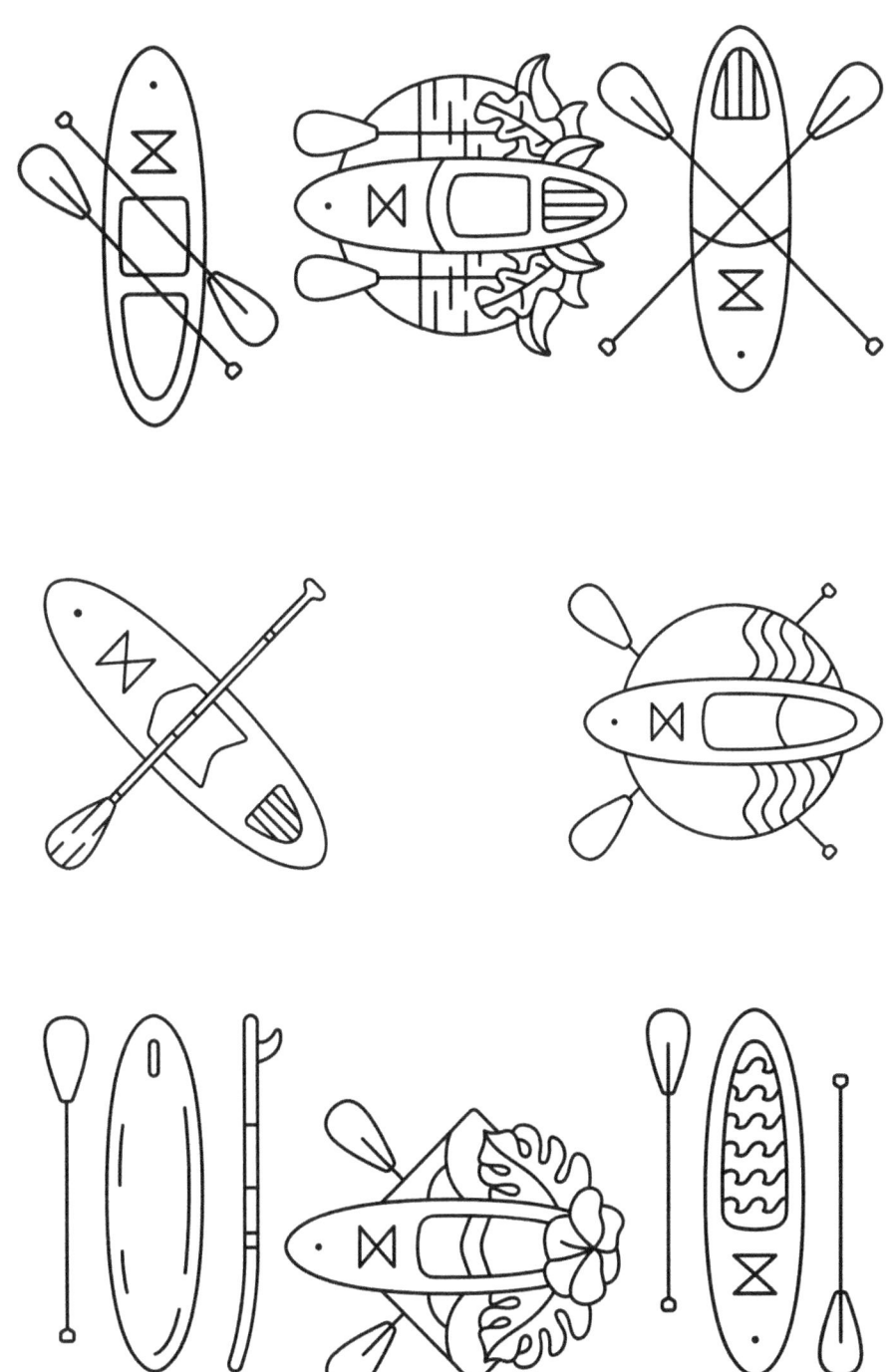

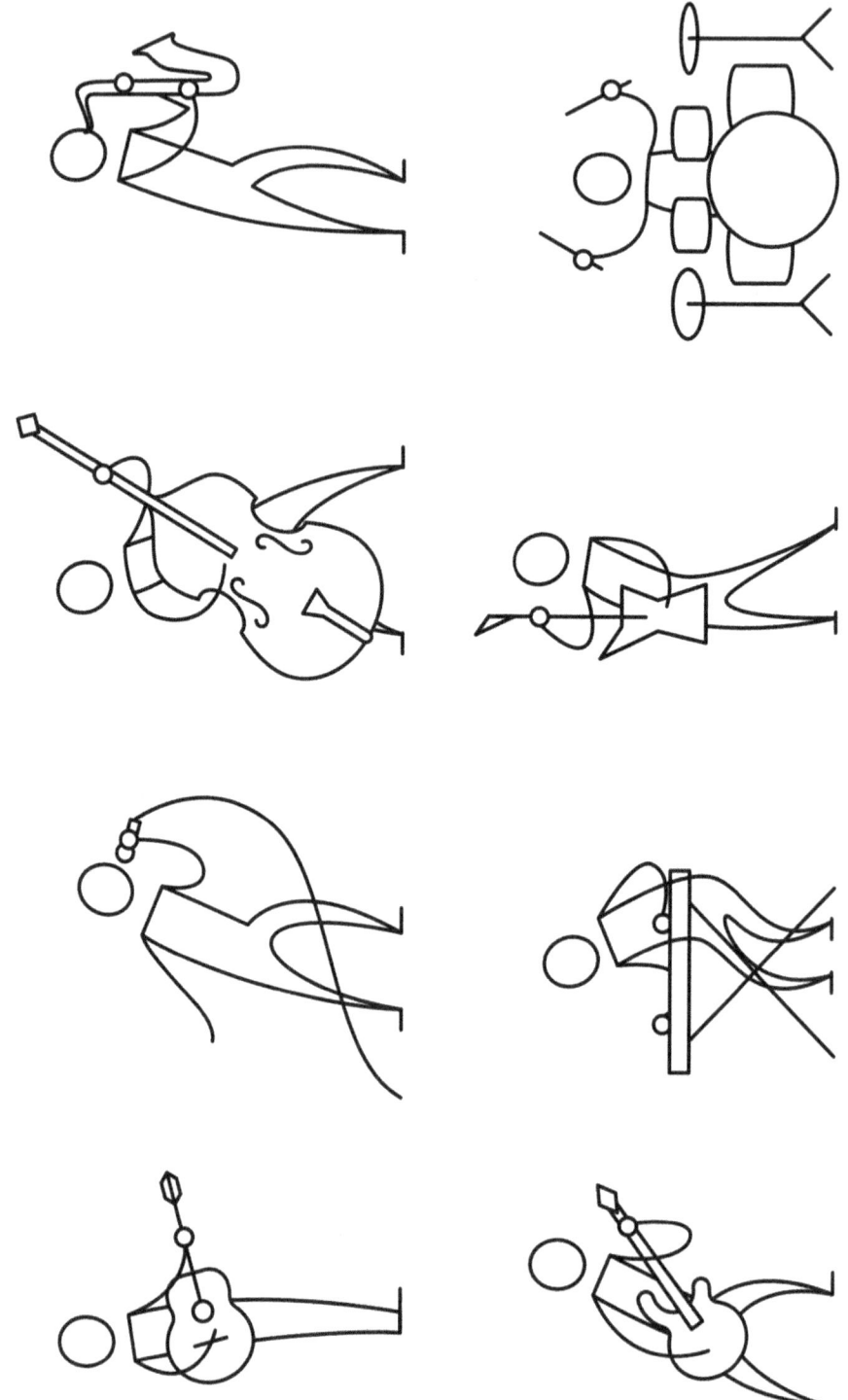

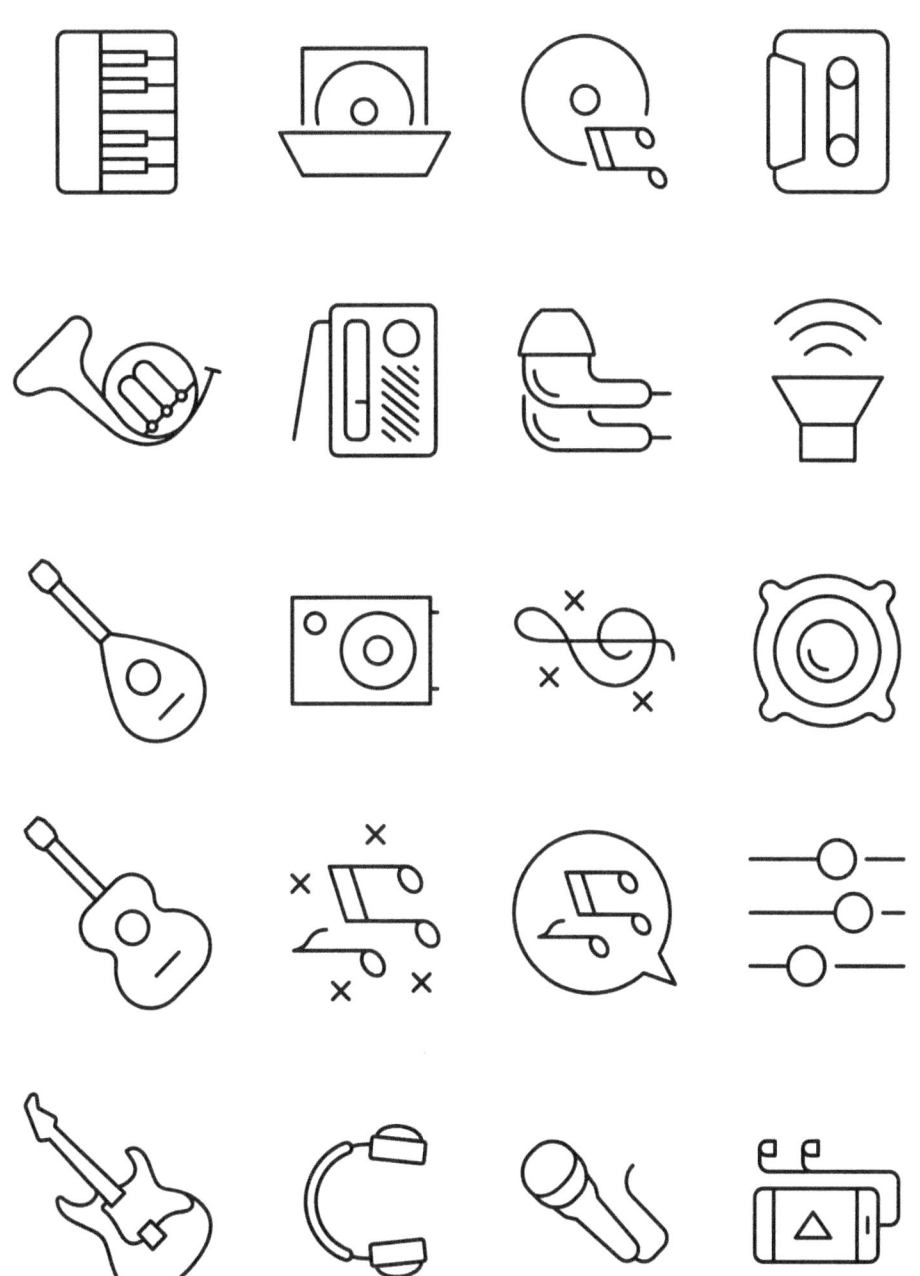

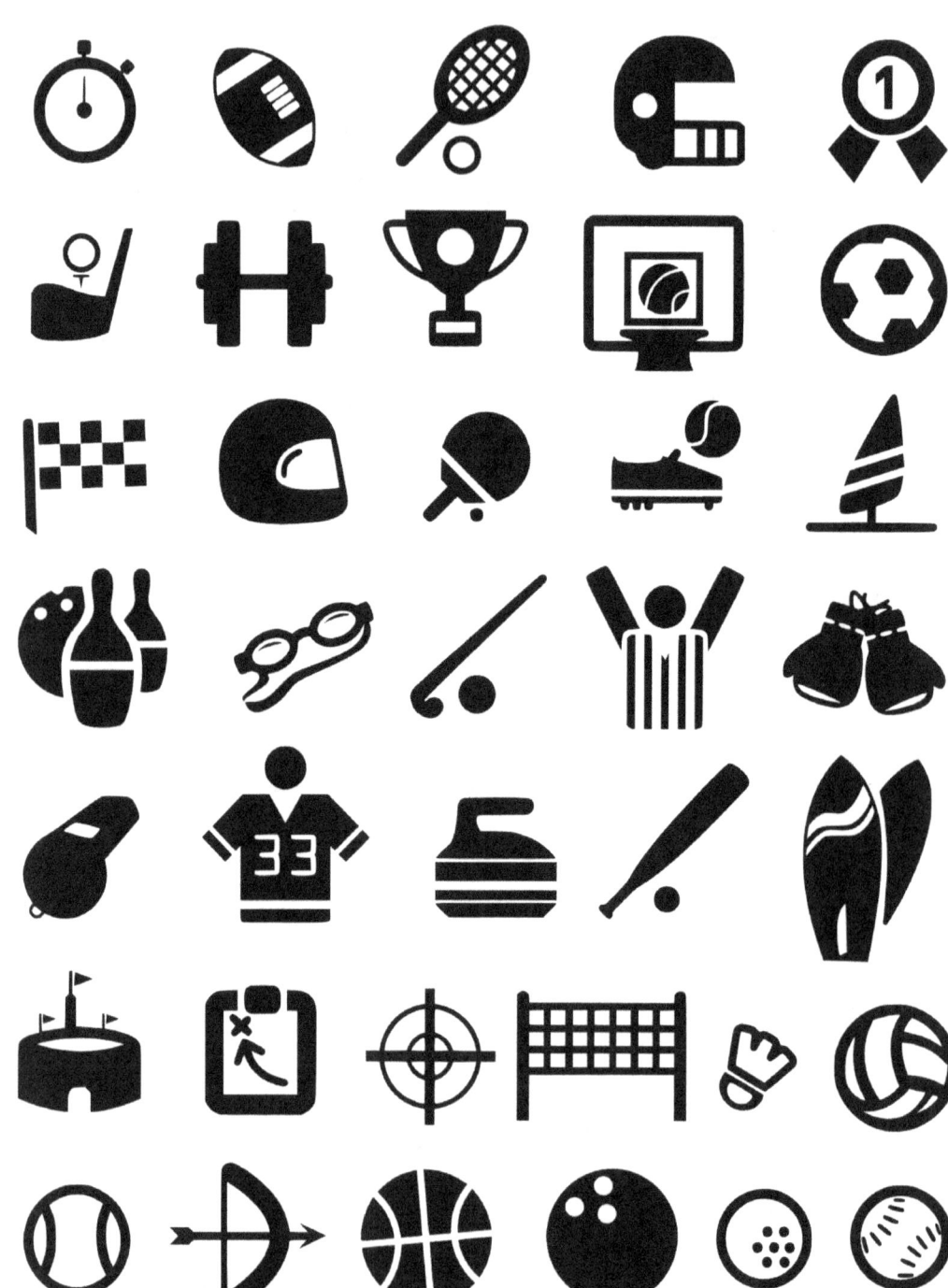

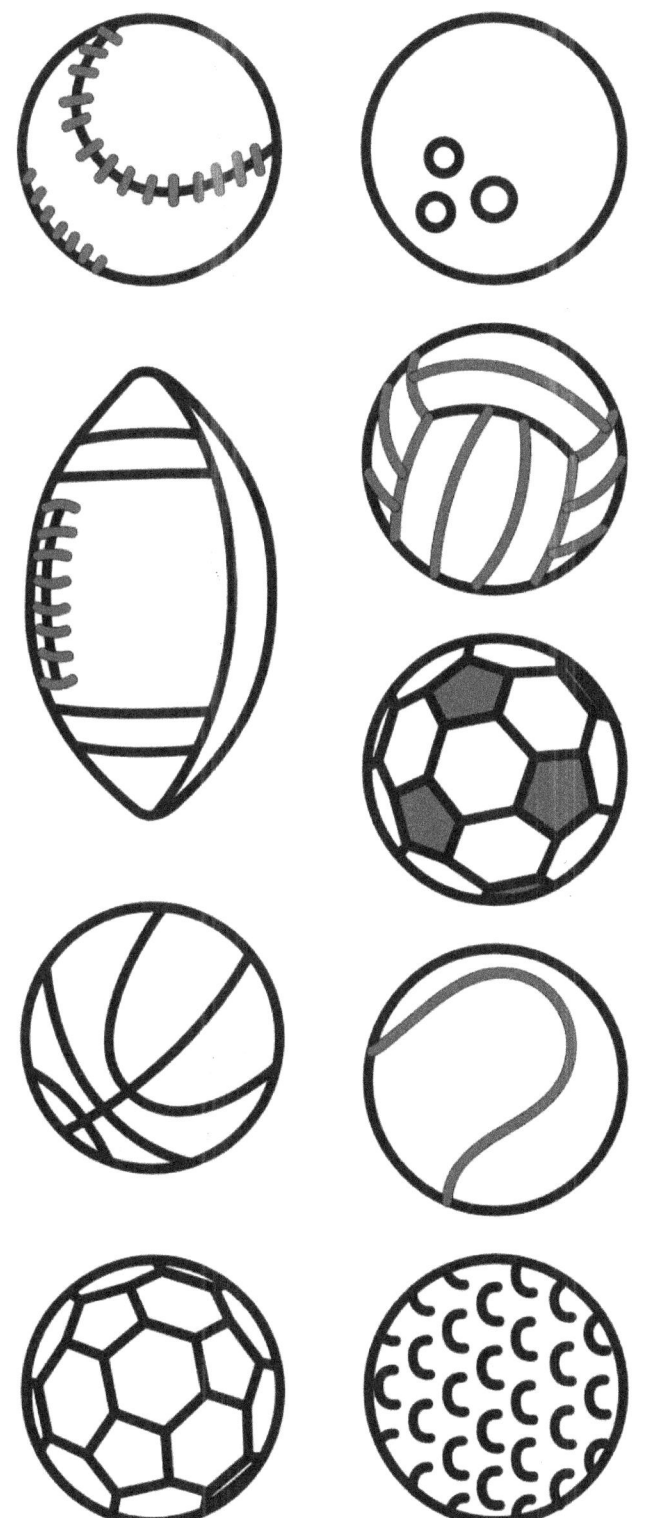

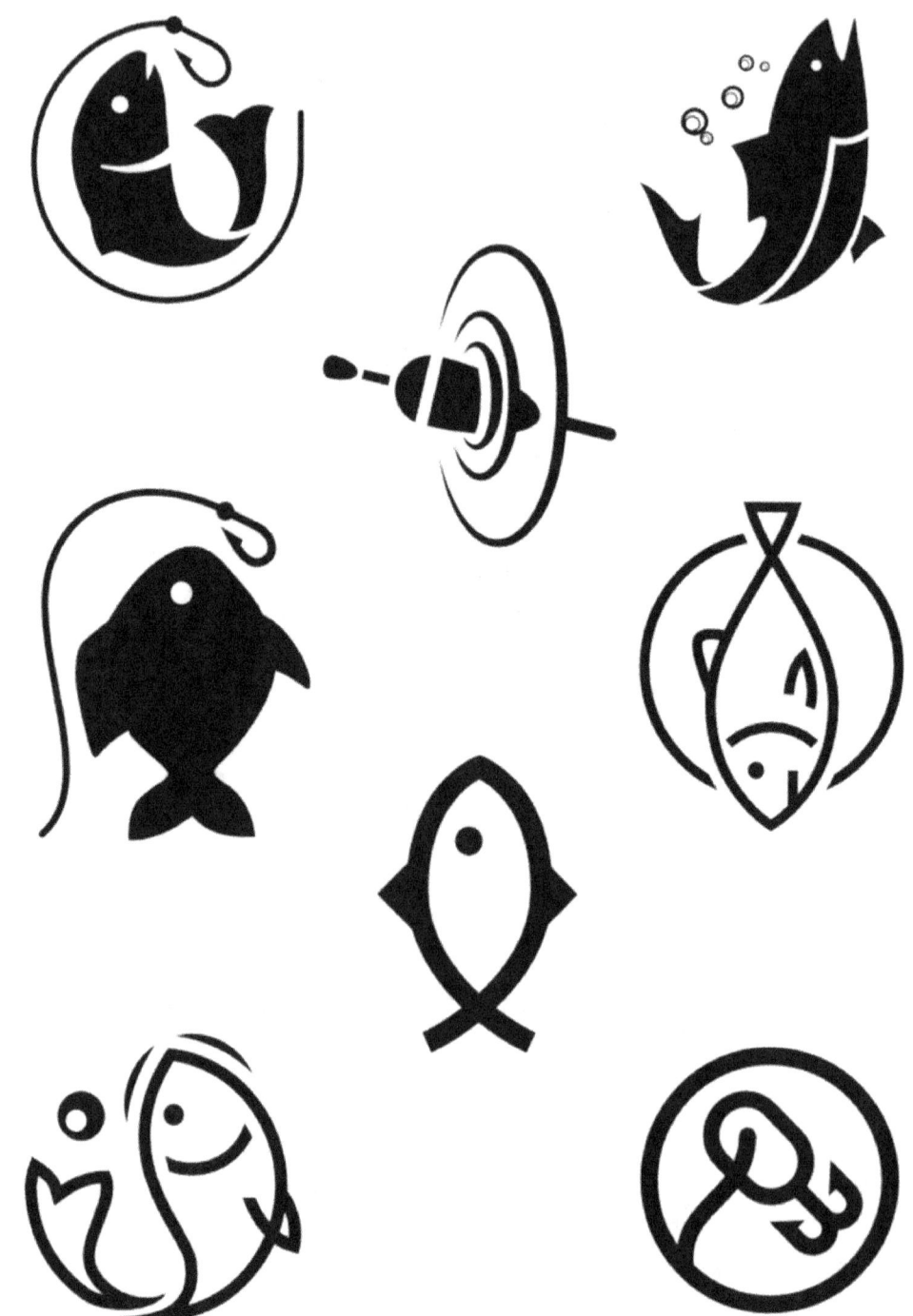

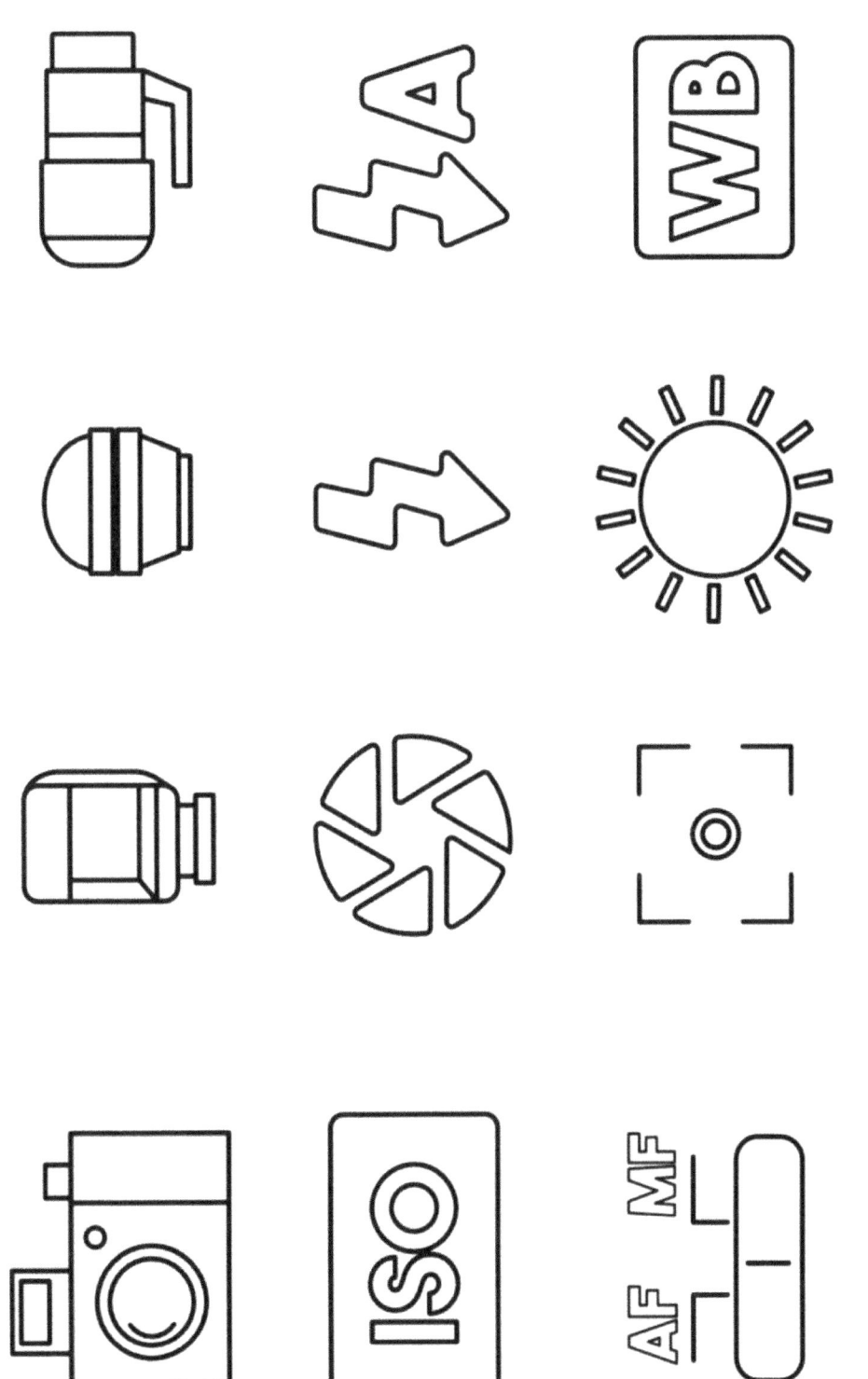

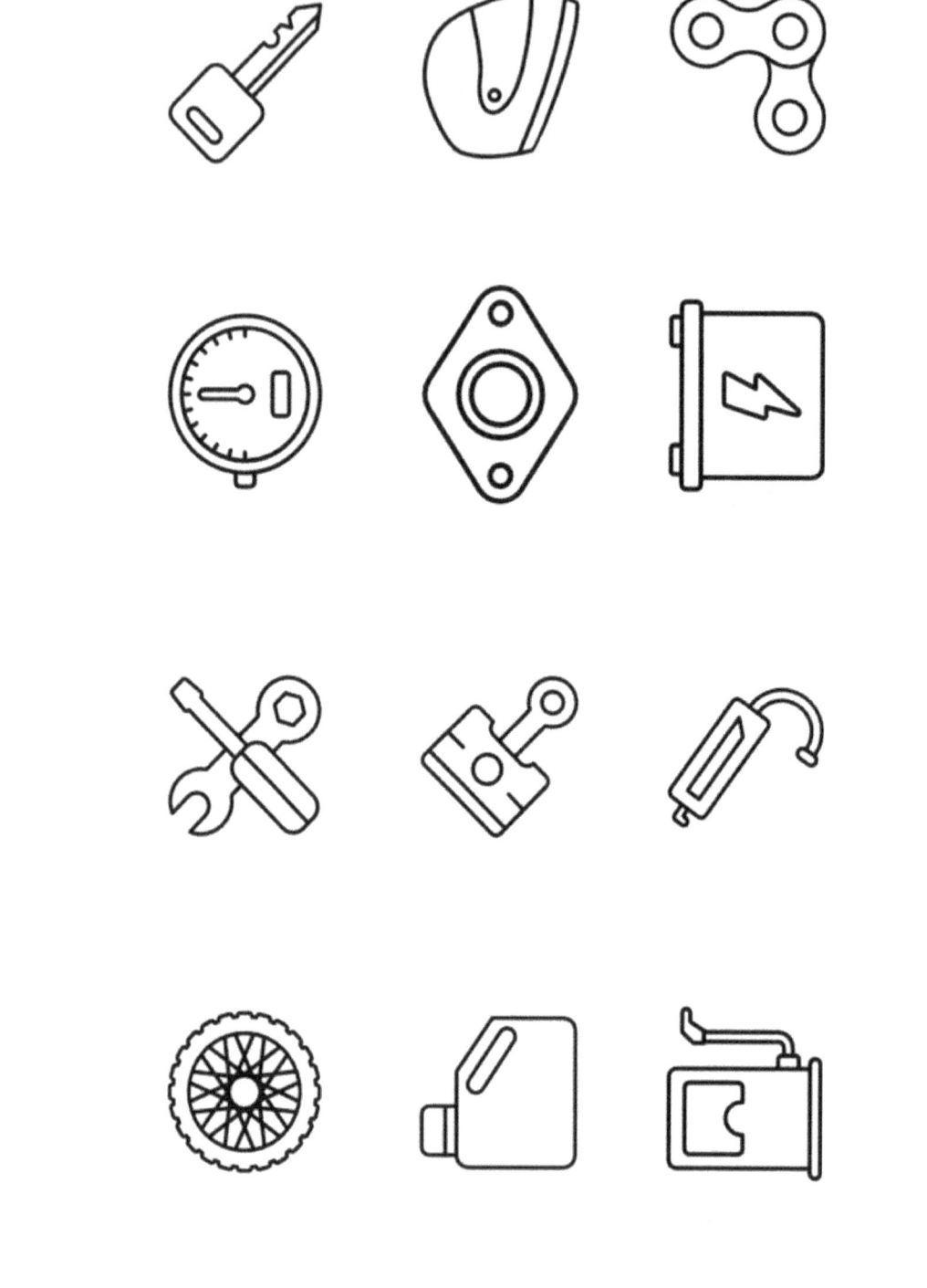

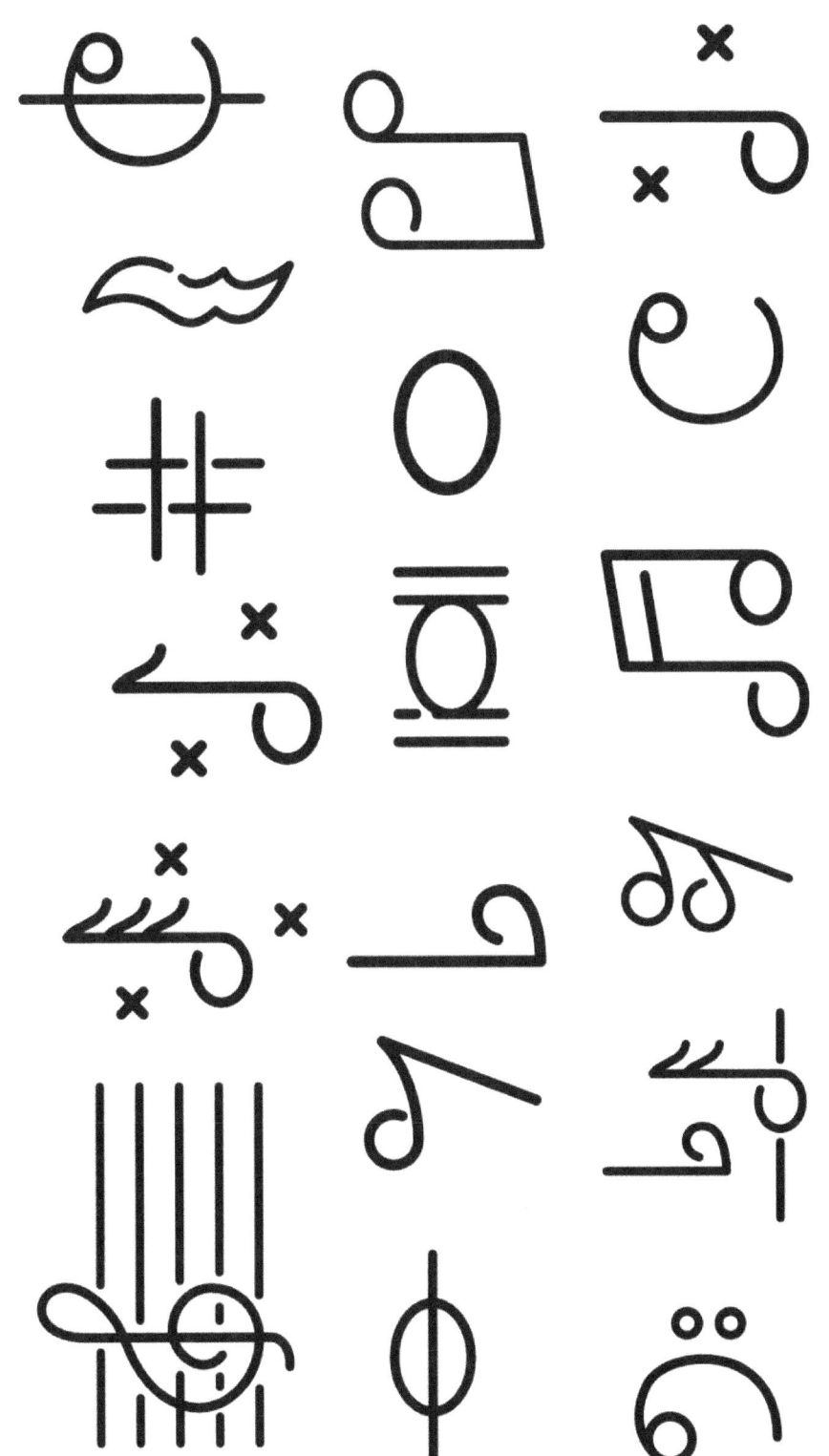

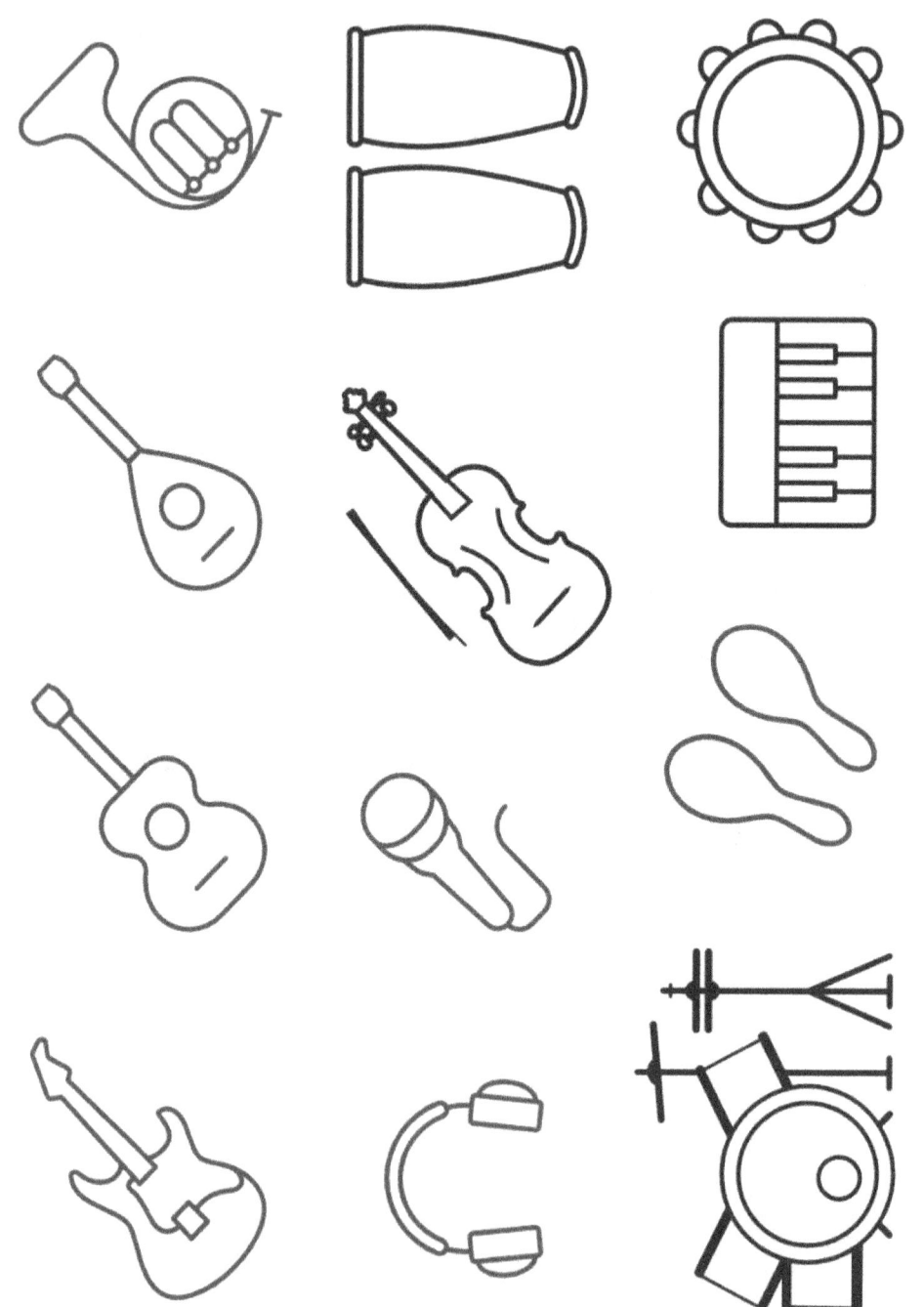

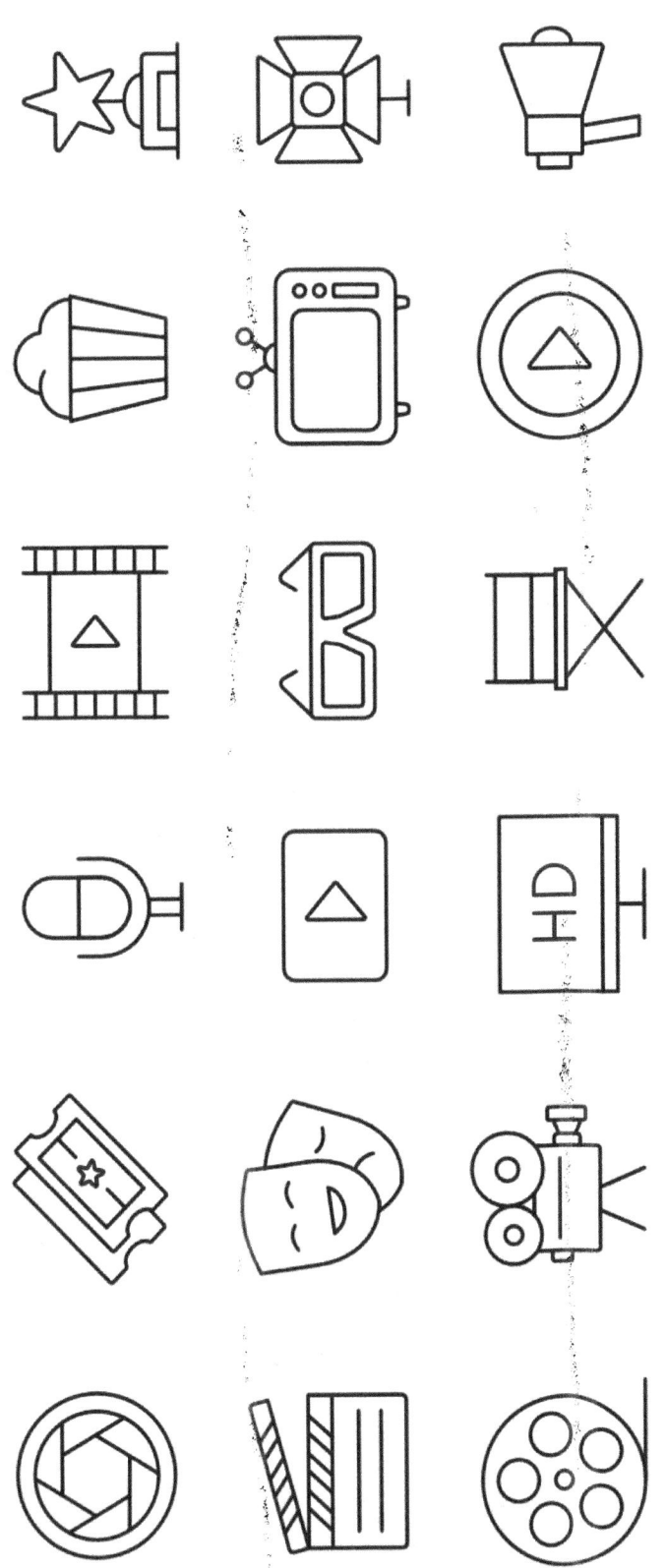

Kultur & Religion

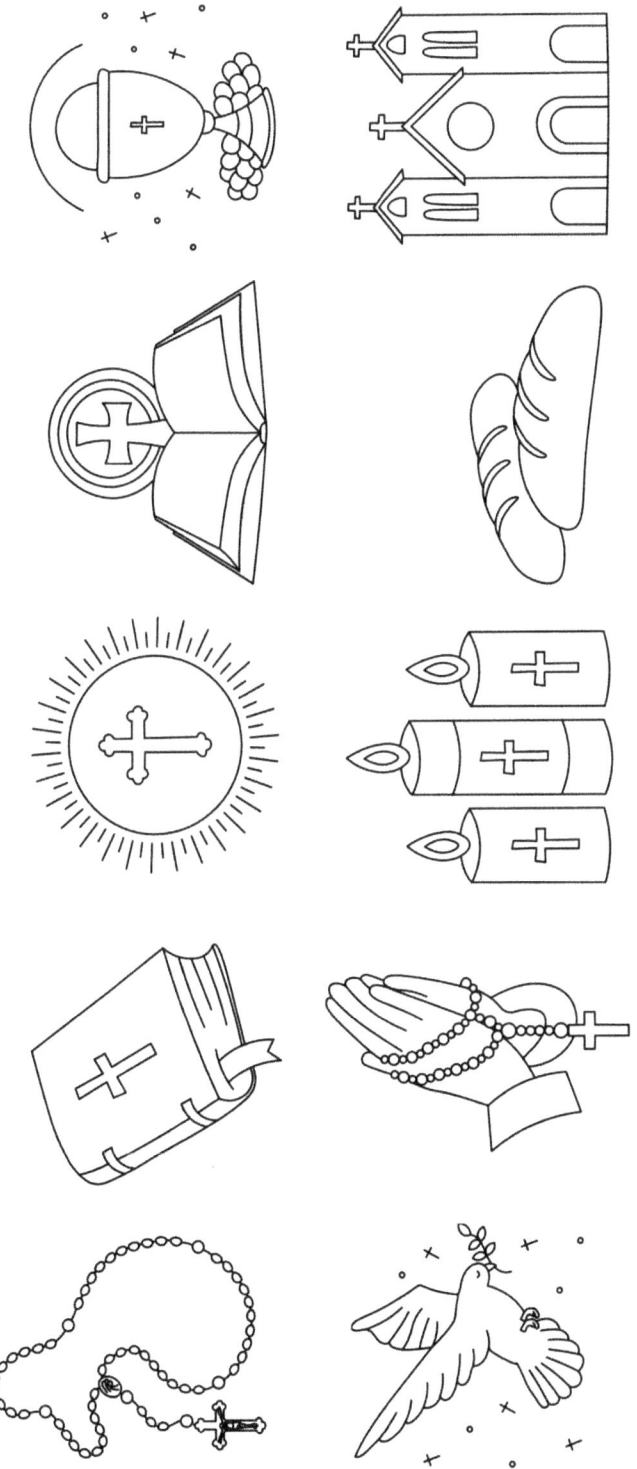

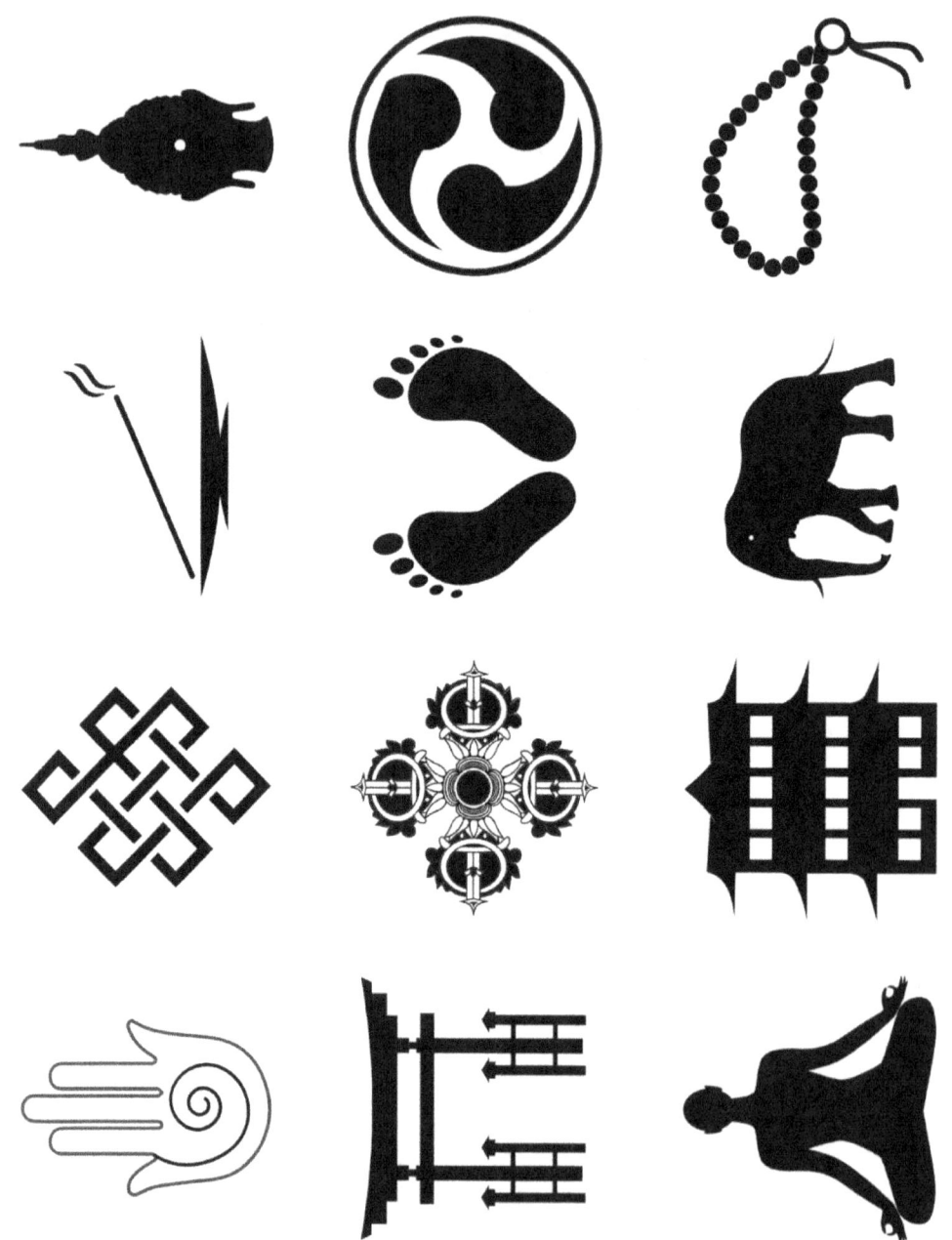

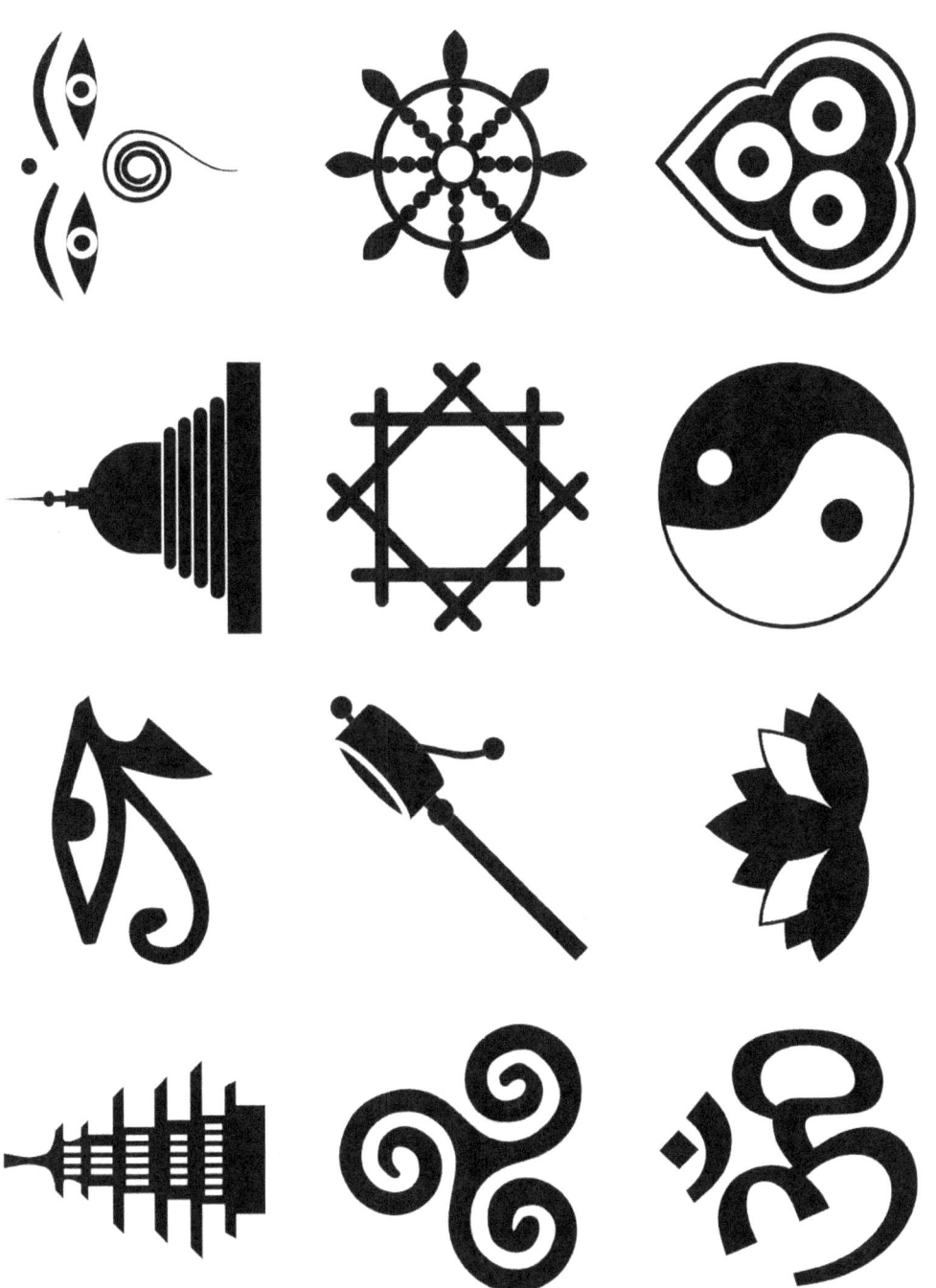

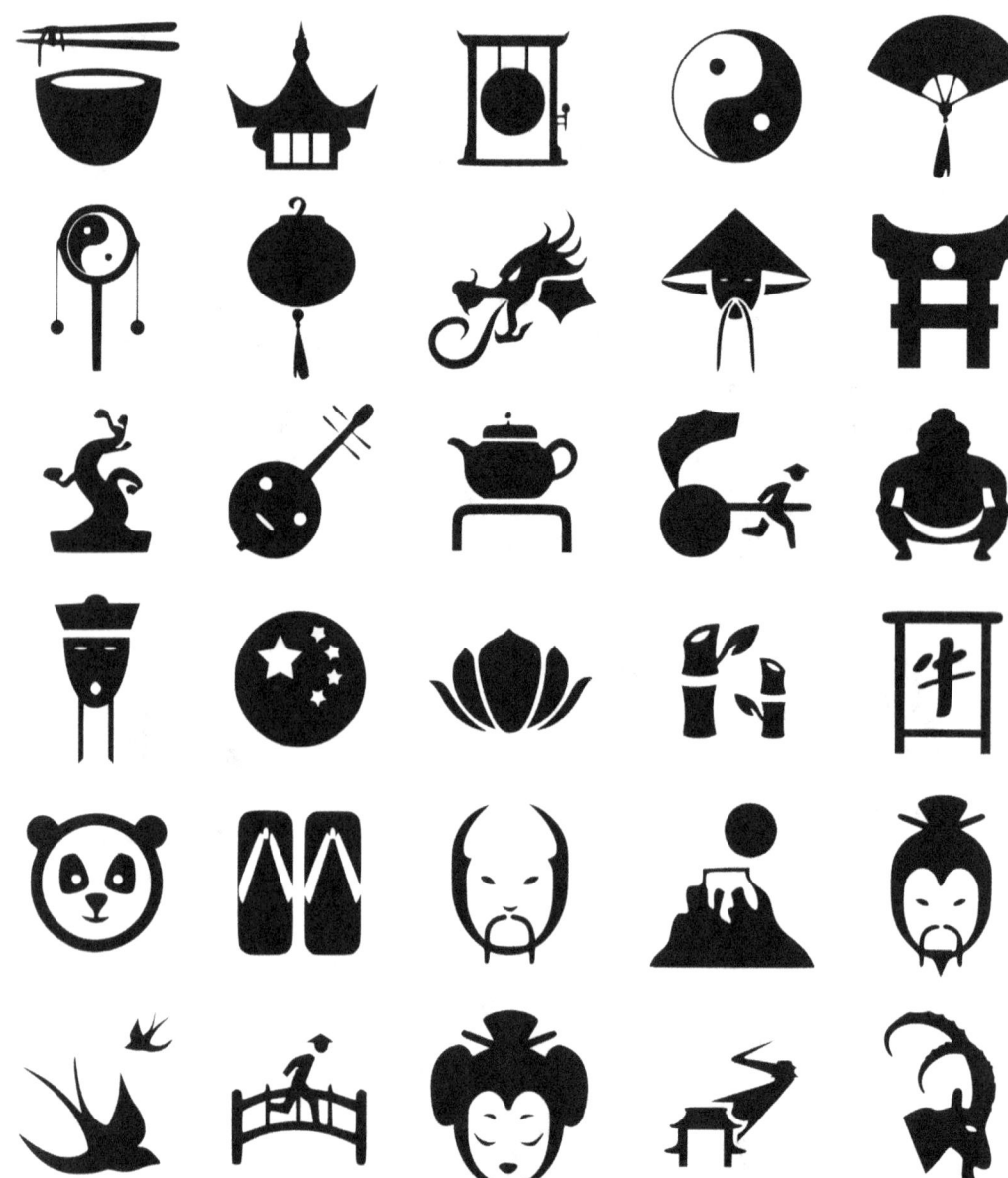

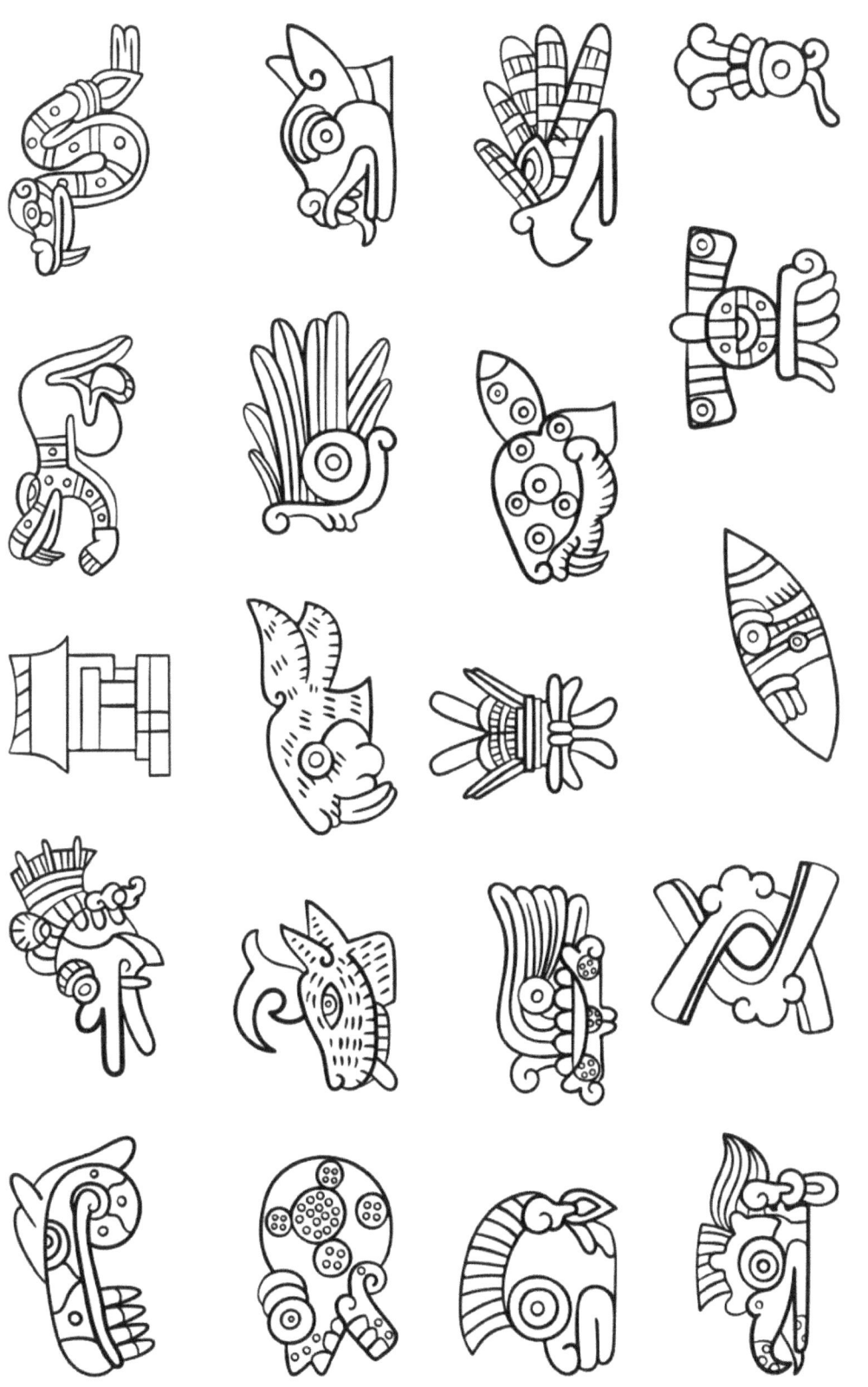

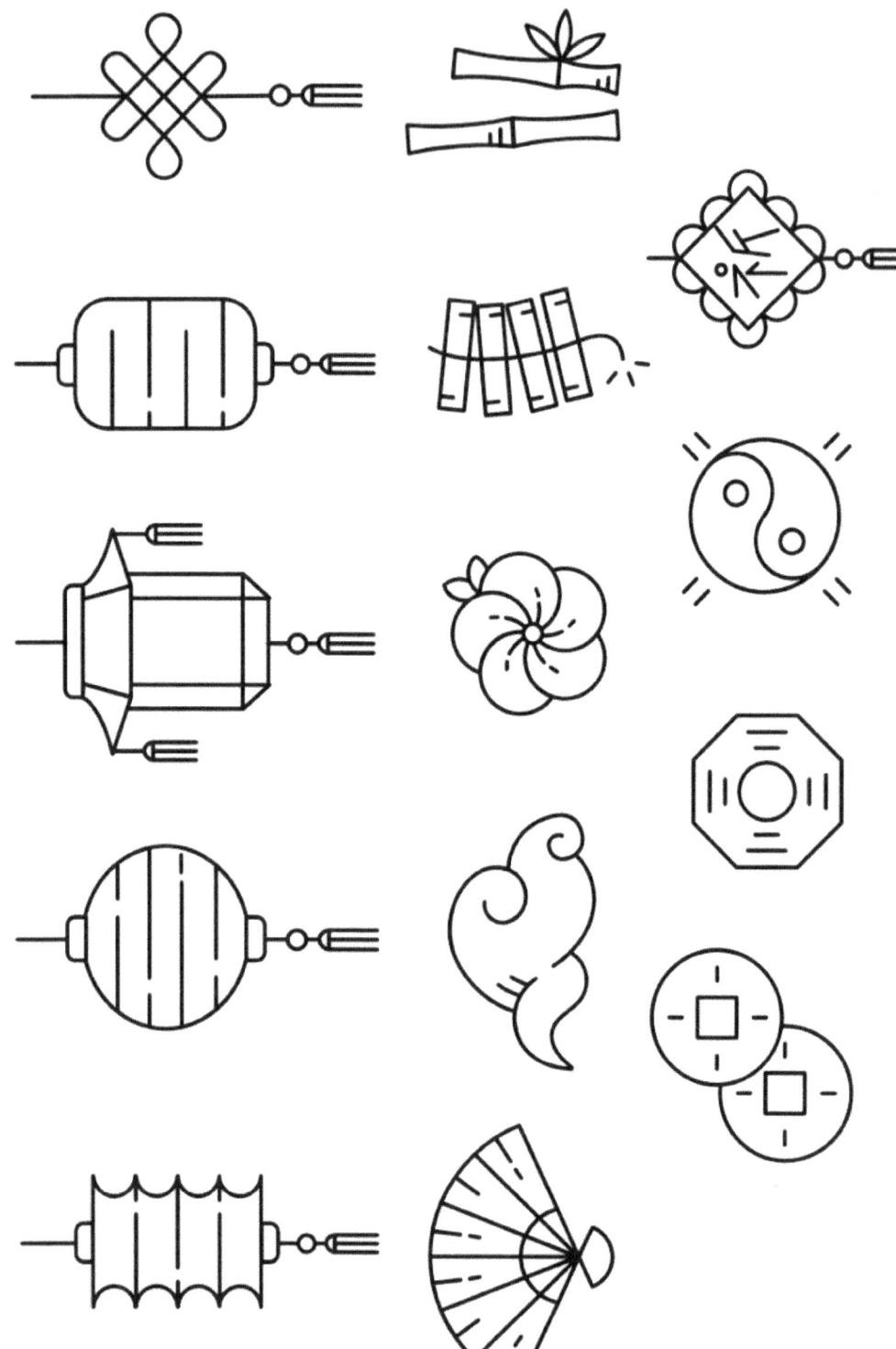

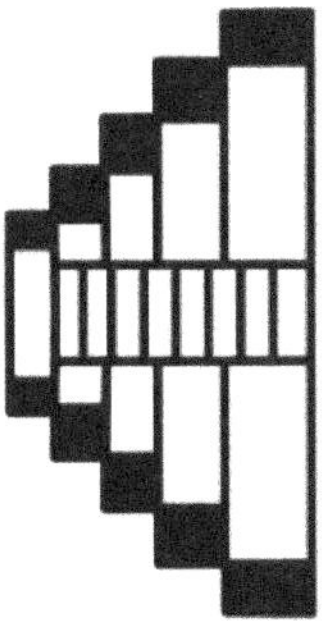

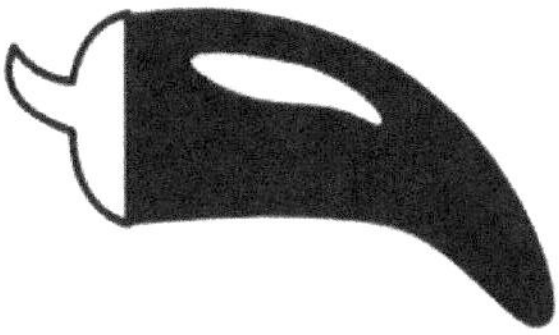

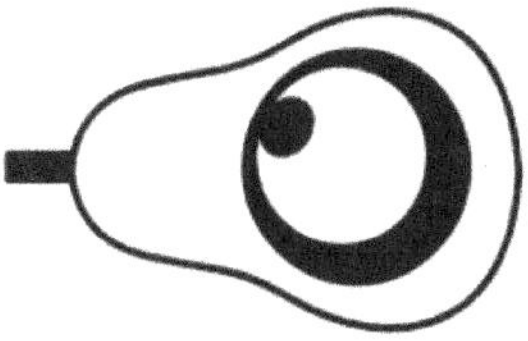

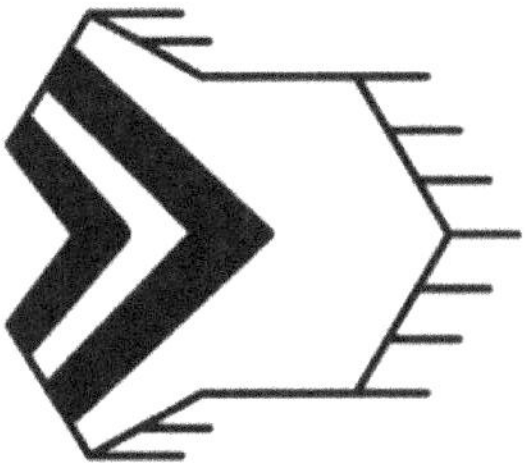

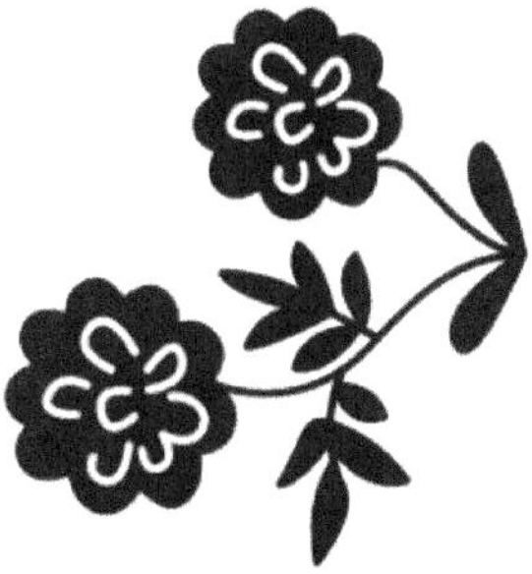

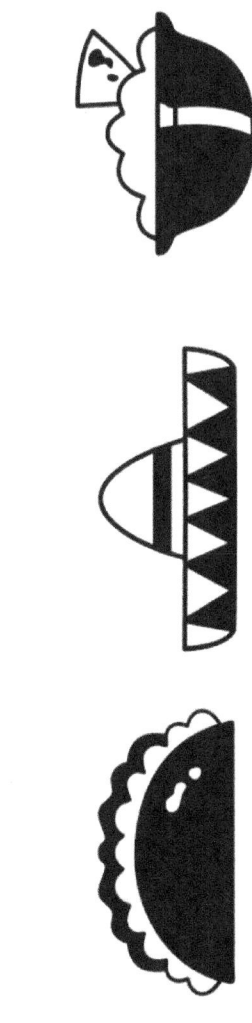

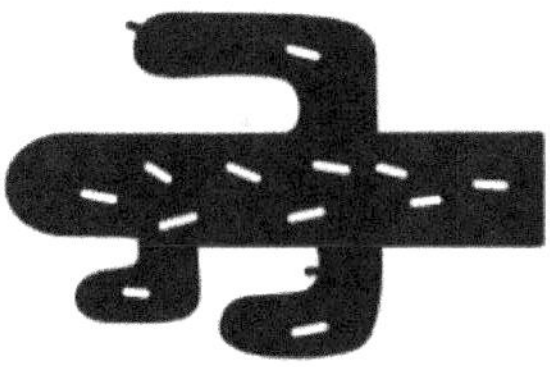

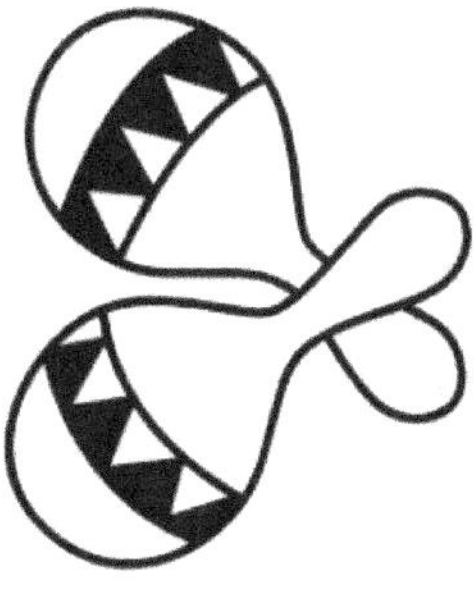

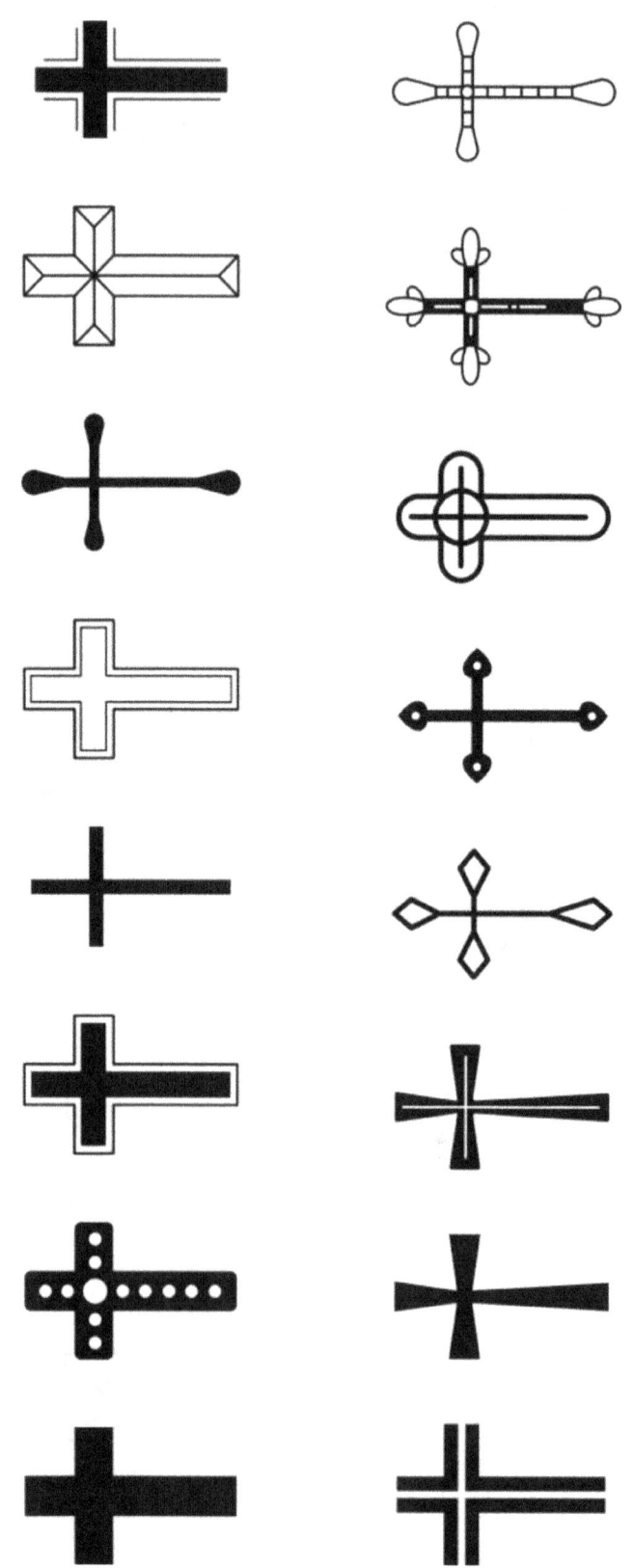

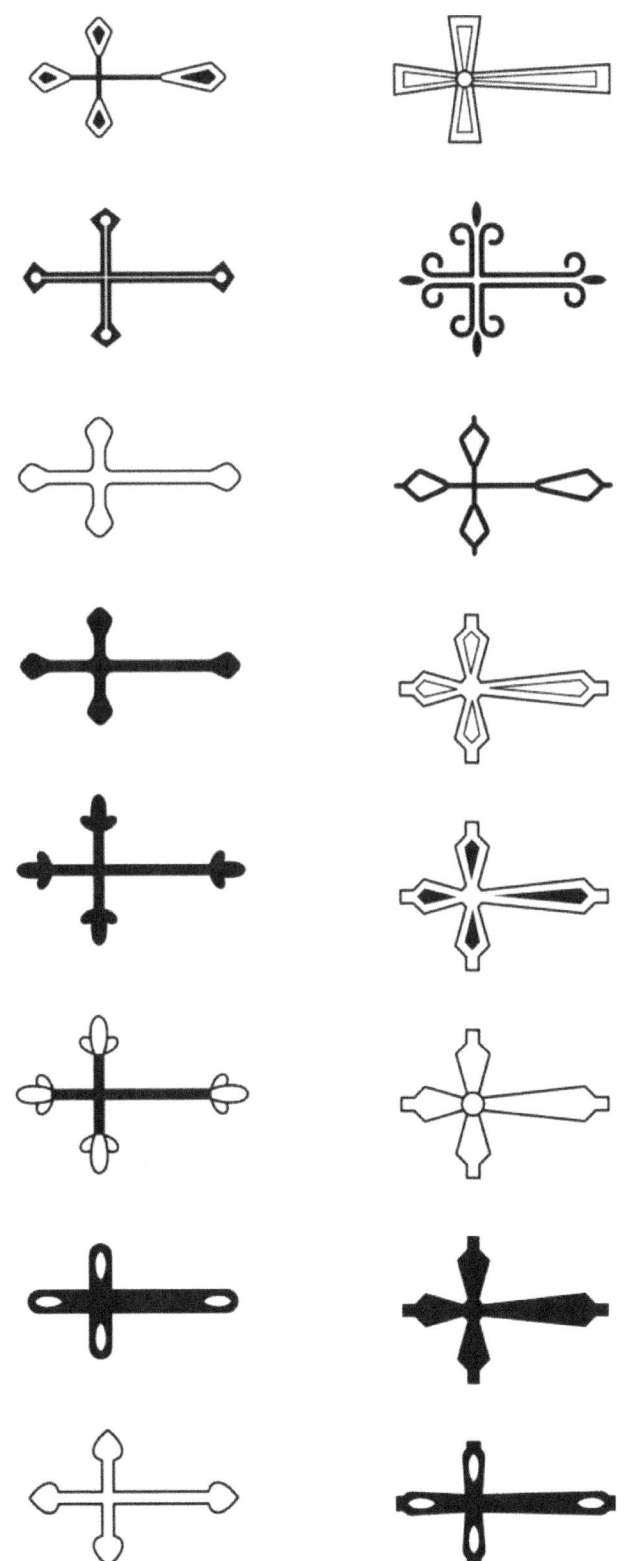

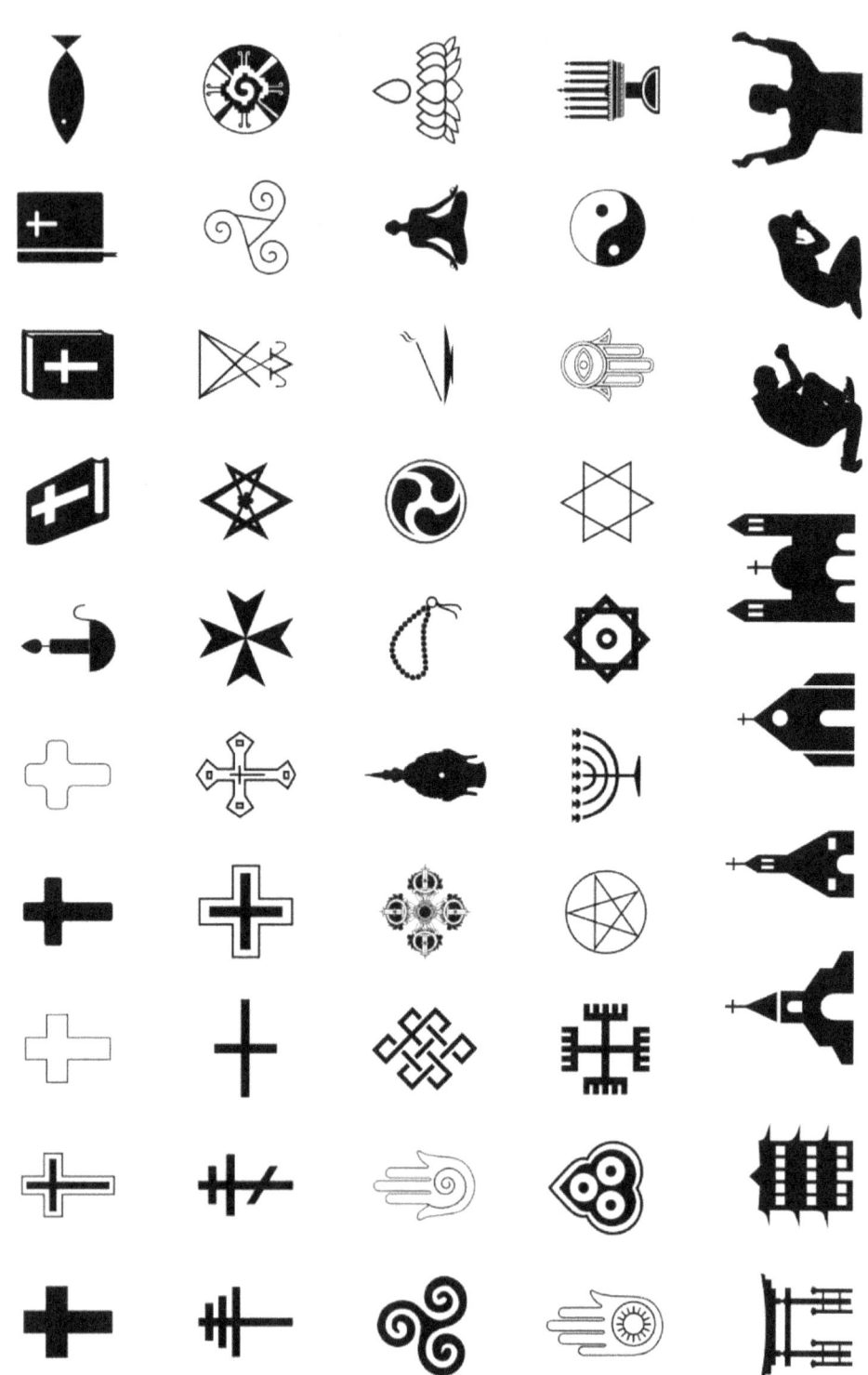

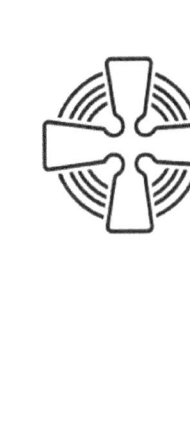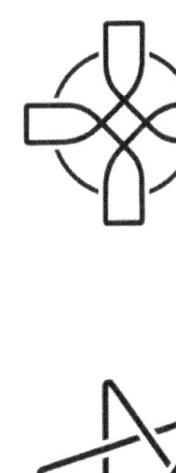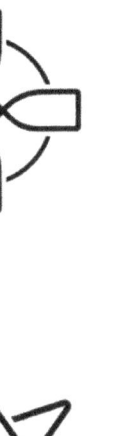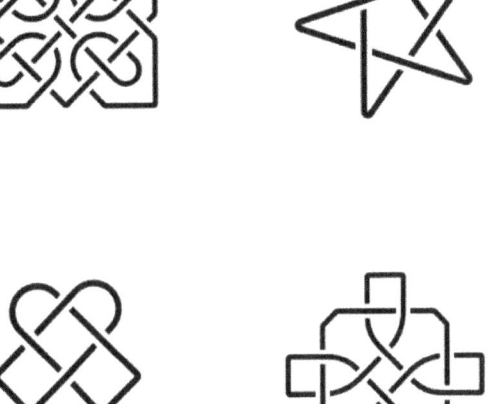

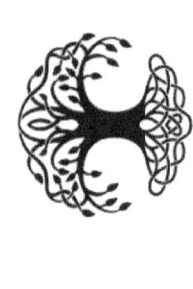 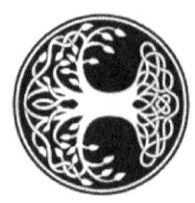 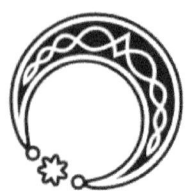 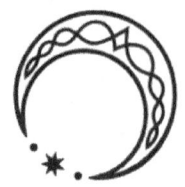
 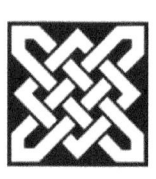  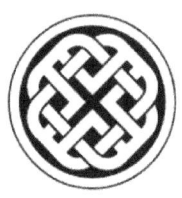
 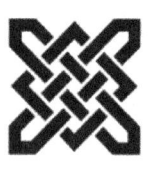  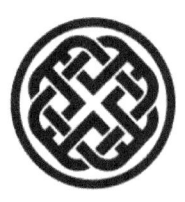
 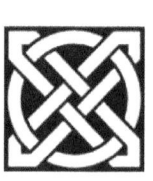 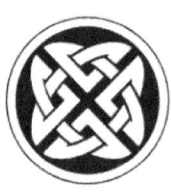 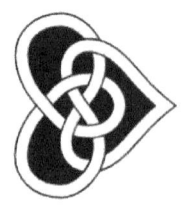
 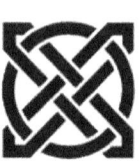 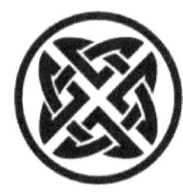 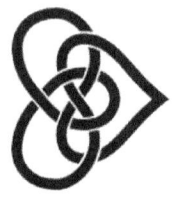

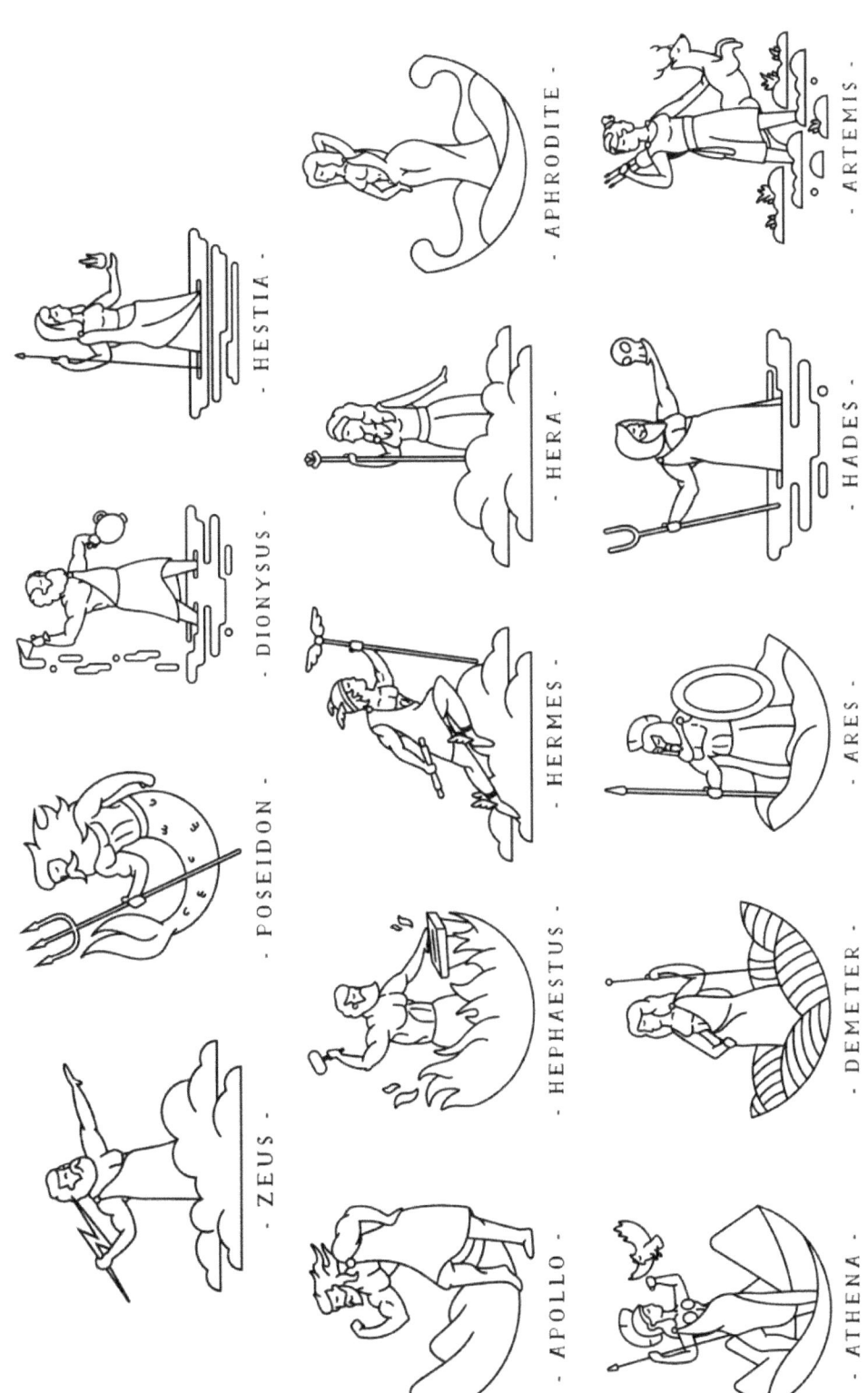

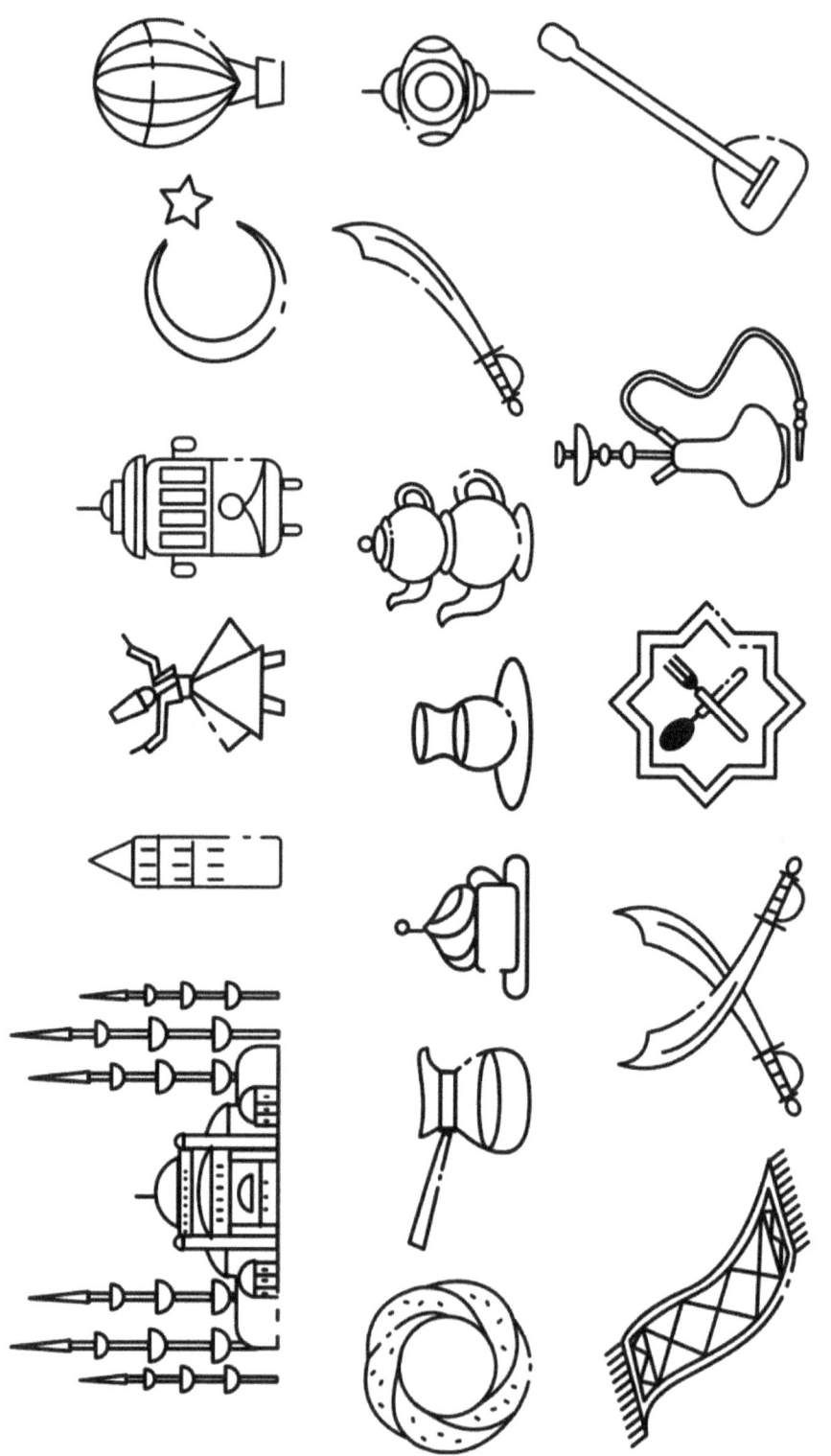

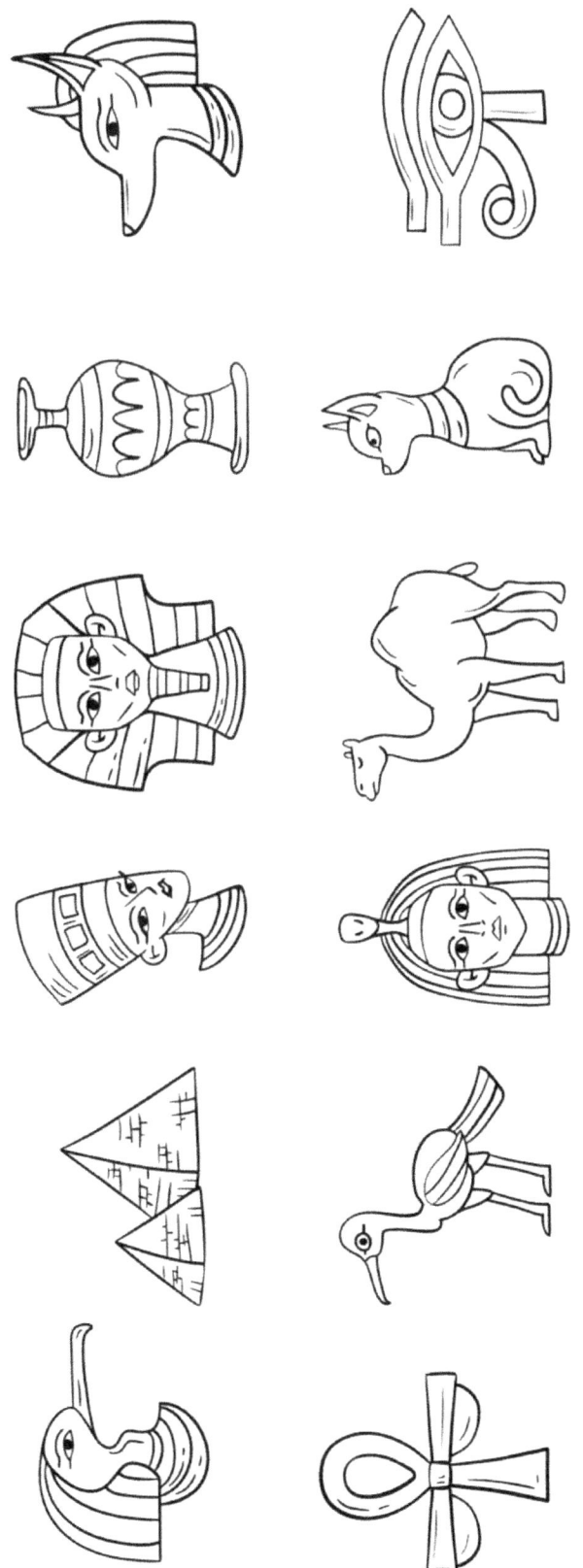

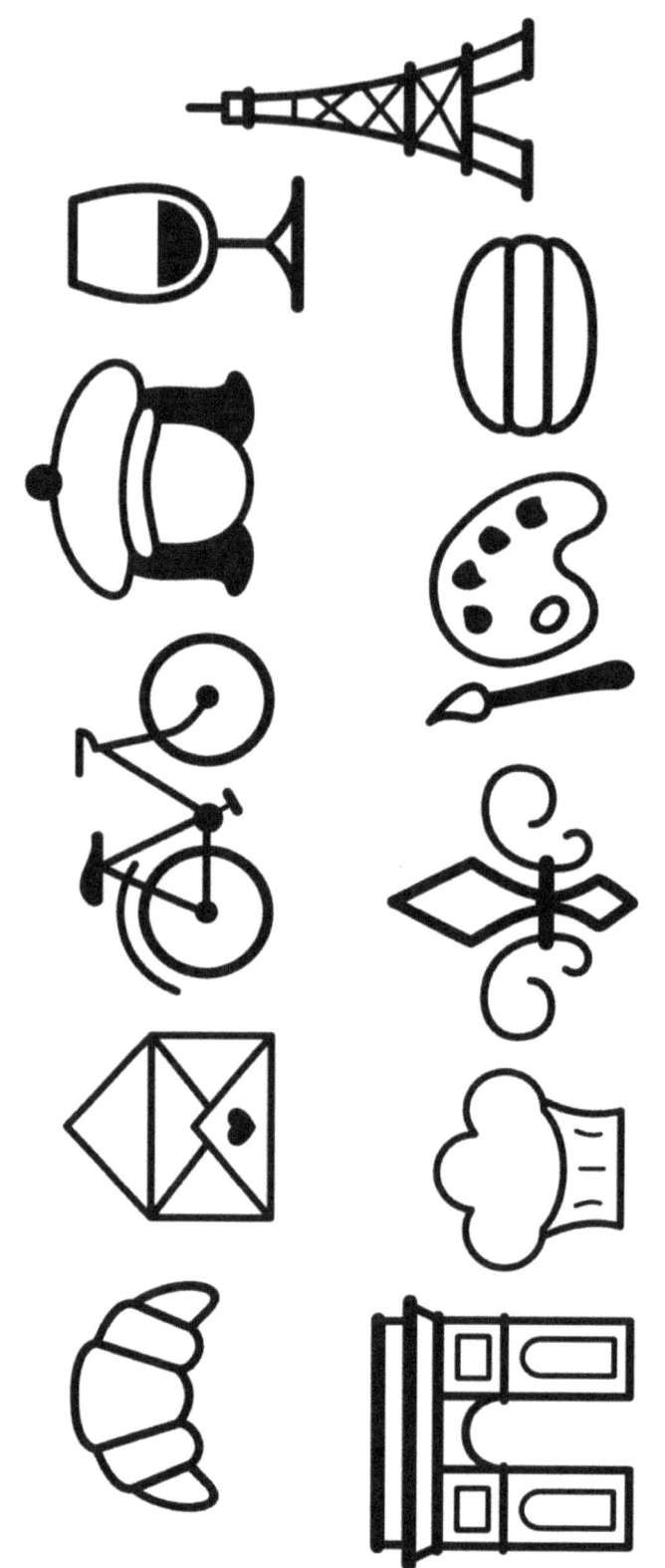

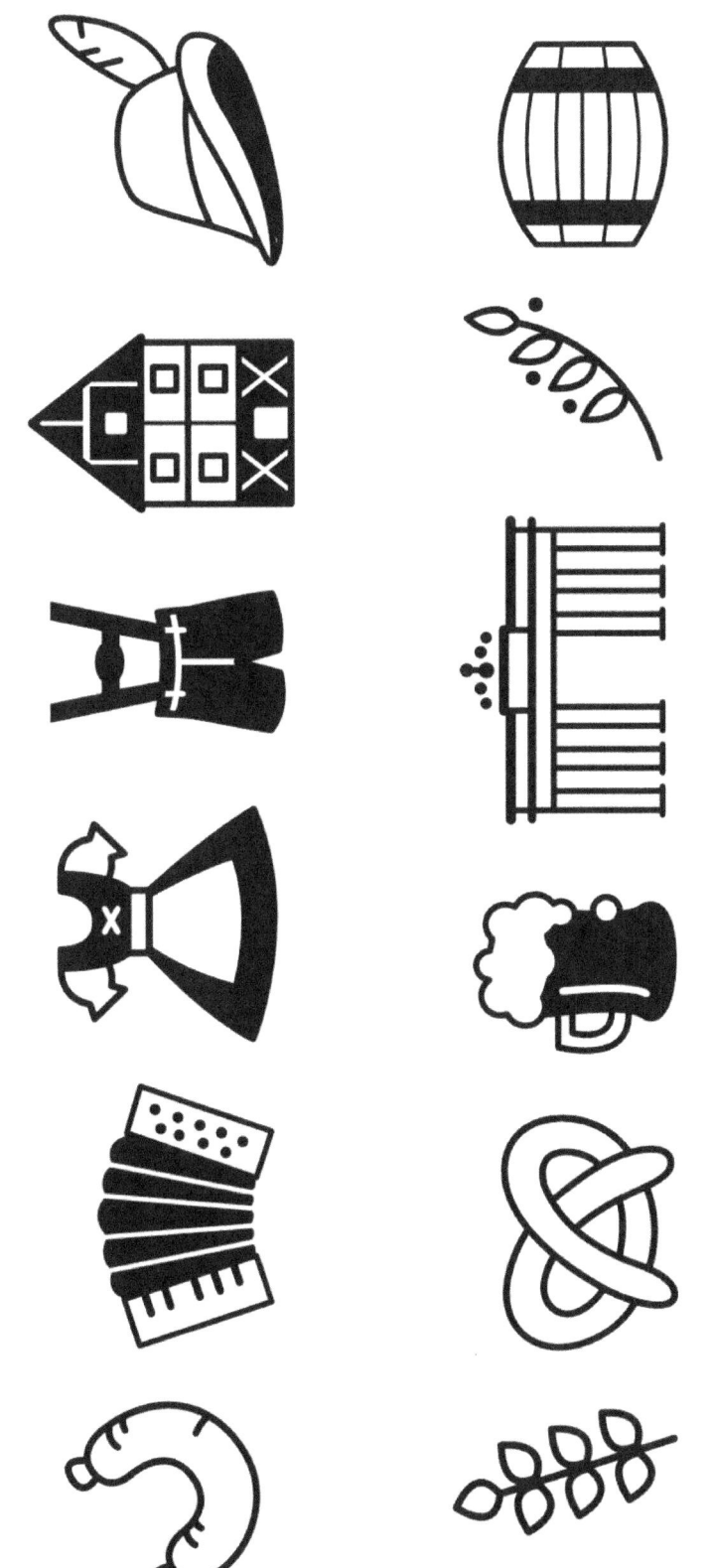

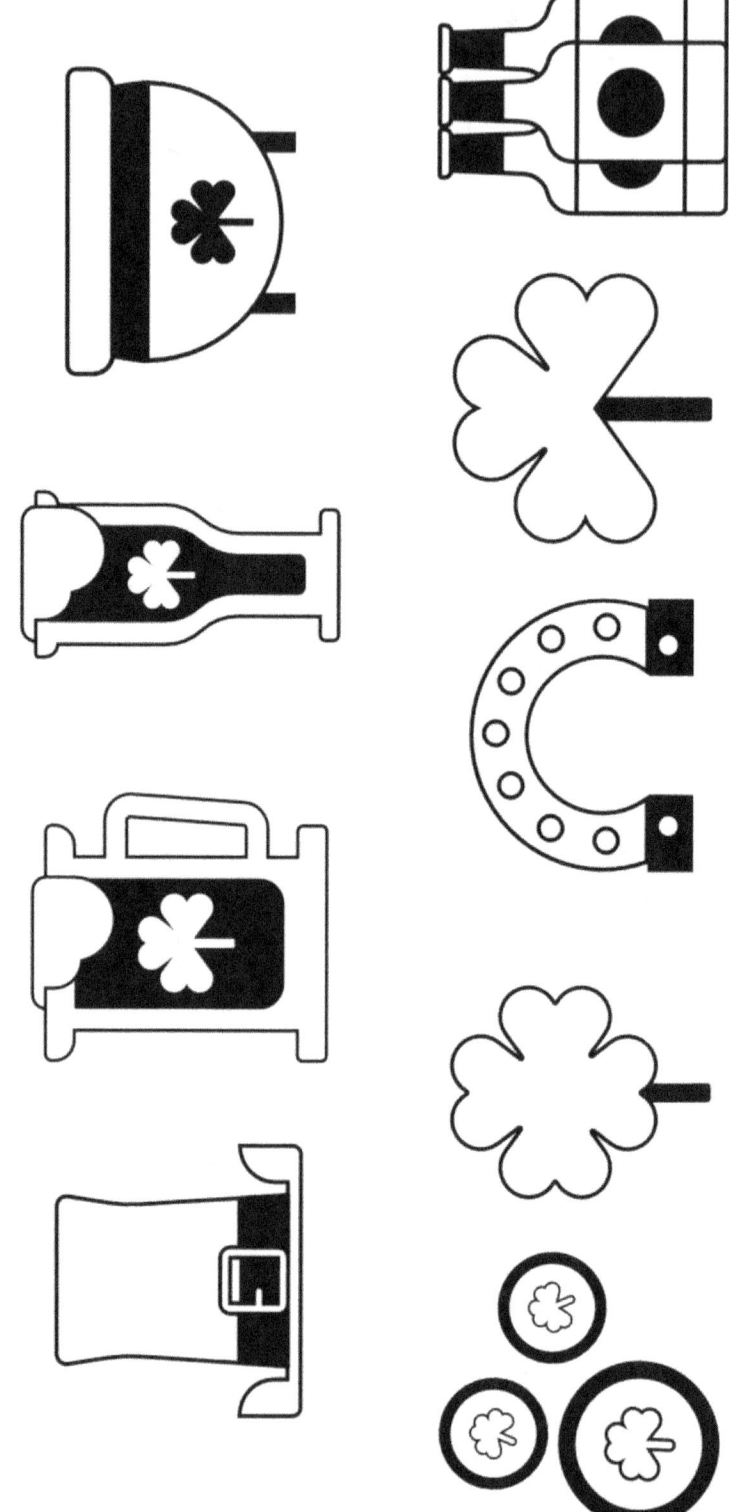

Liebe & Beziehung

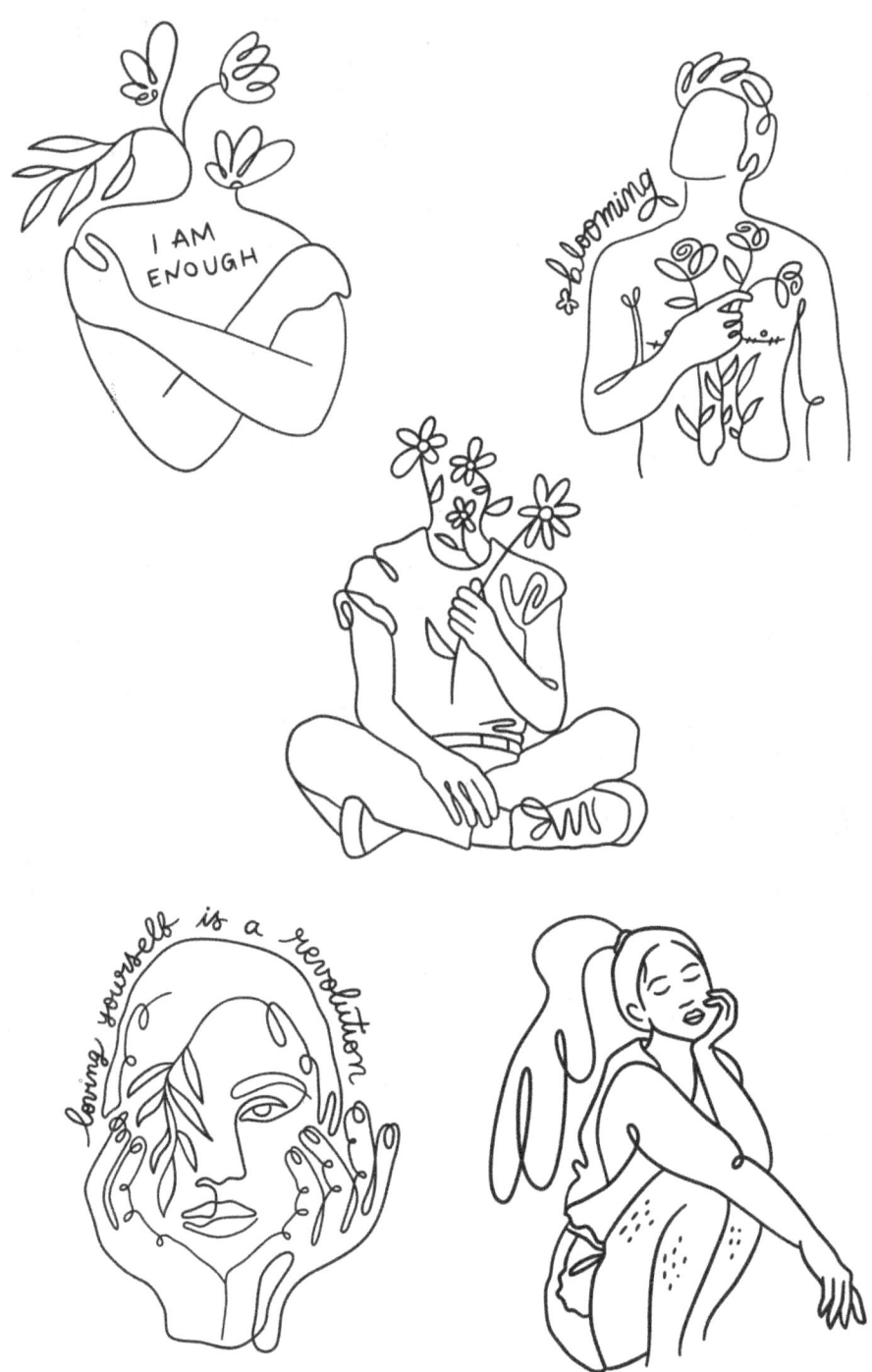

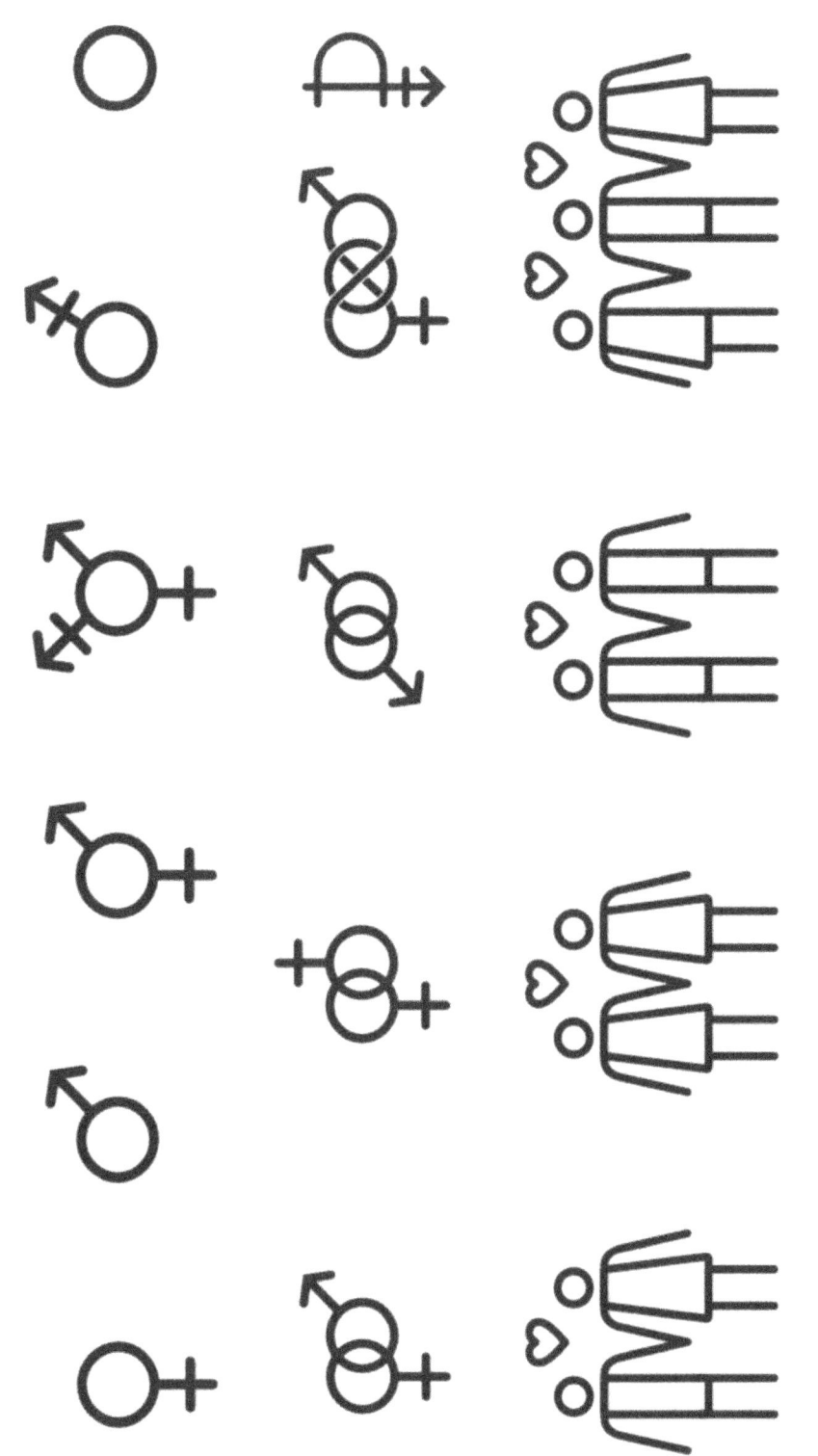

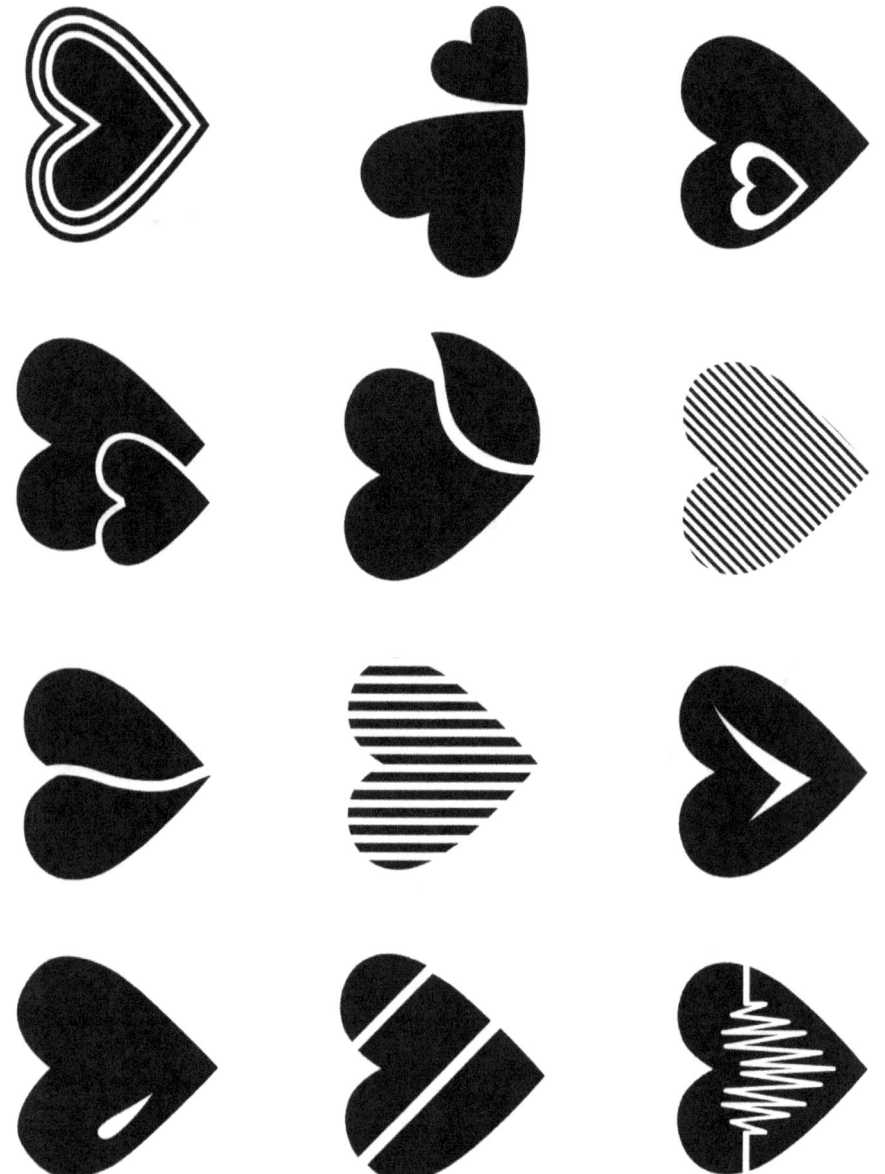

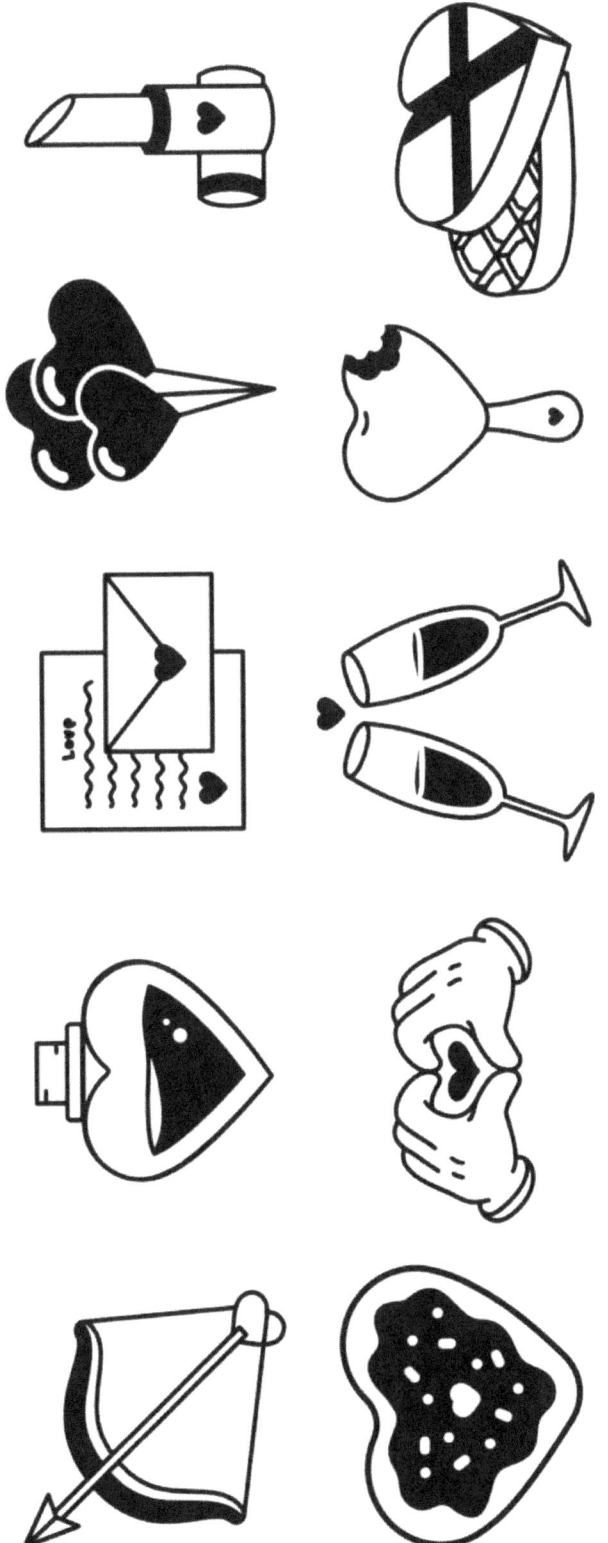

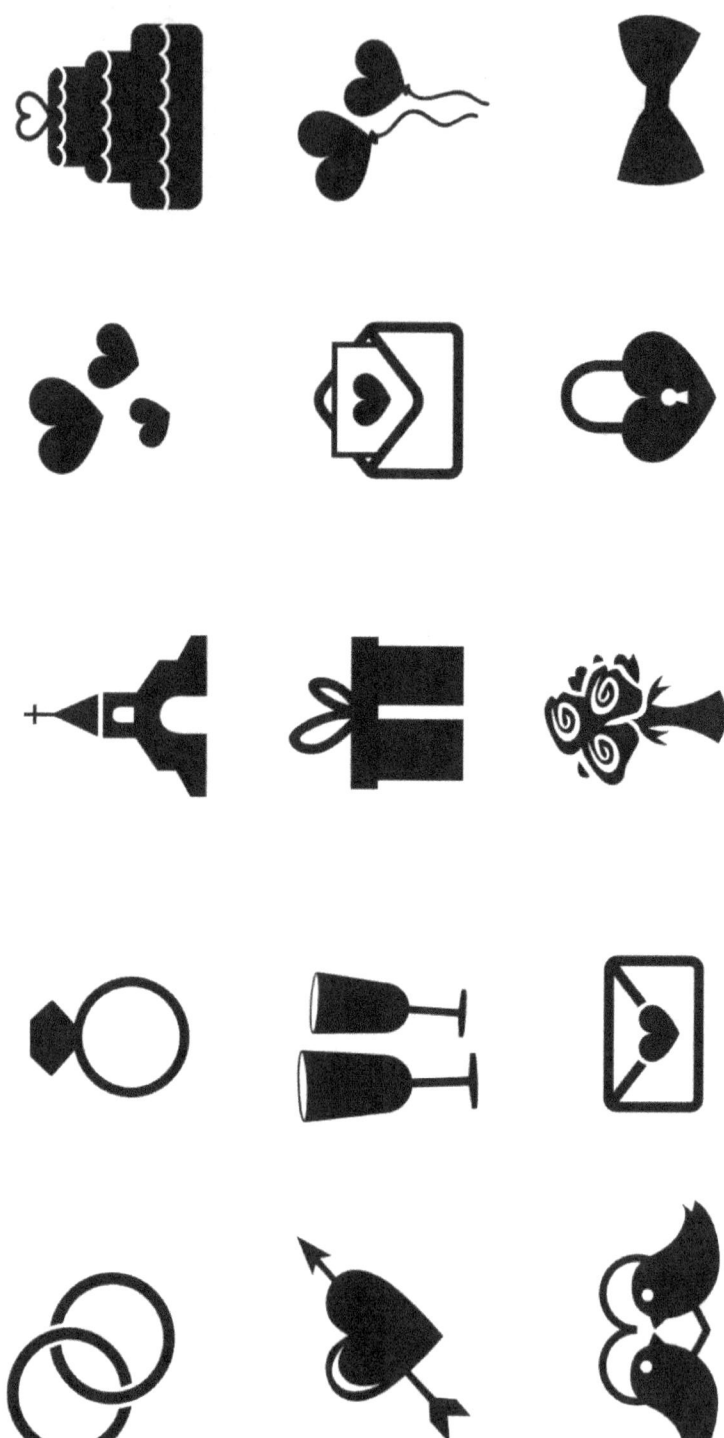

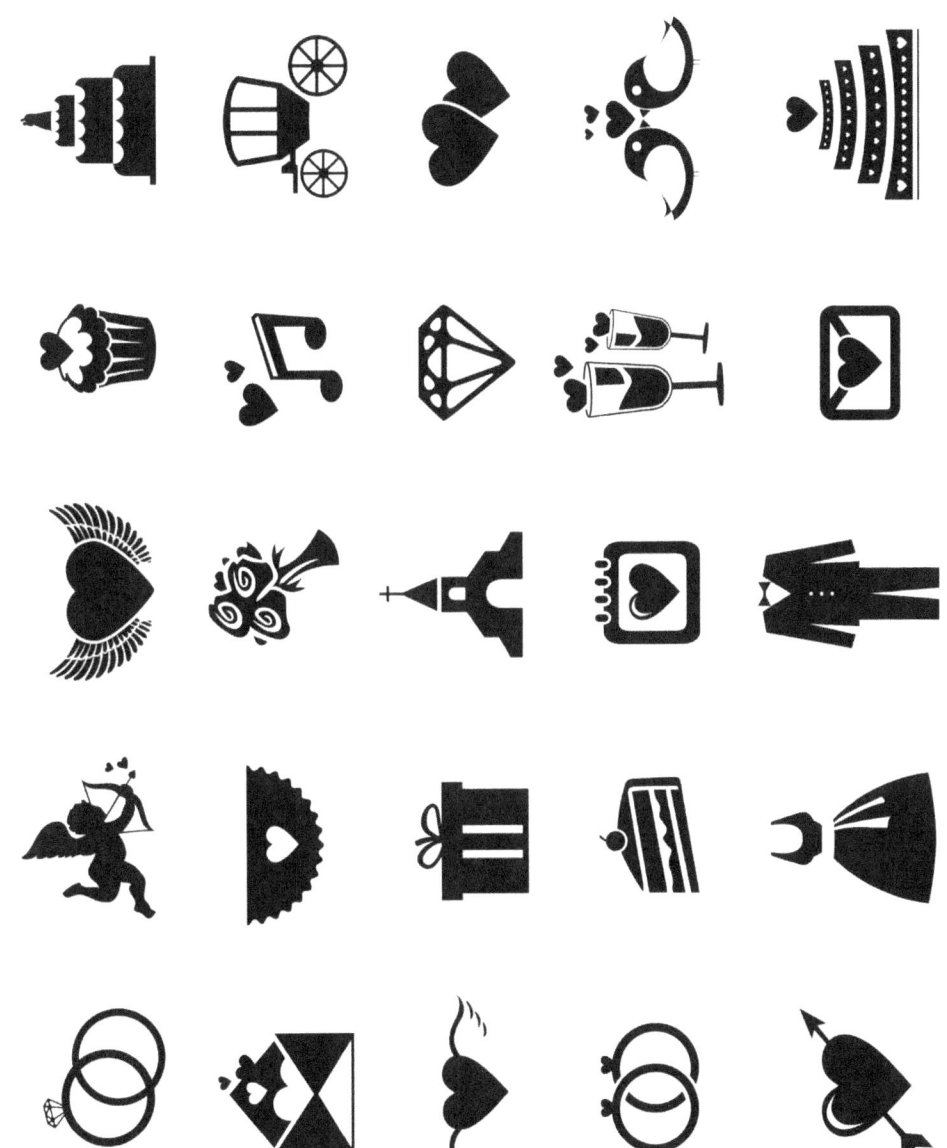

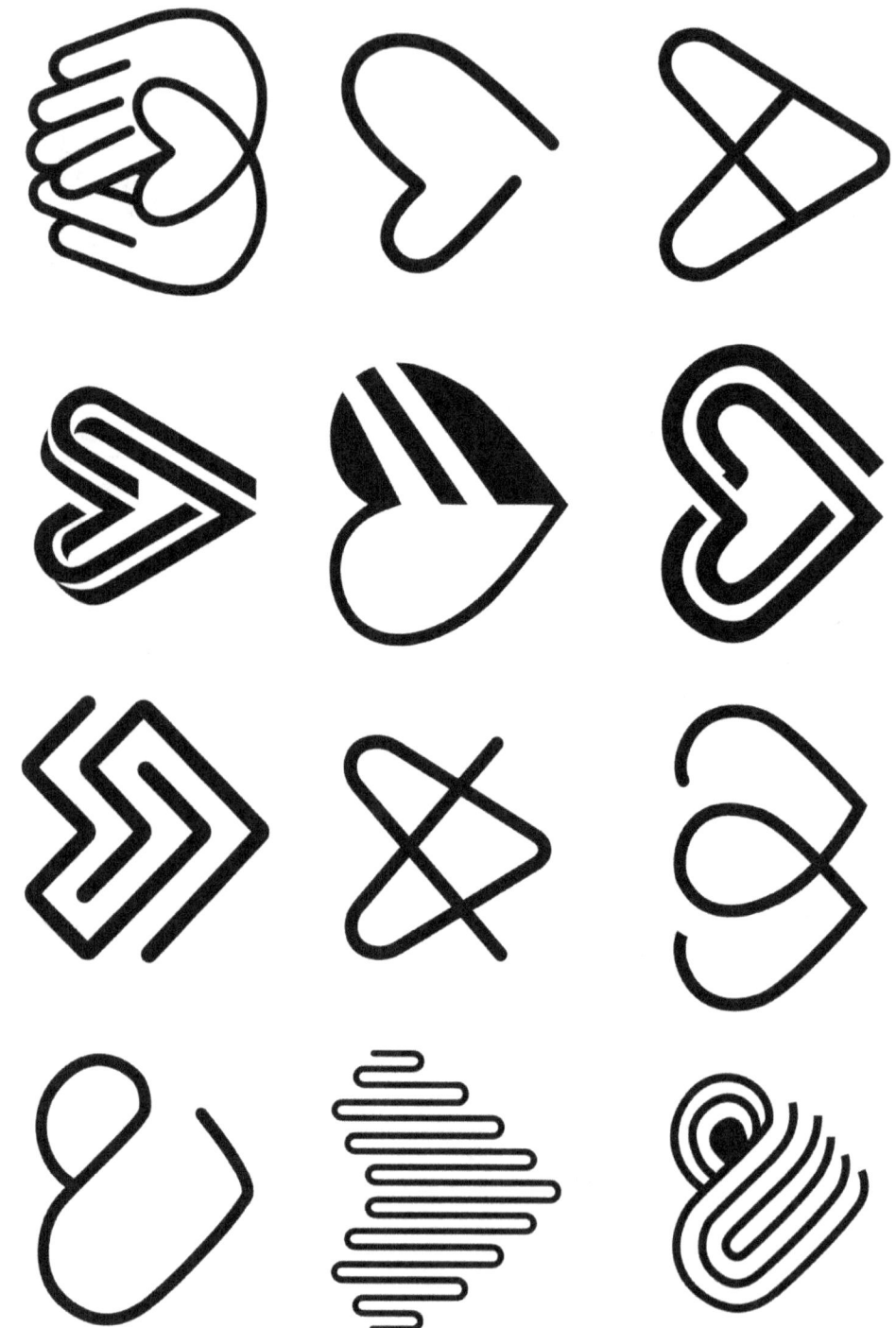

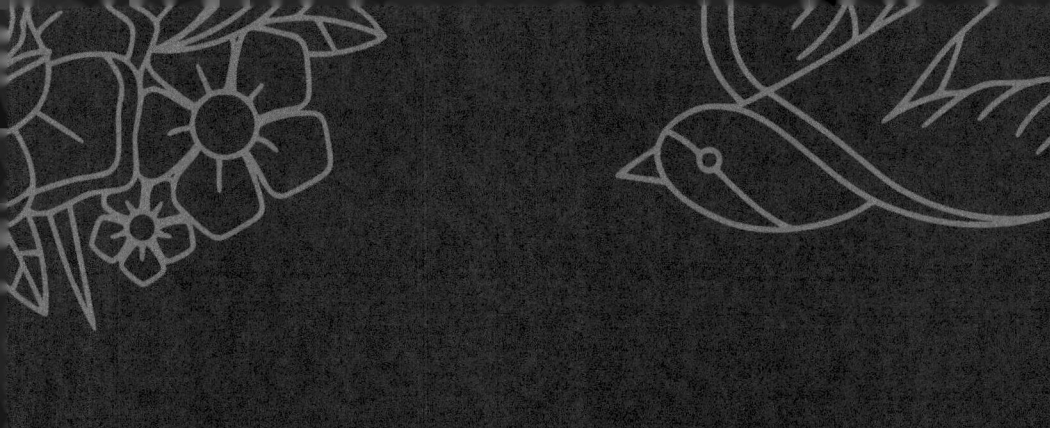
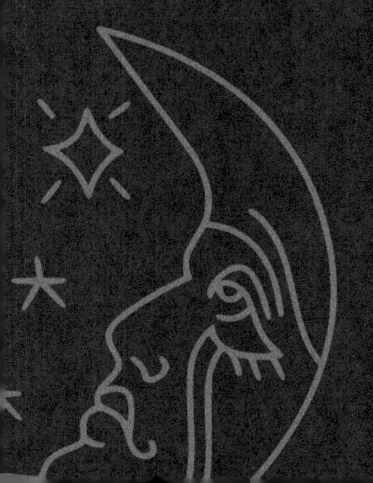

Reisen & Urlaub

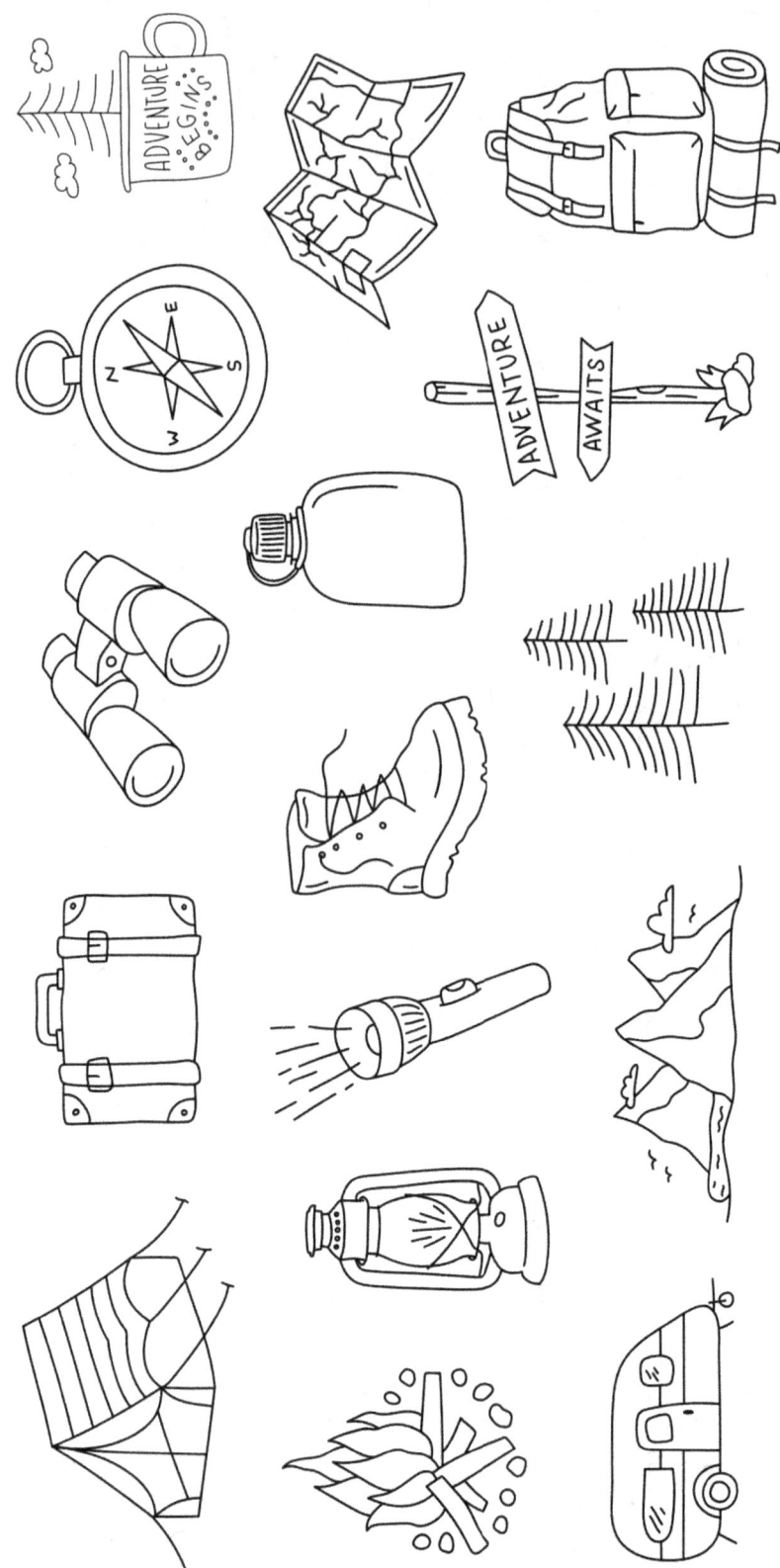

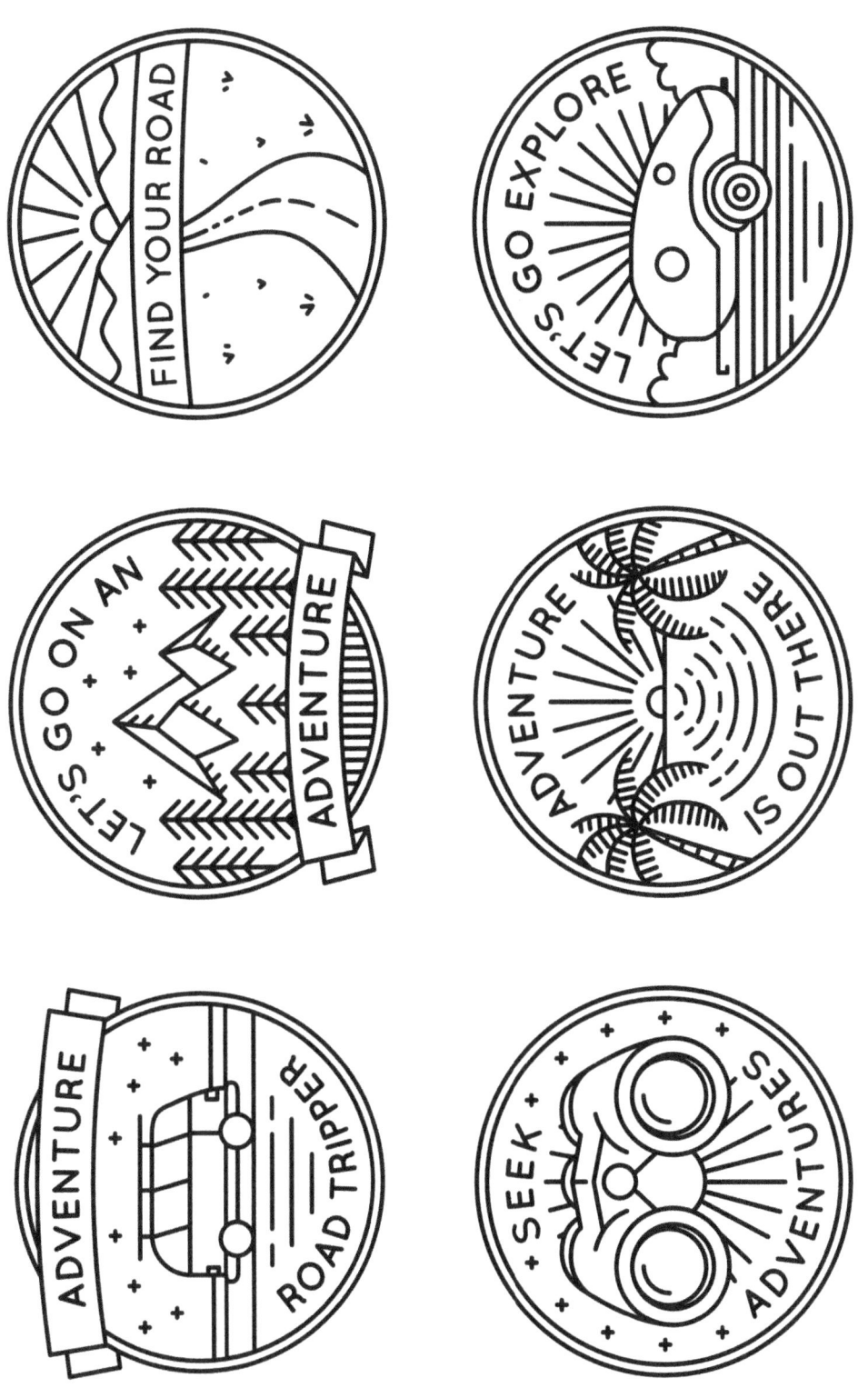

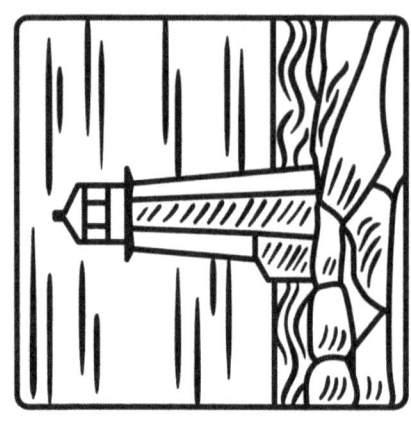
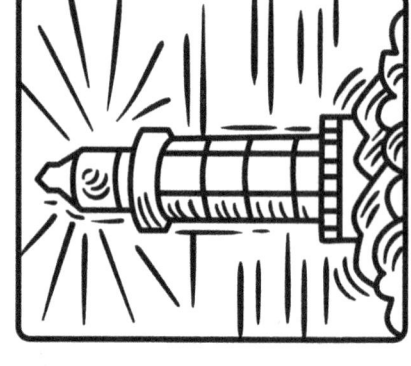
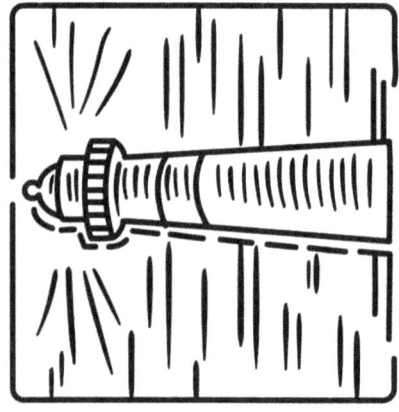
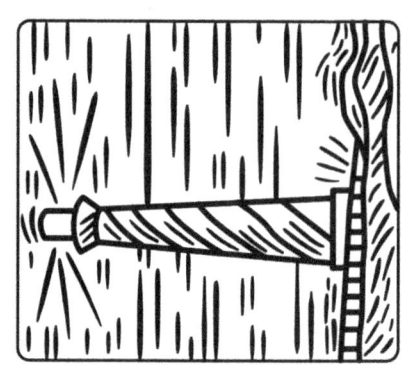
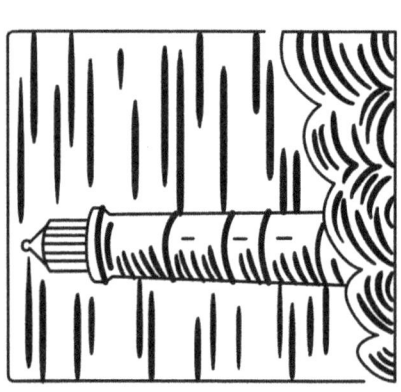

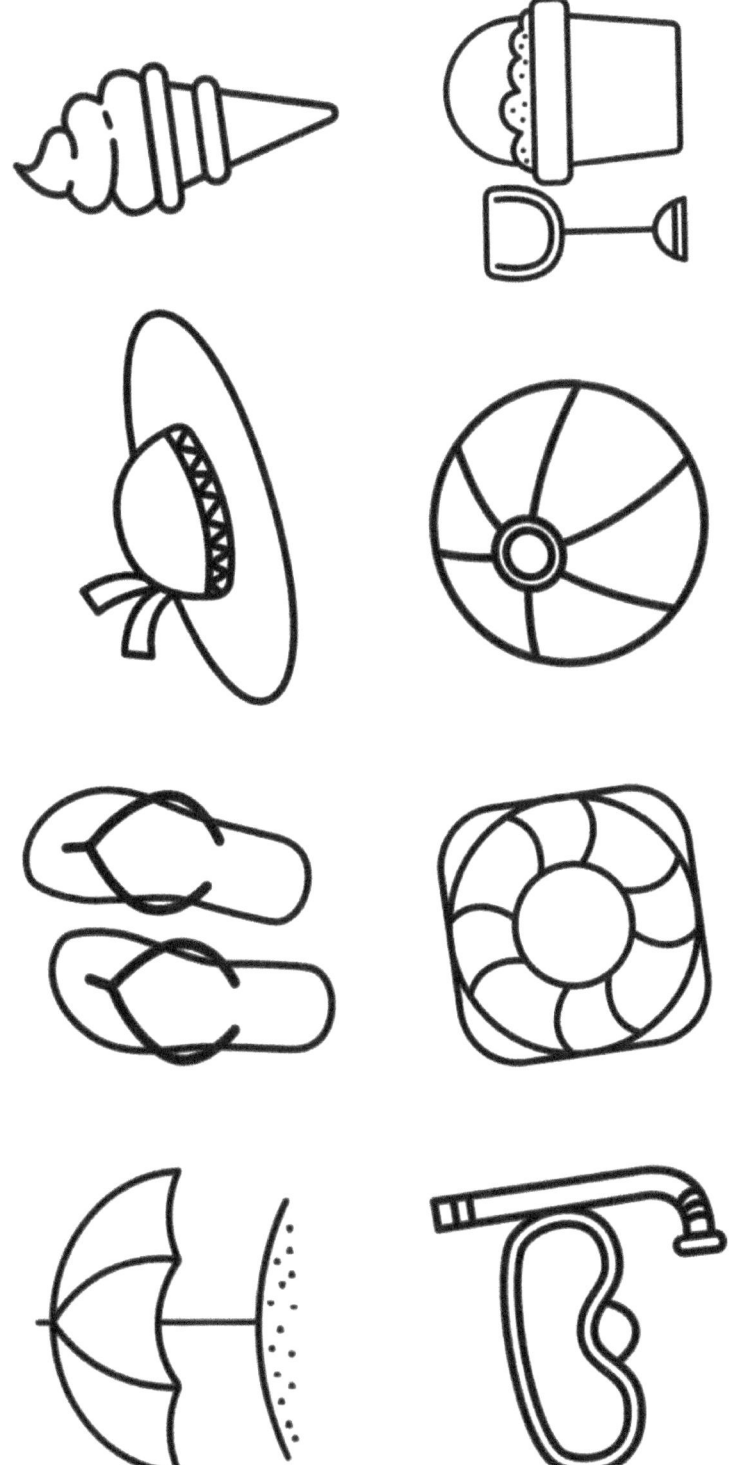

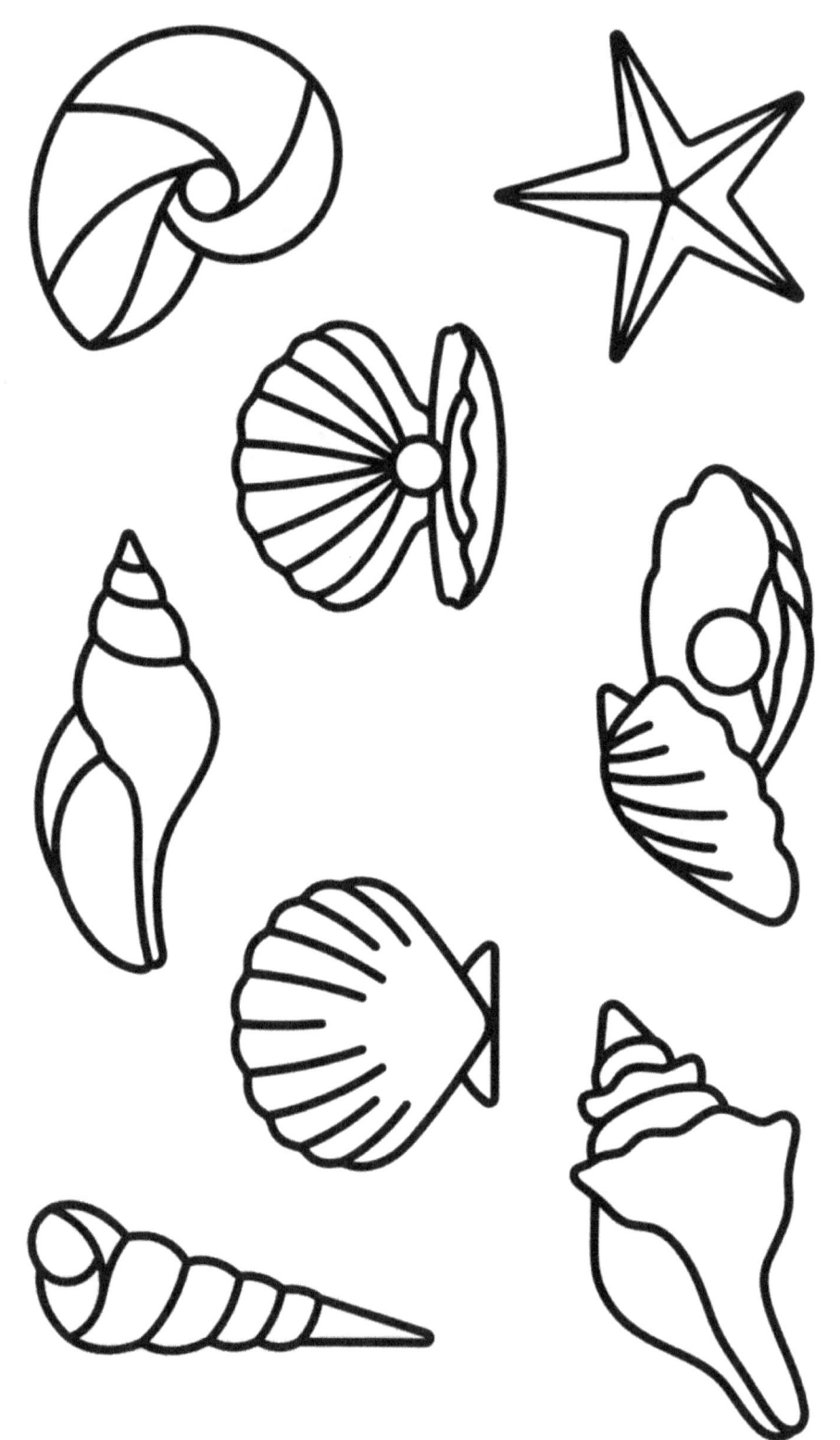

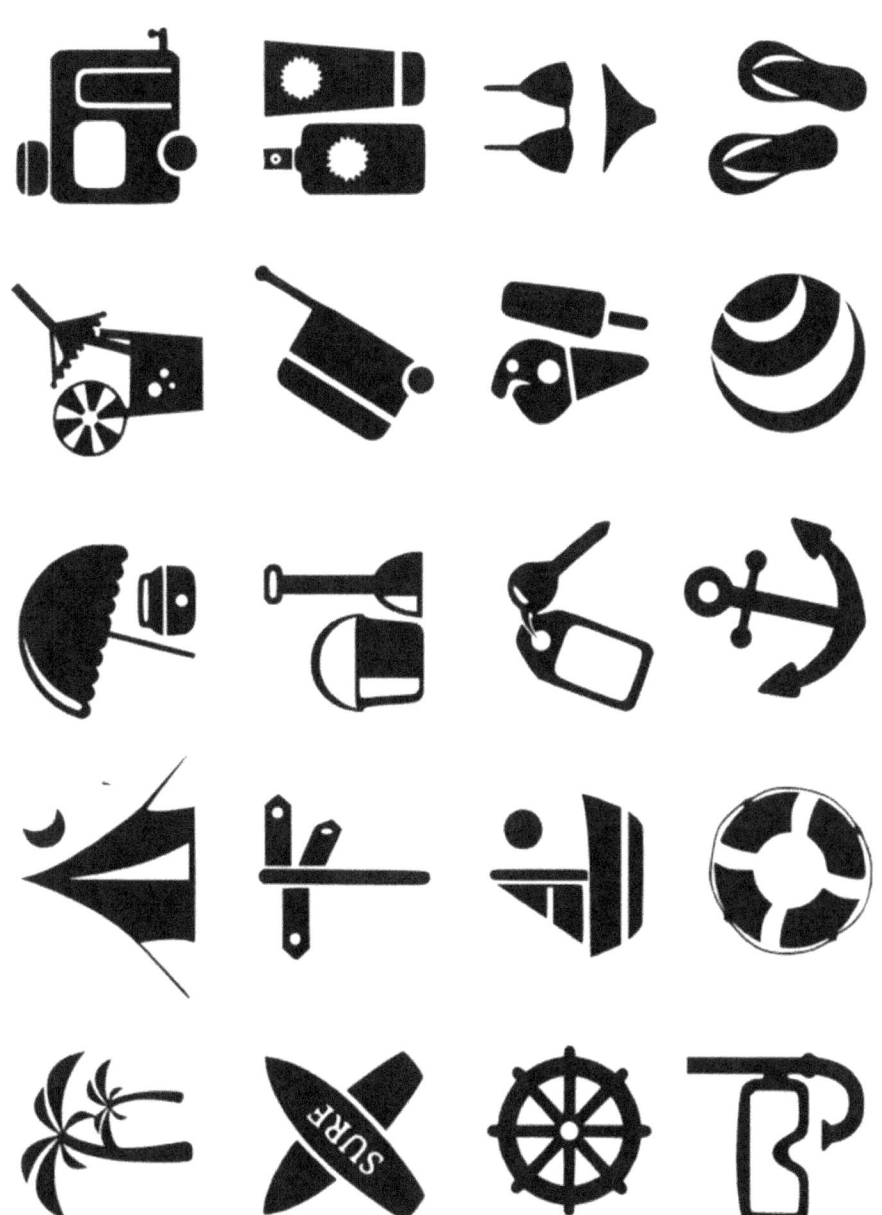

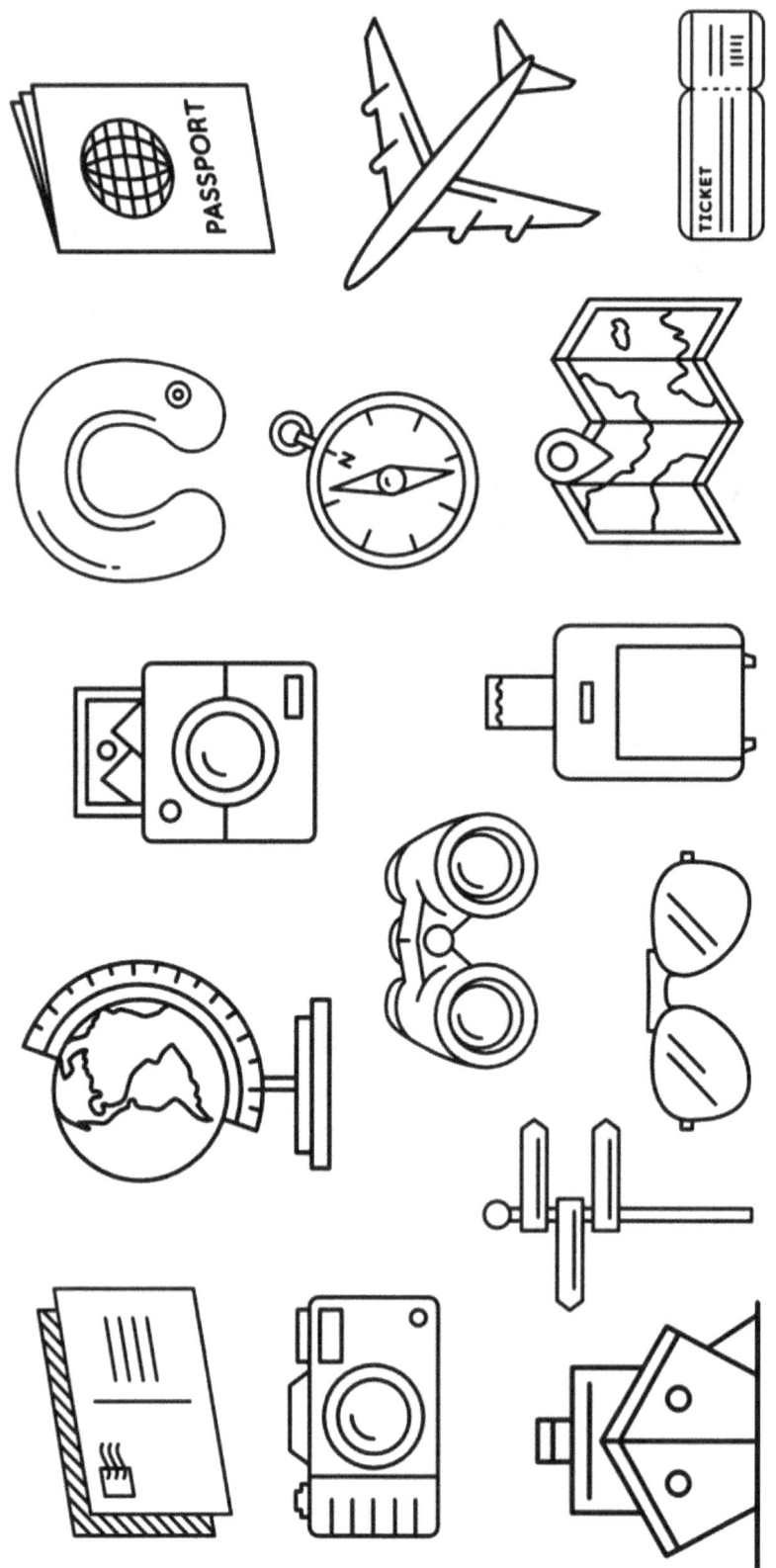

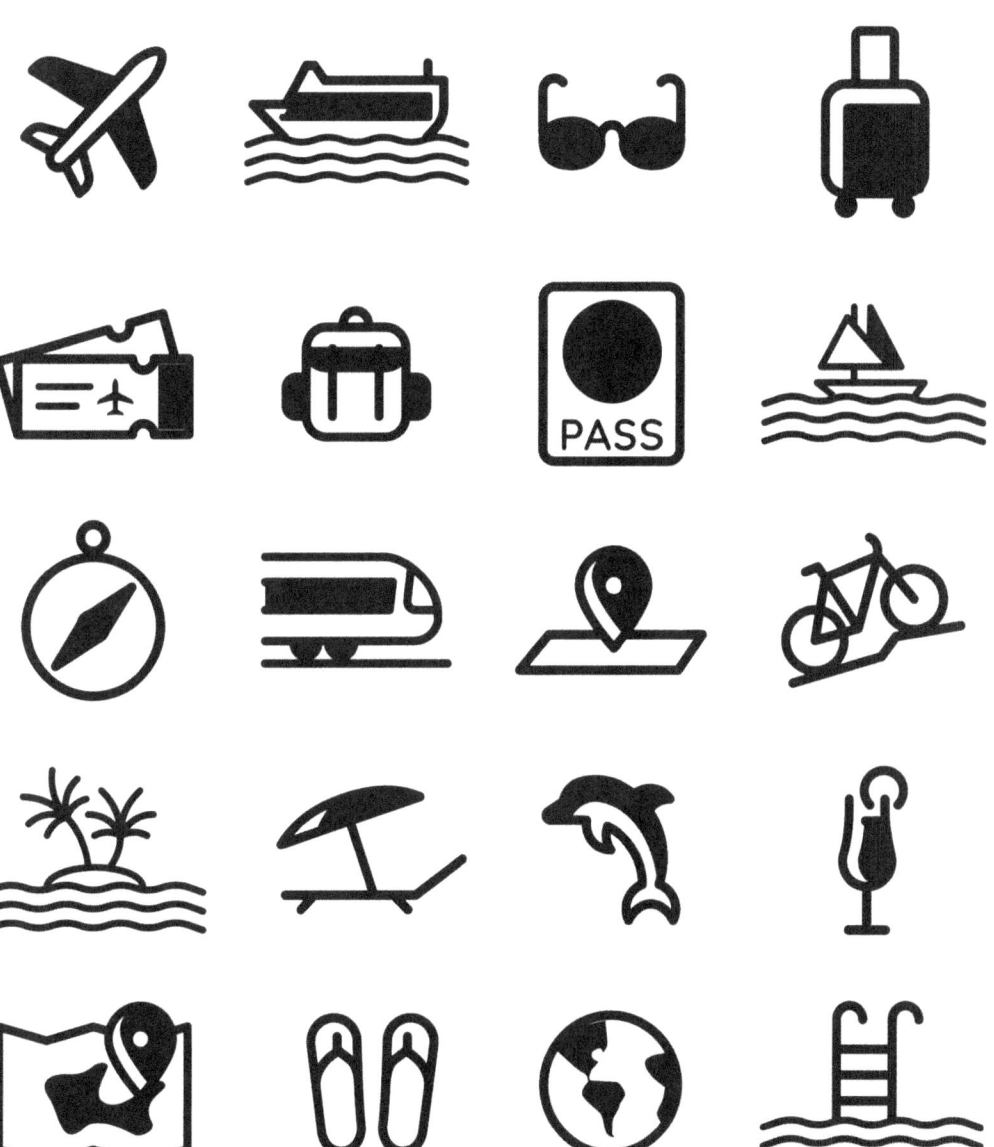

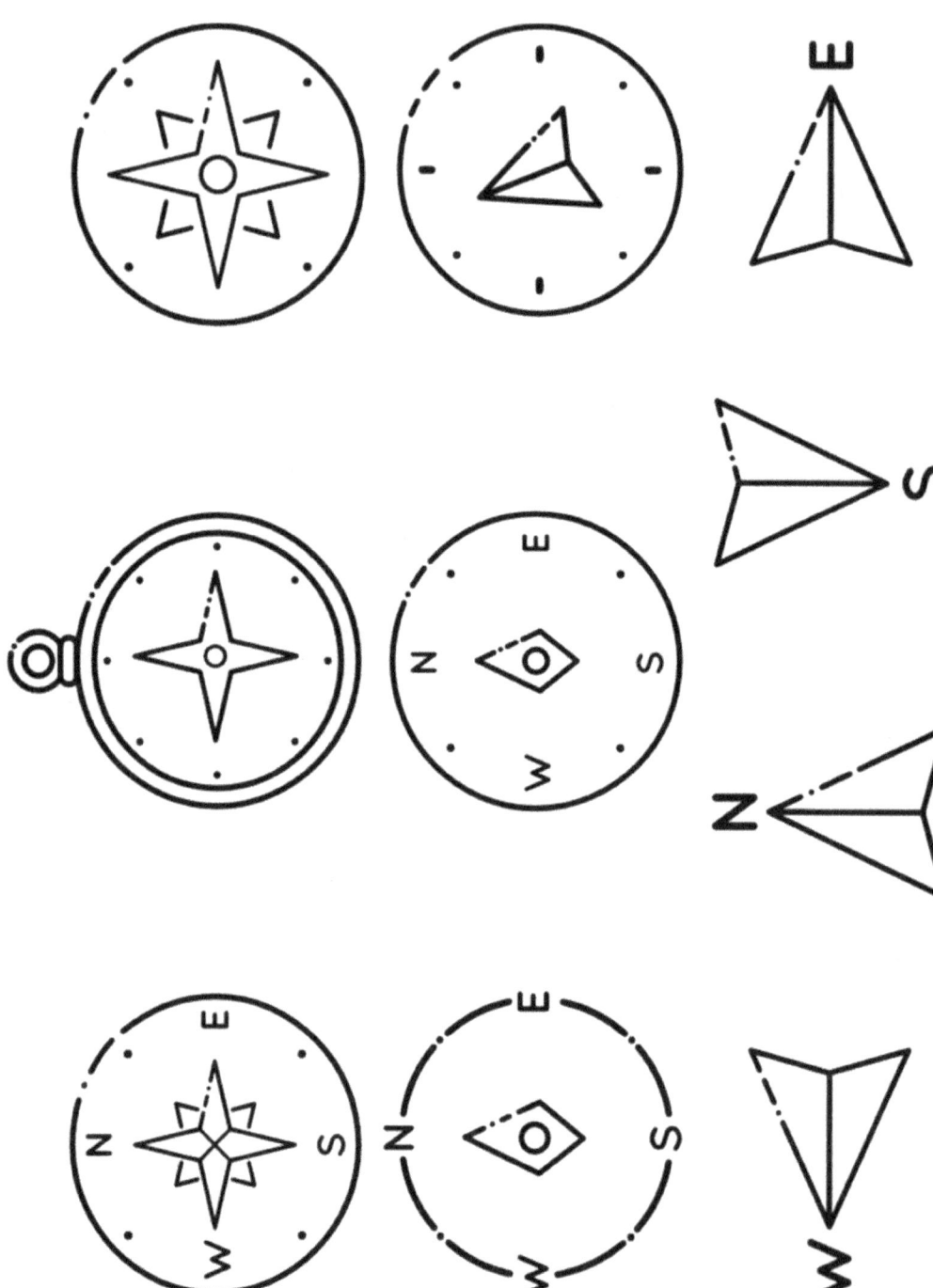

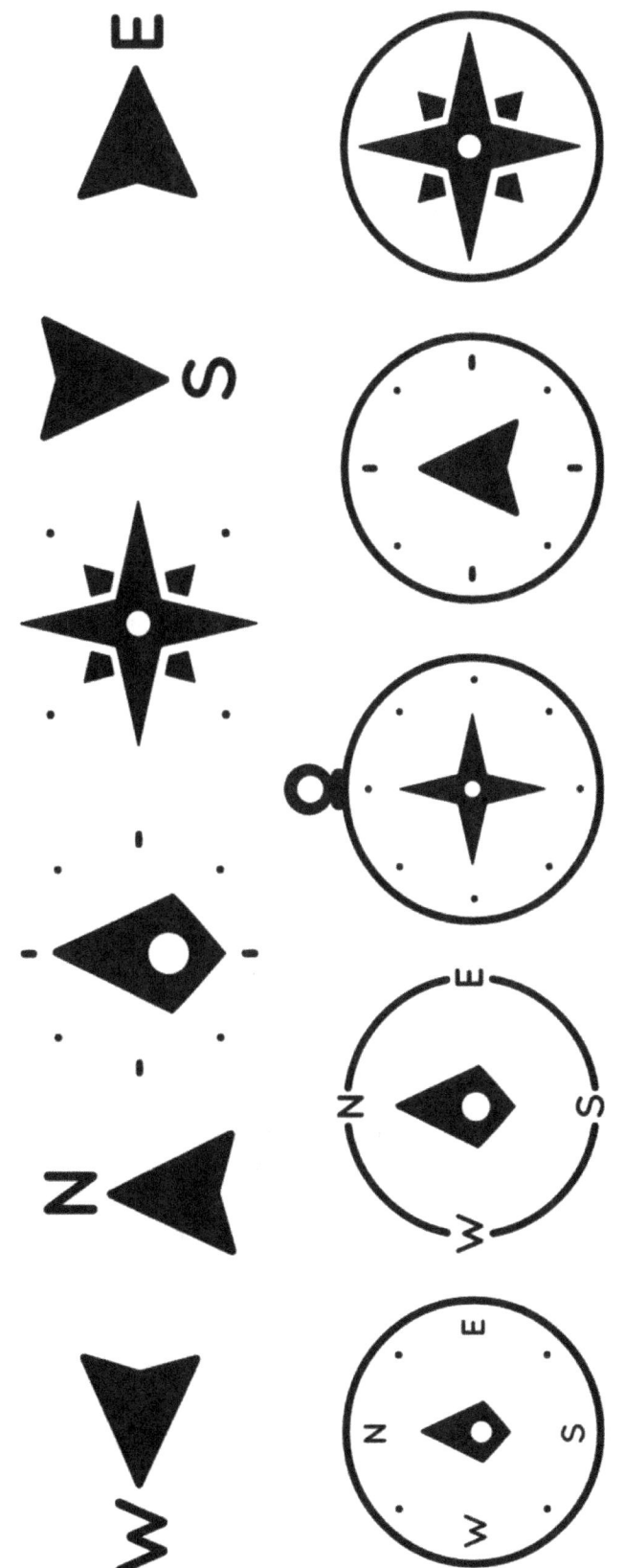

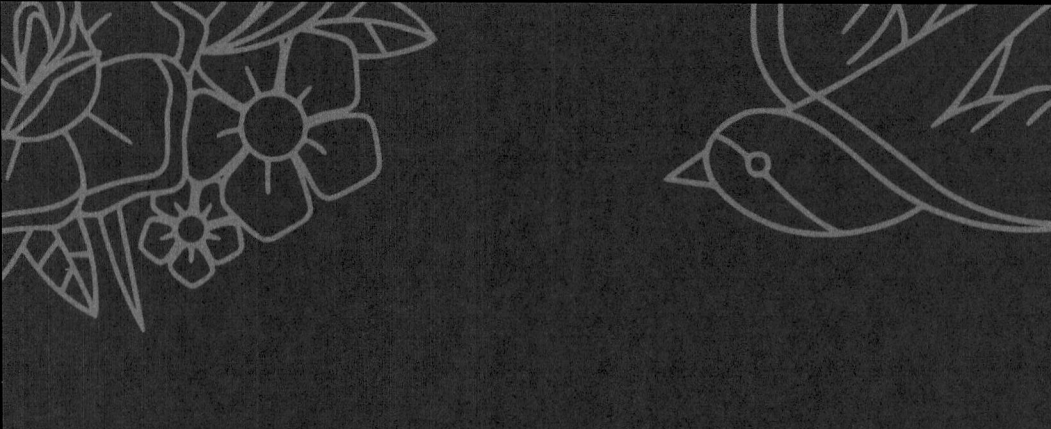
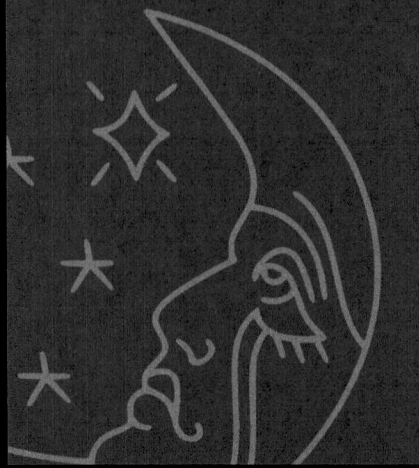

Verschiedenes

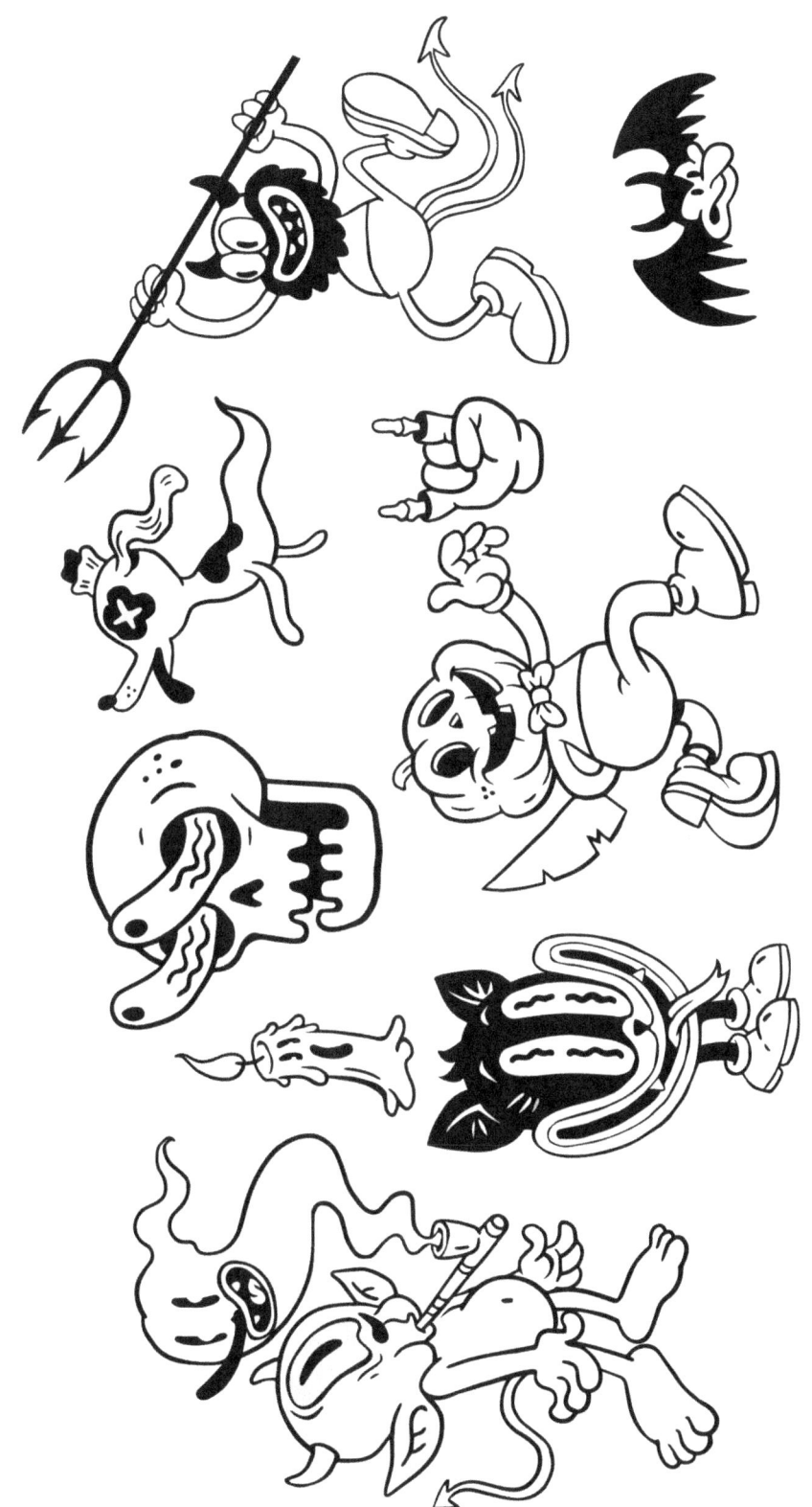

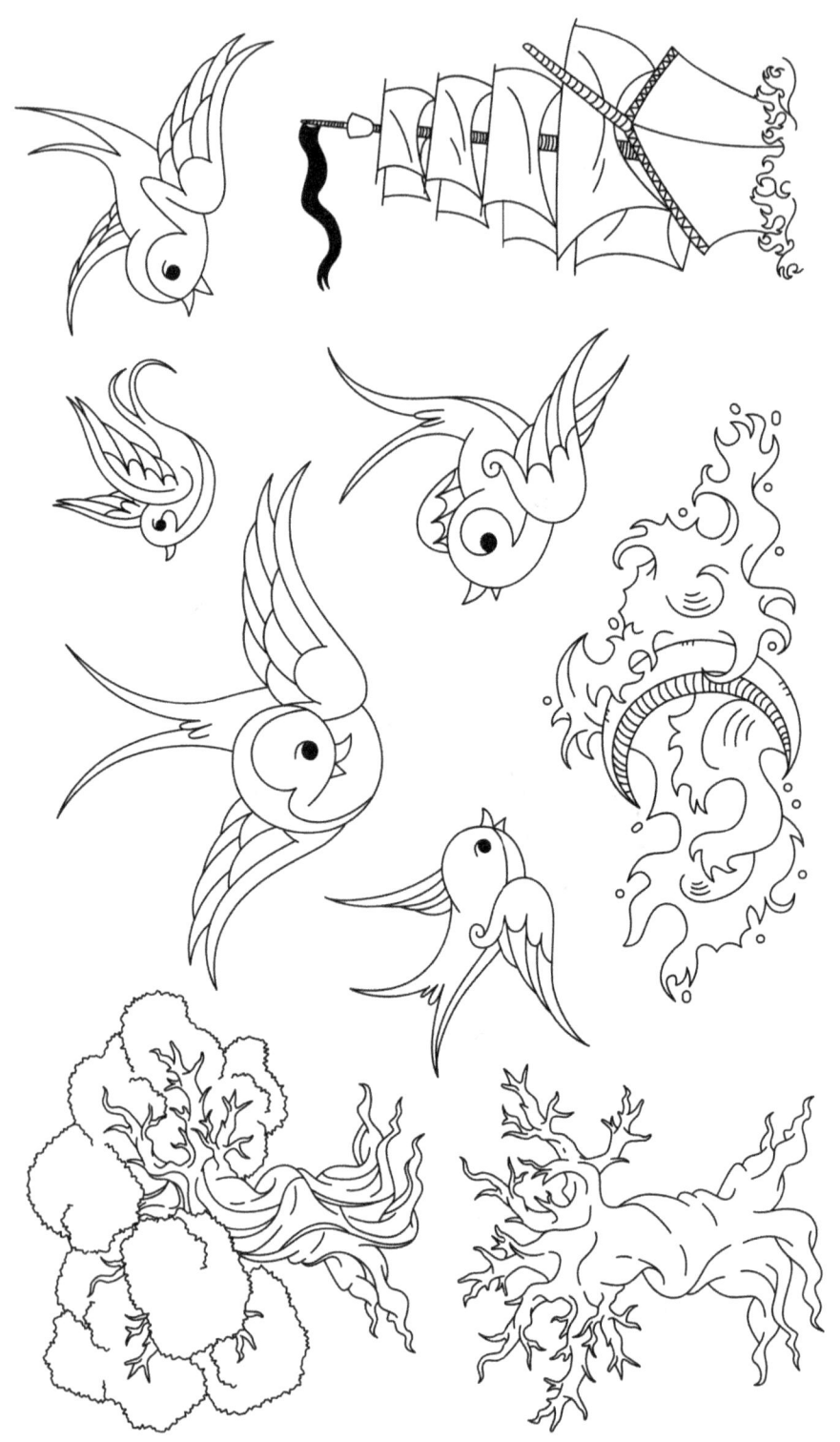

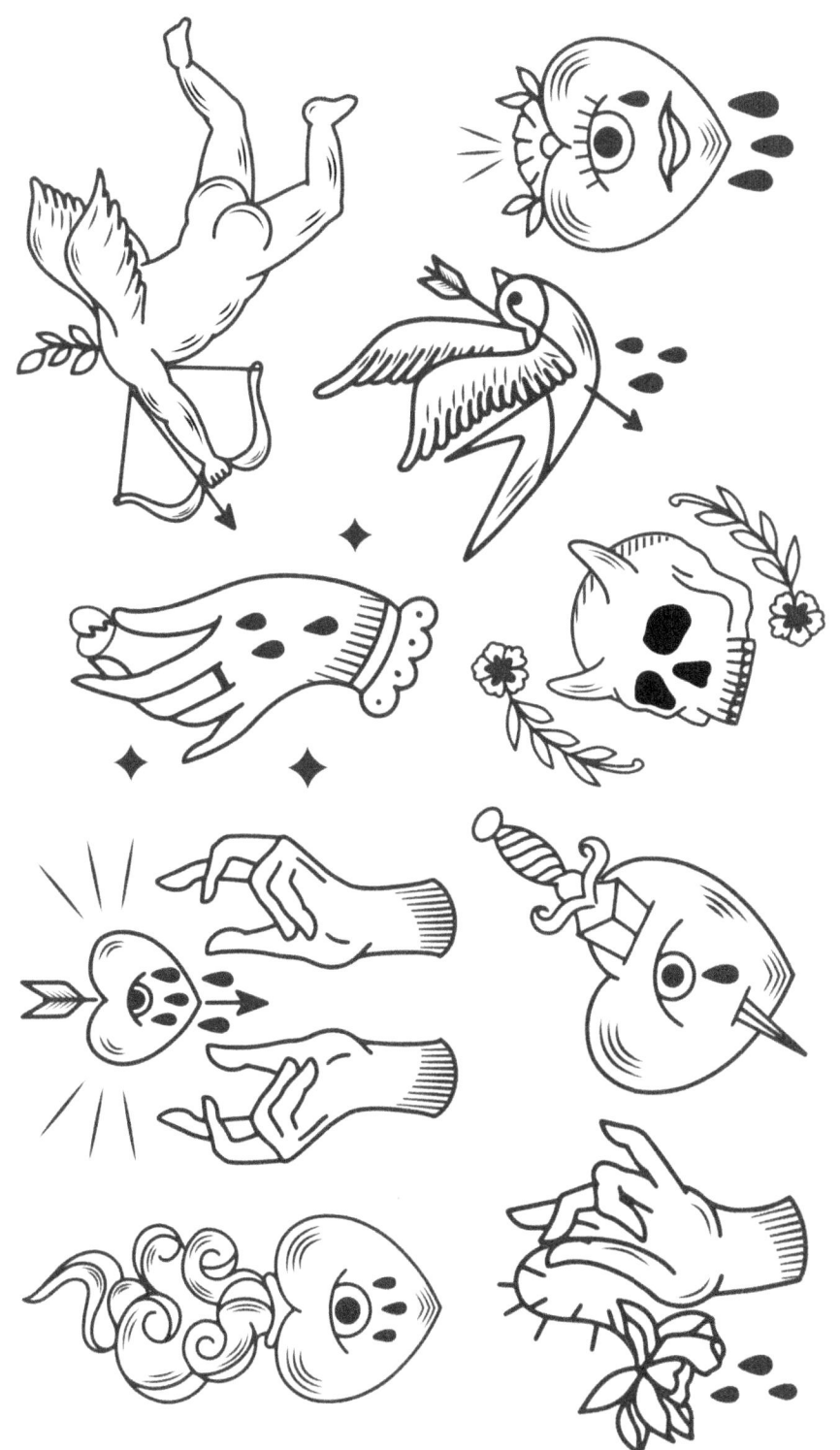

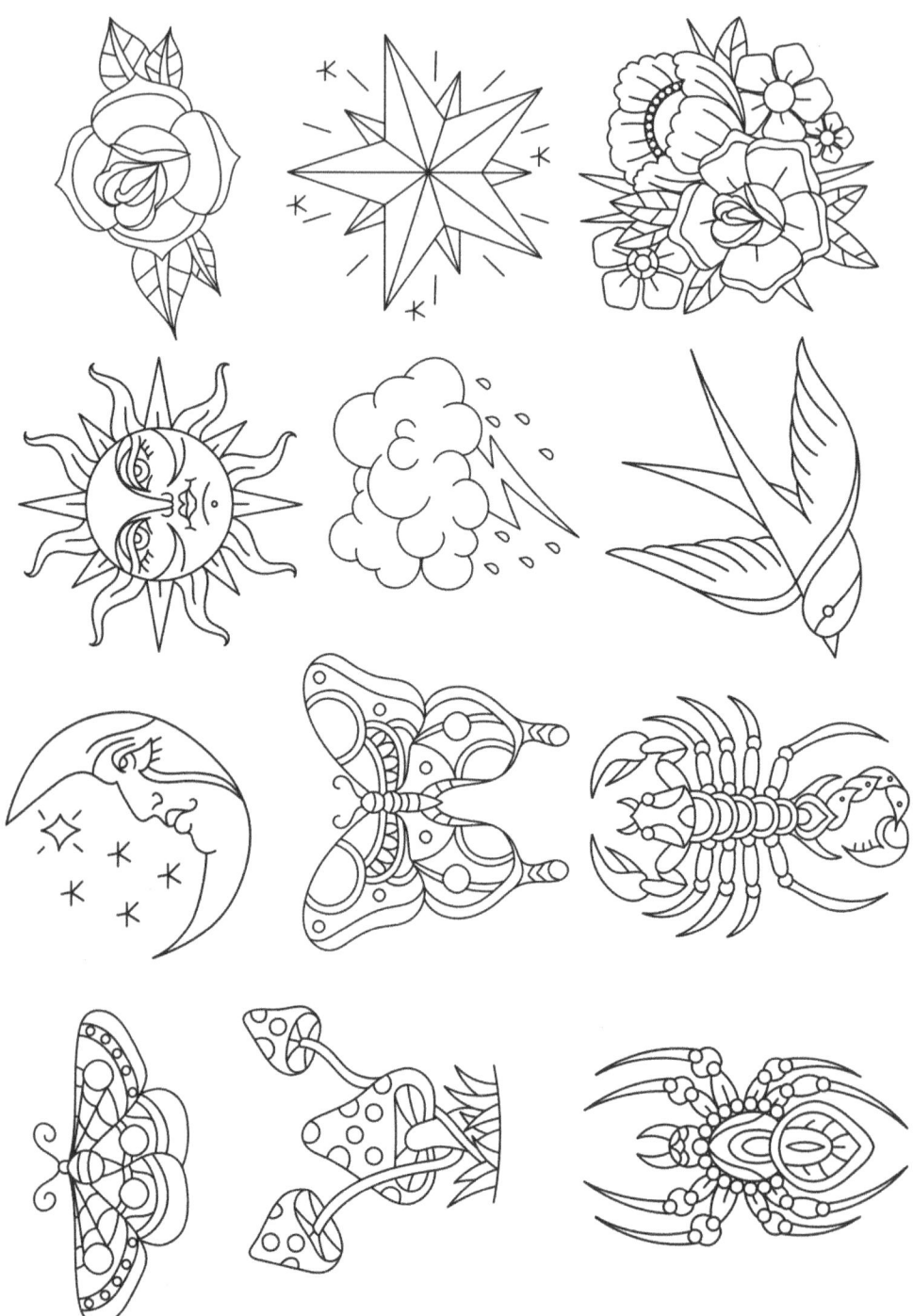

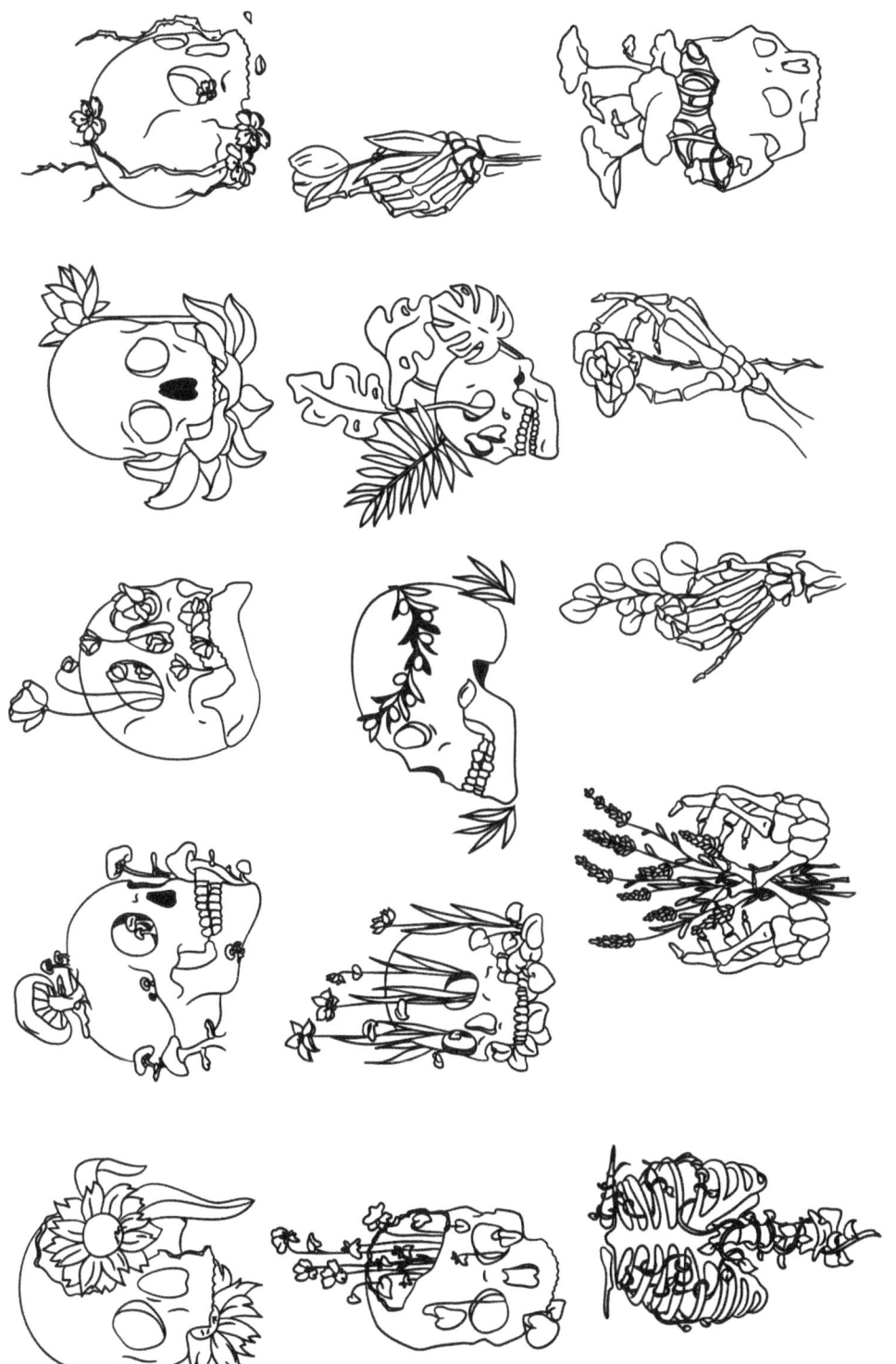

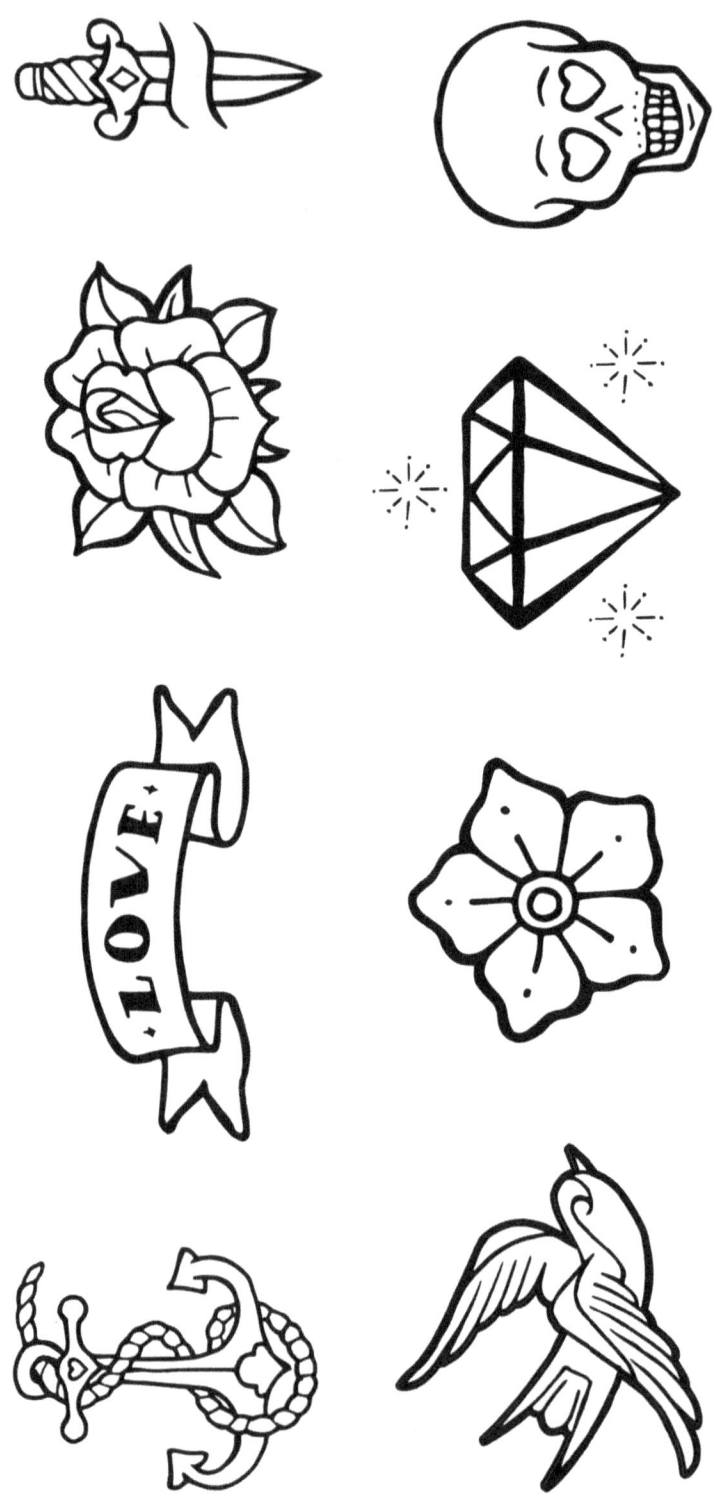

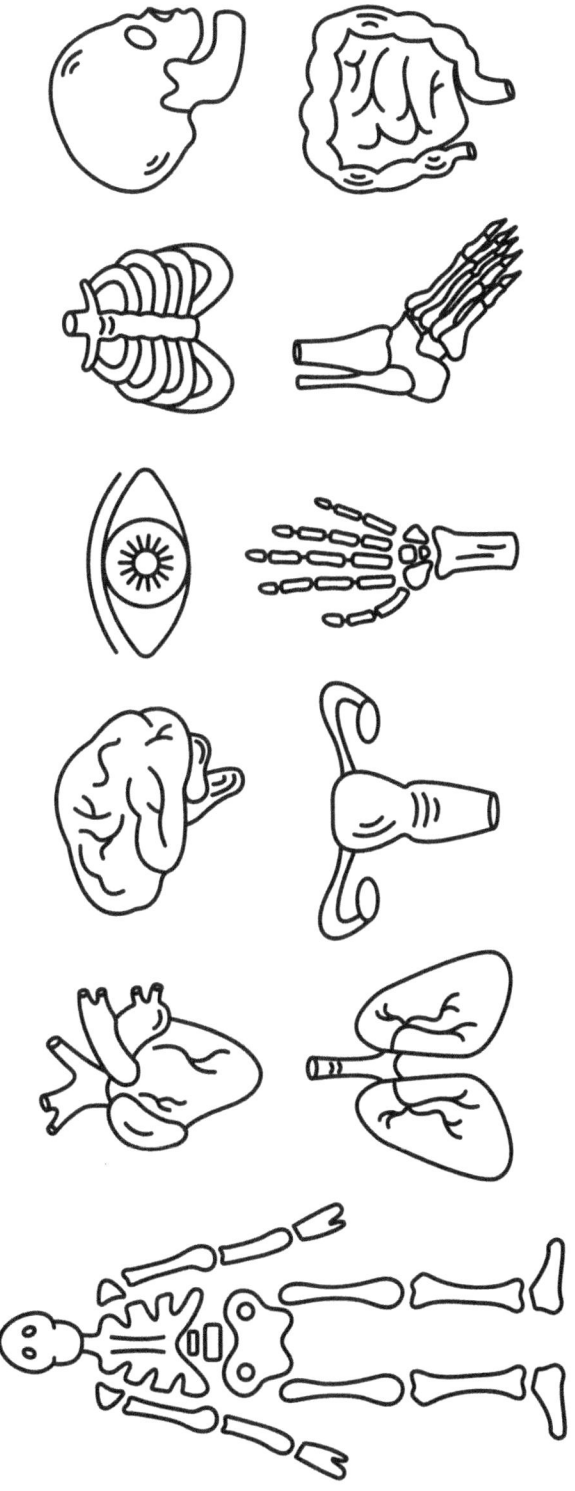

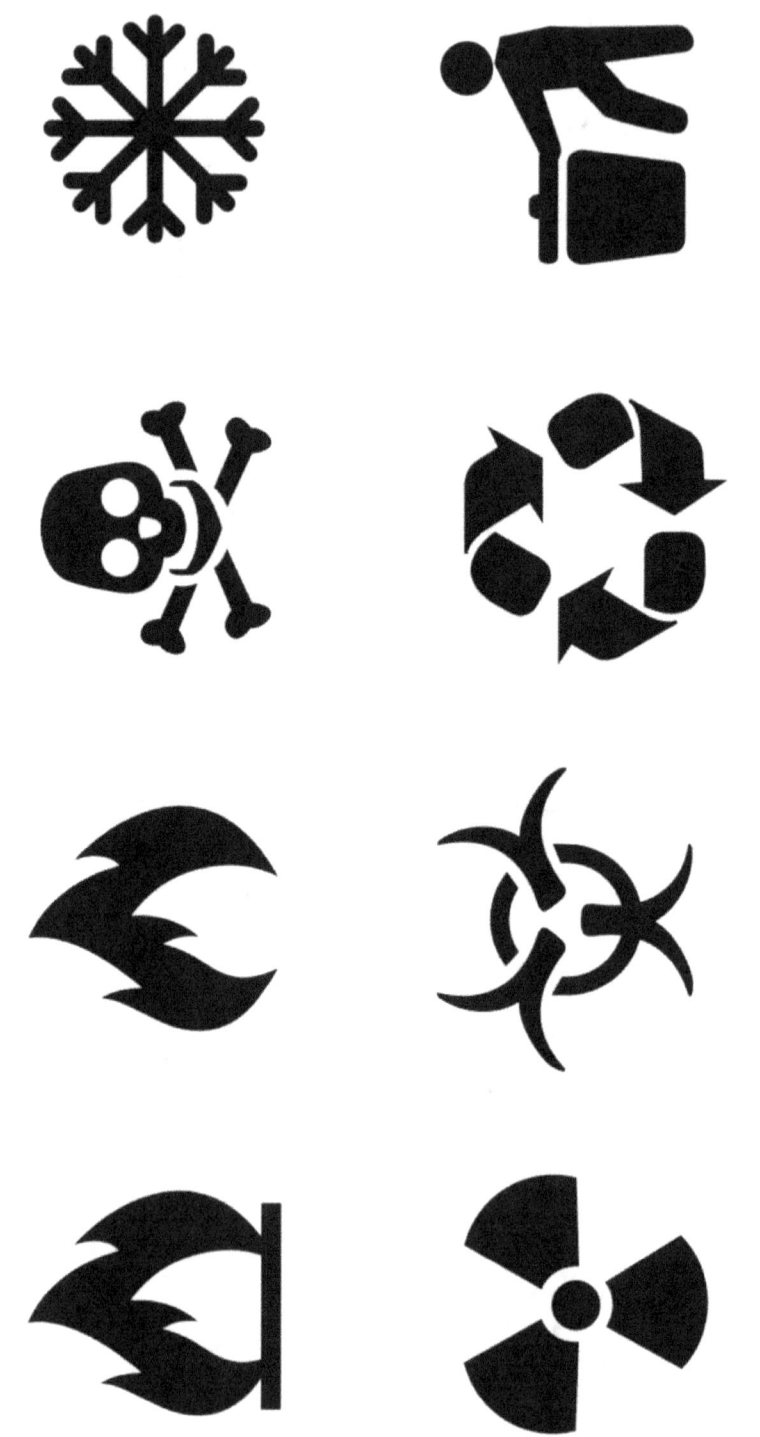

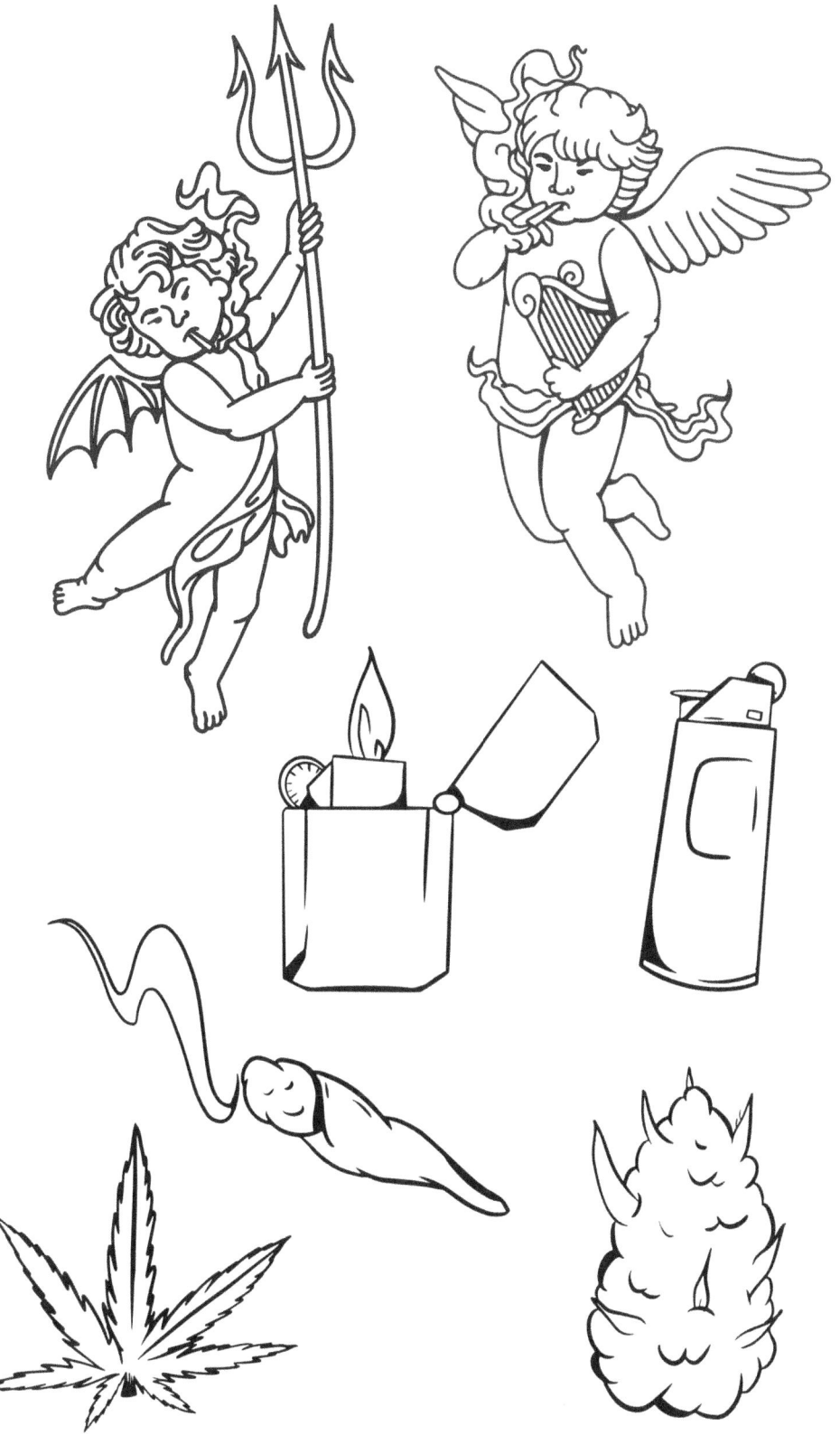

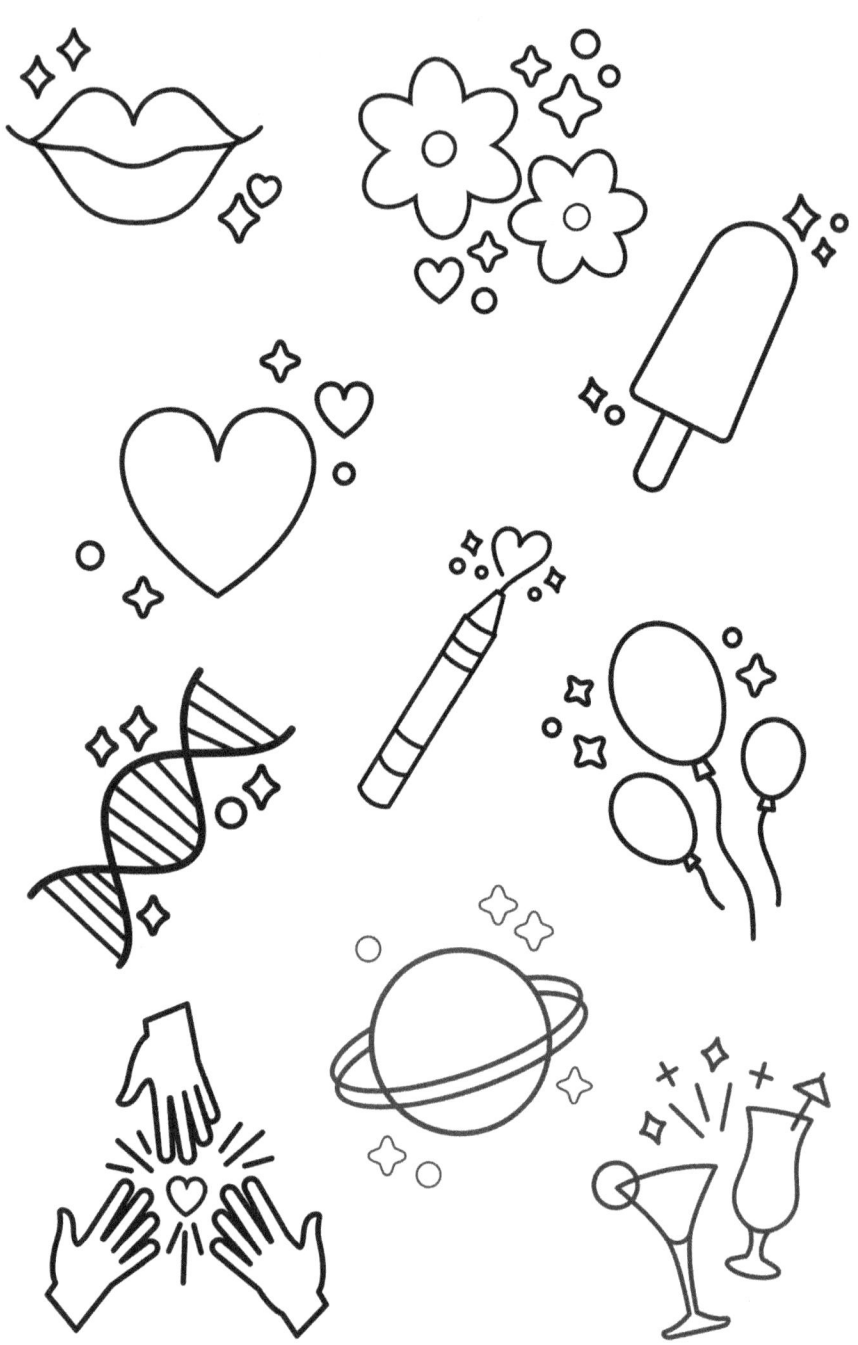

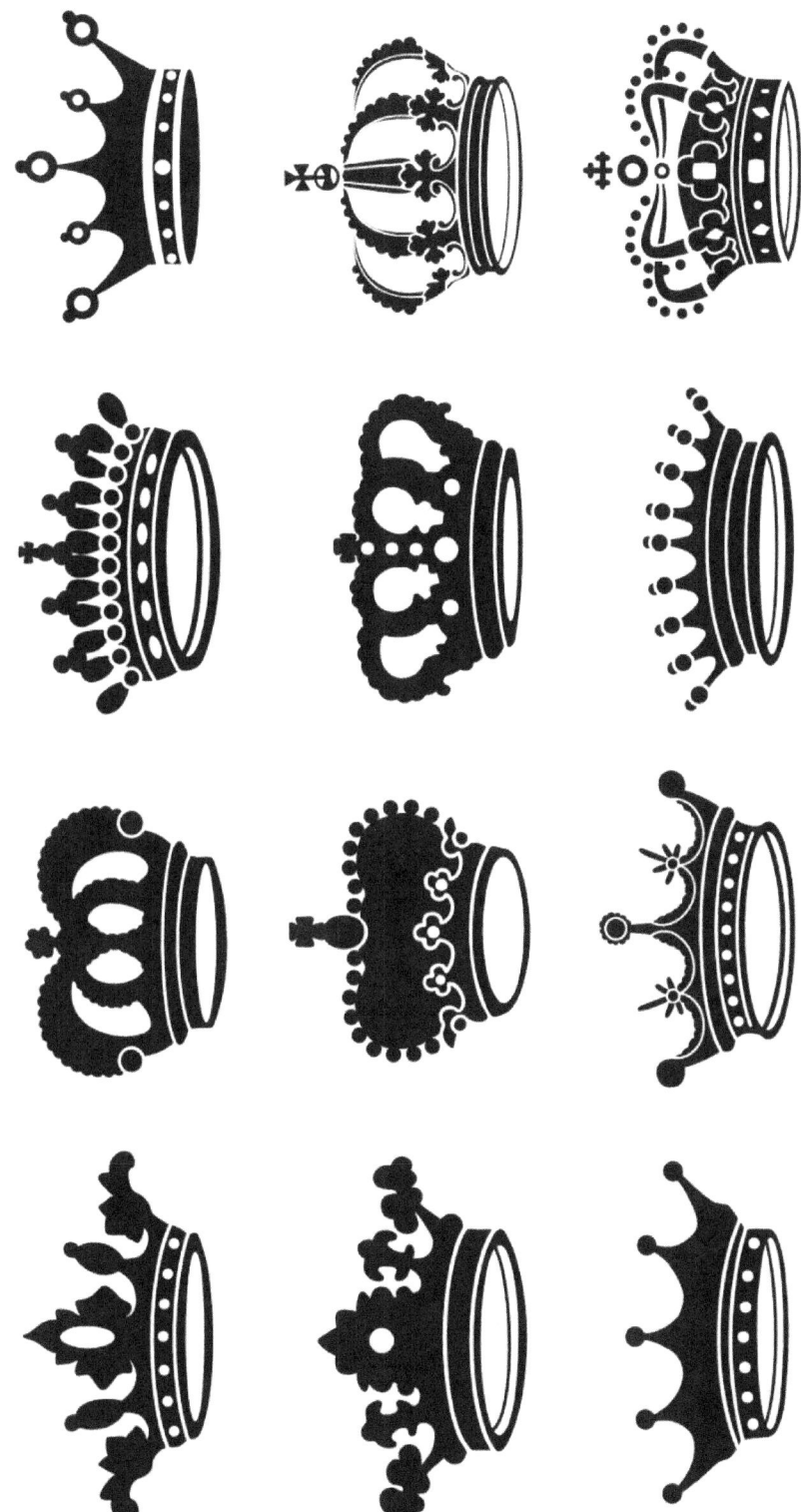

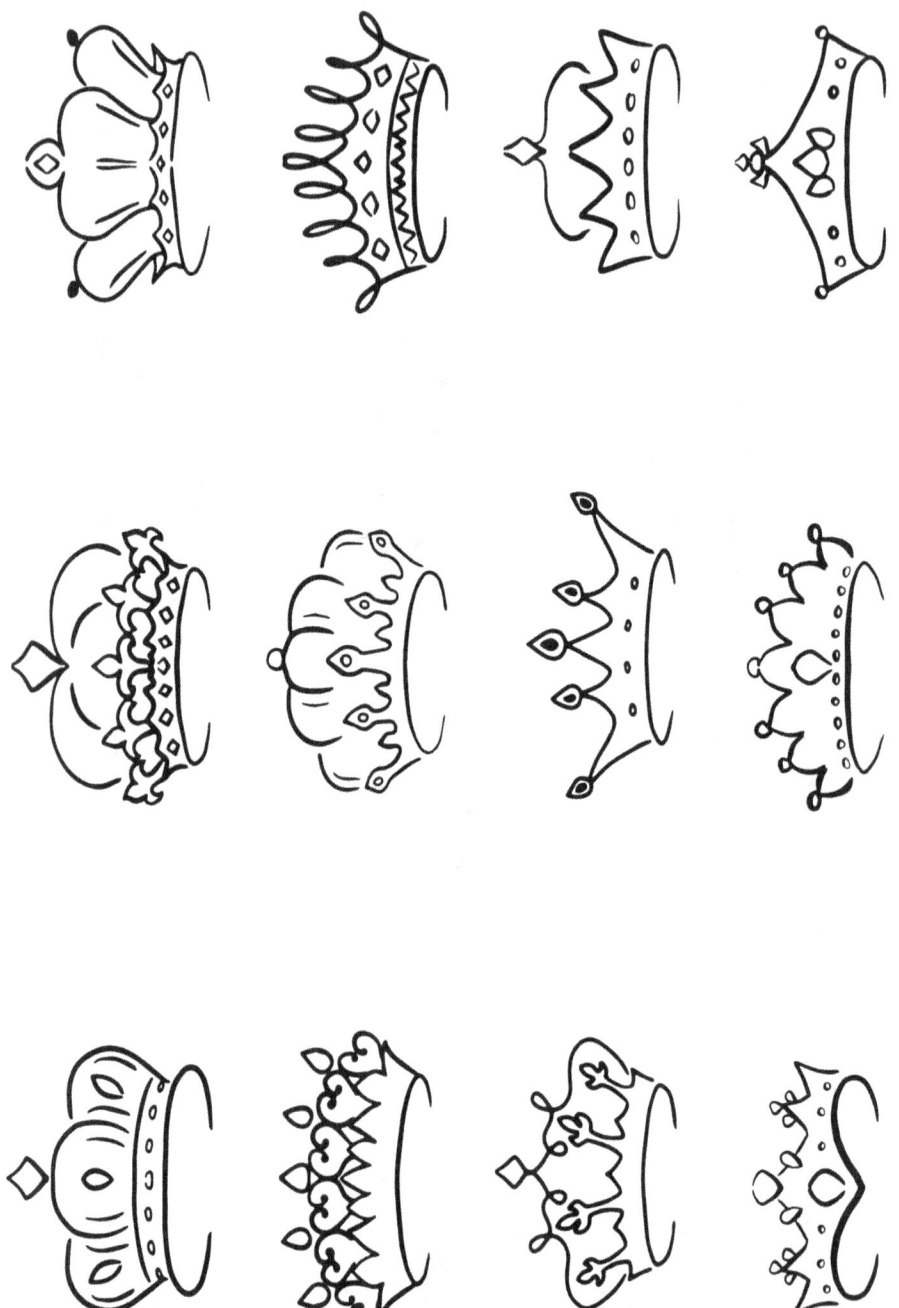

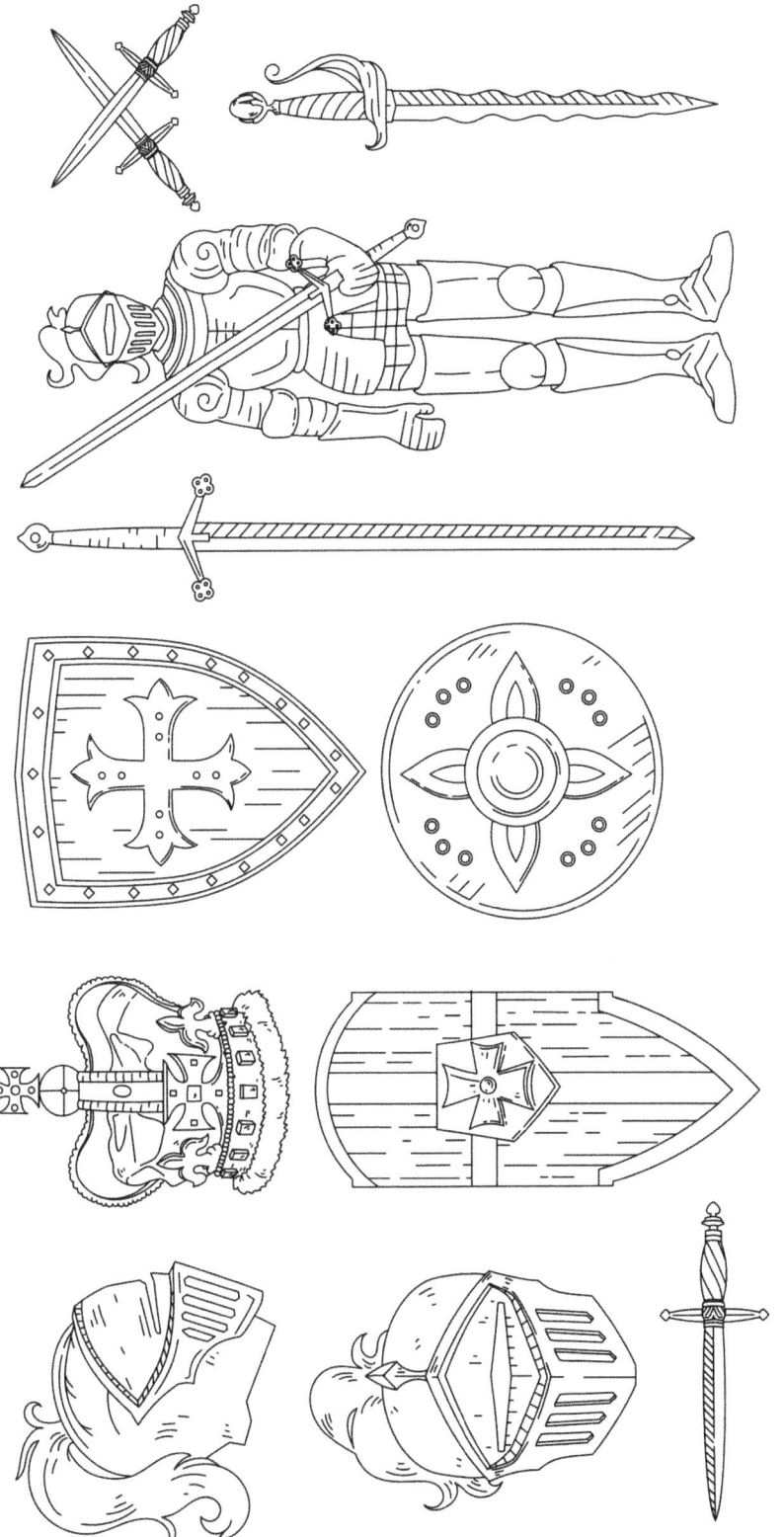

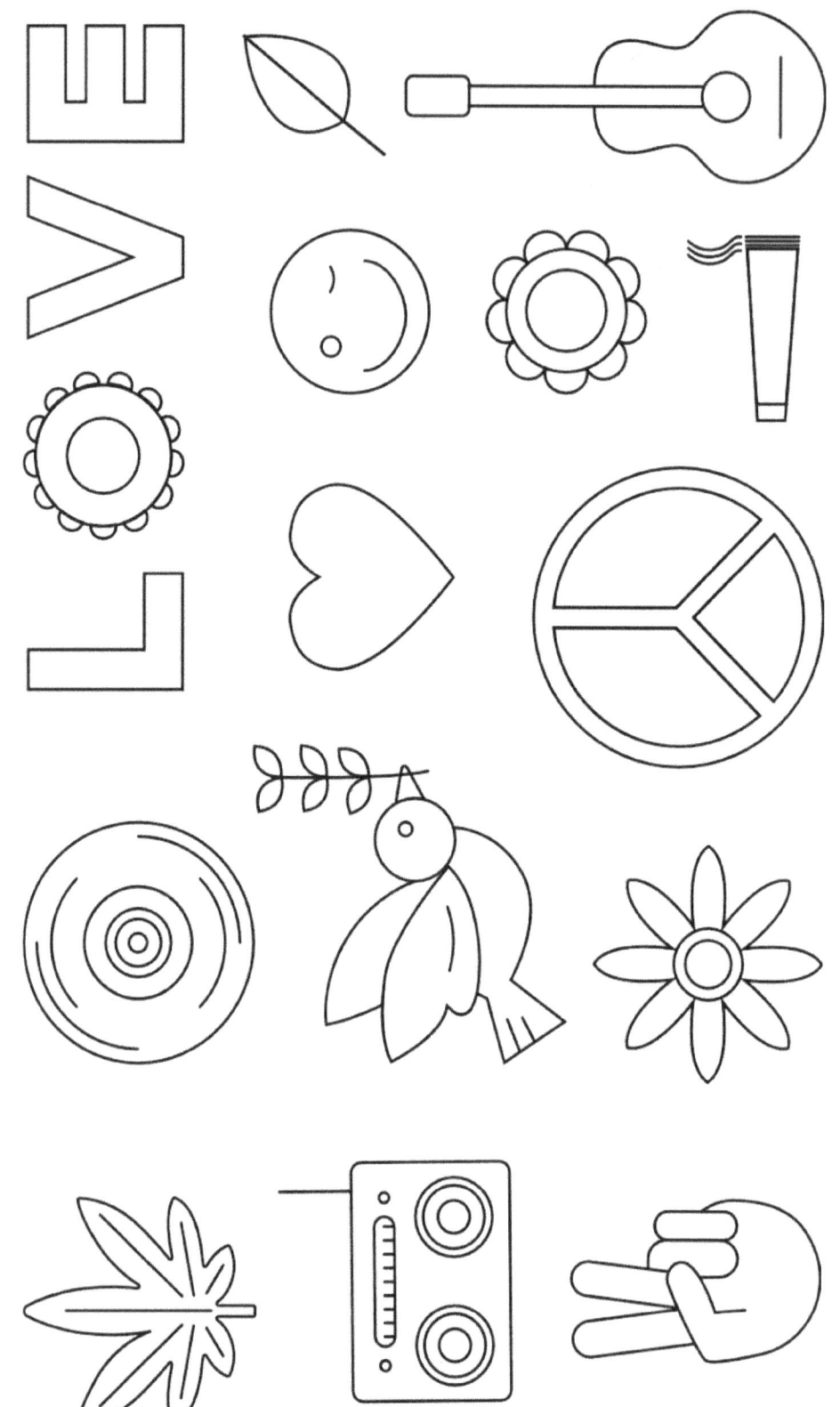

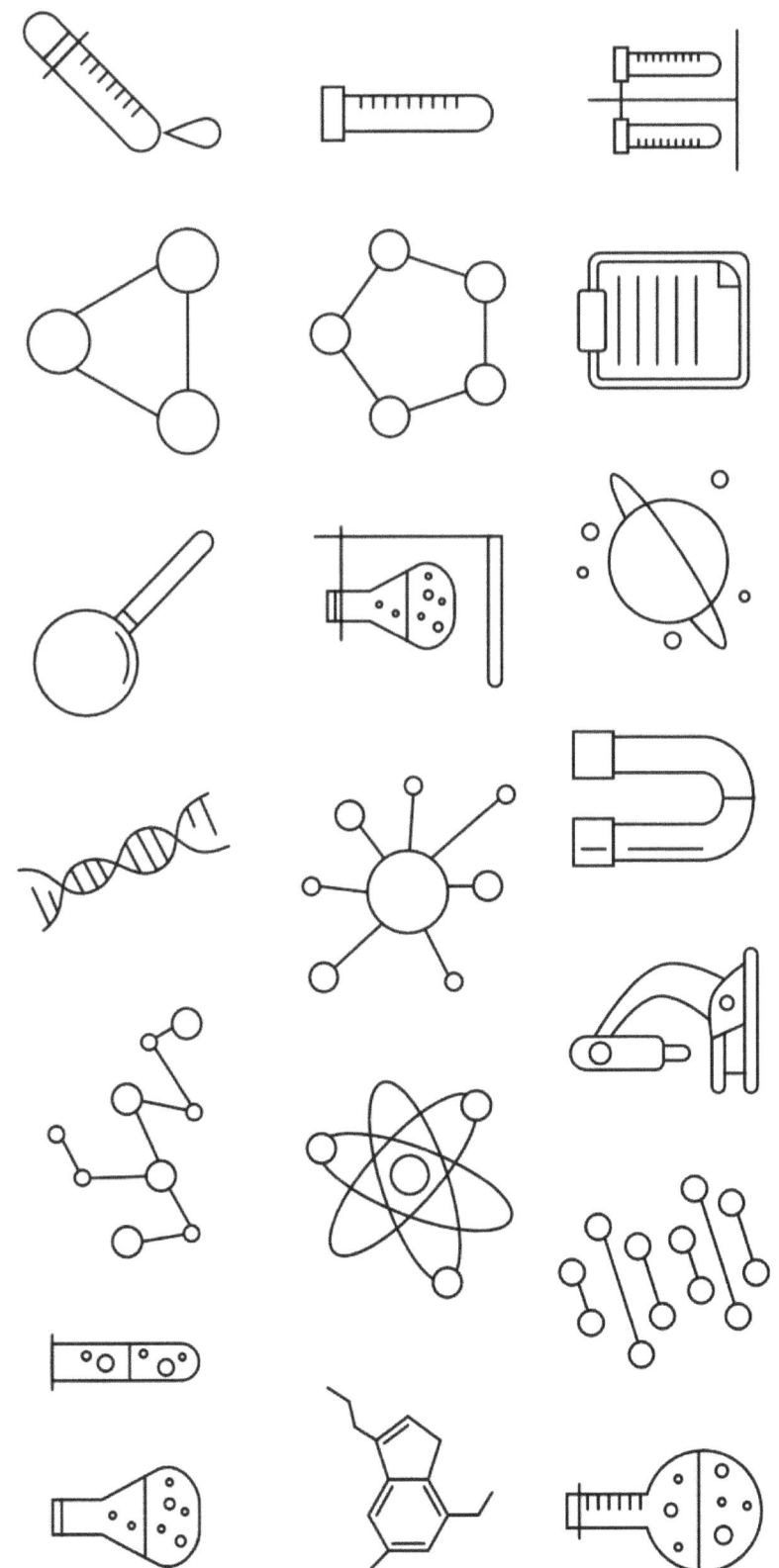

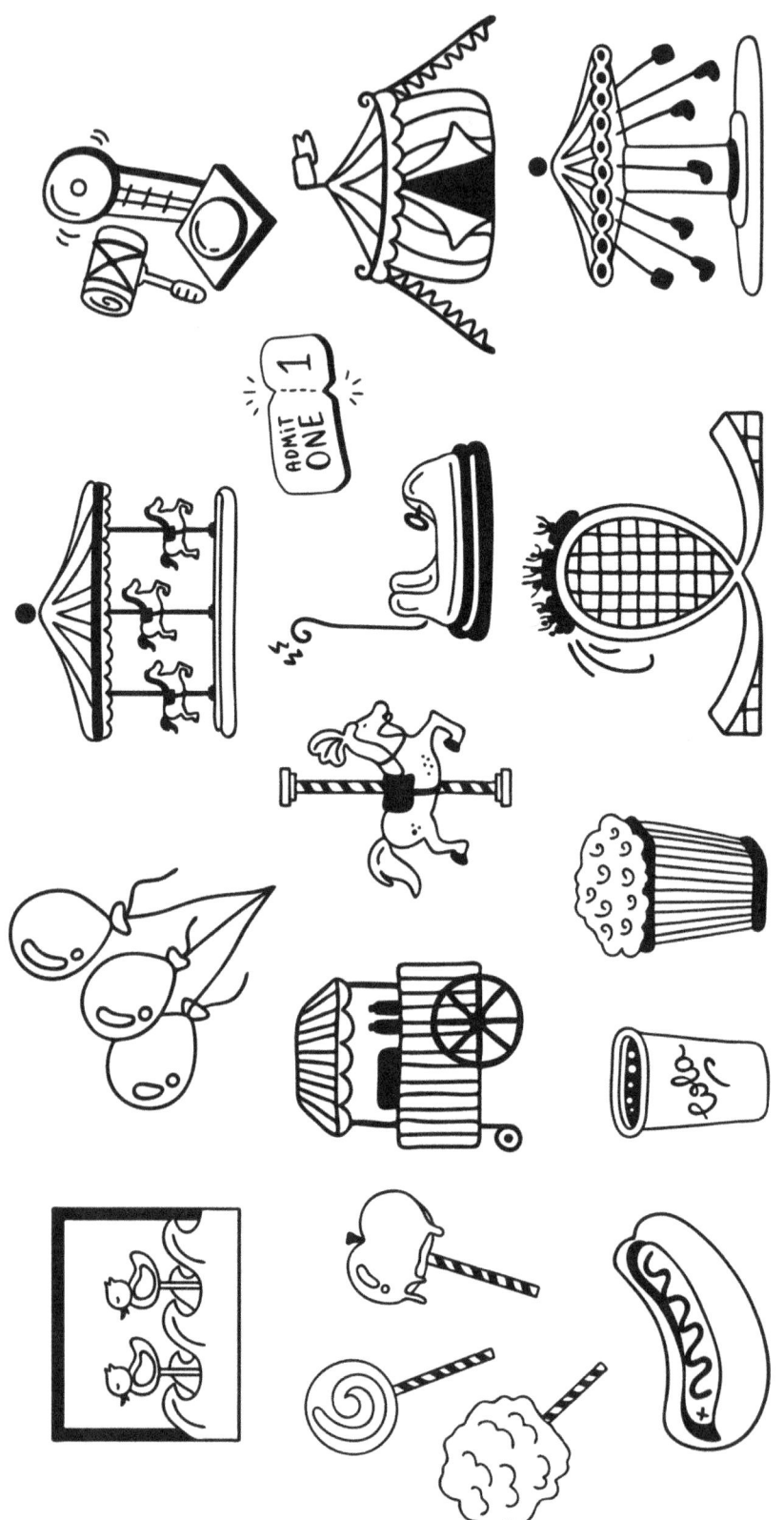

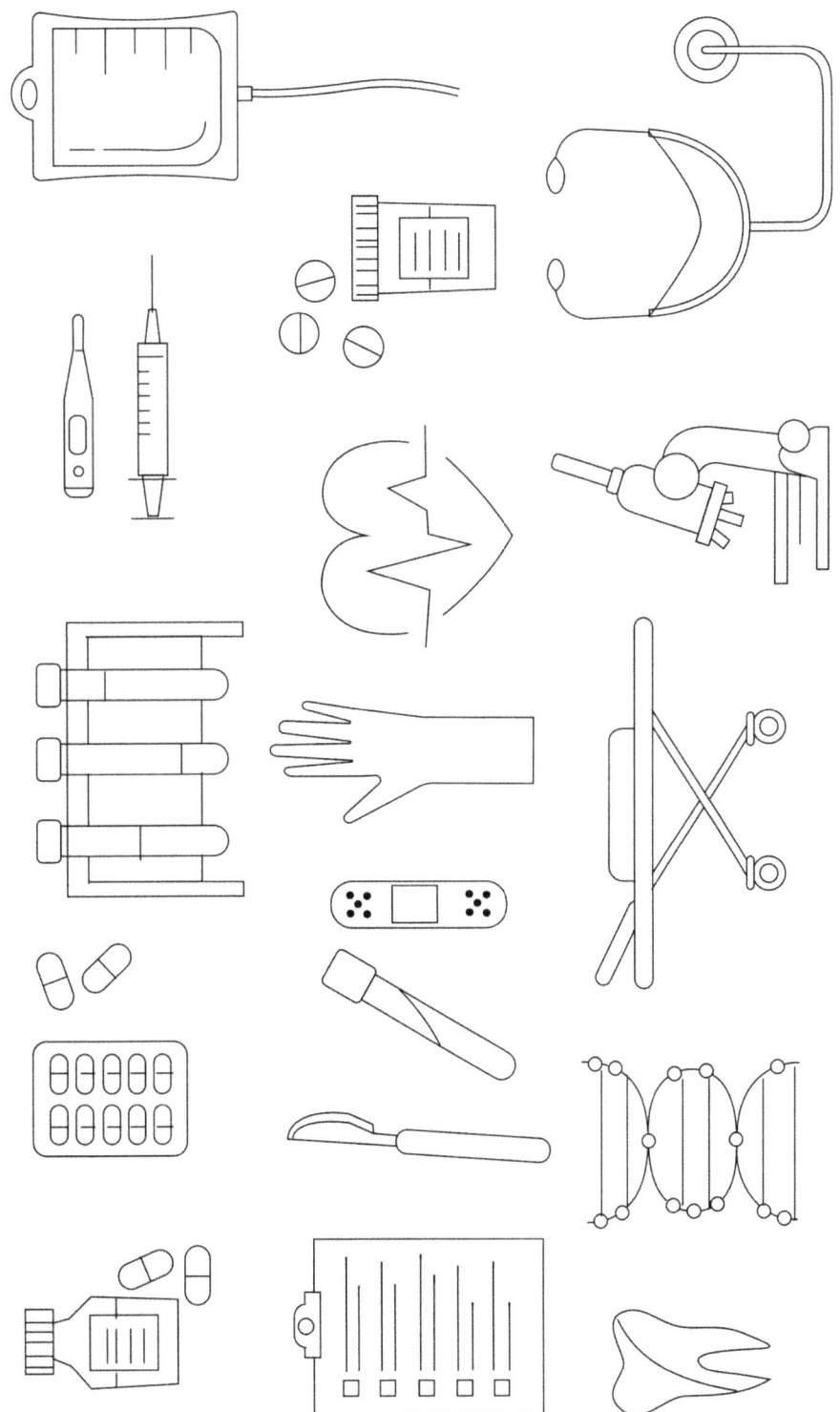

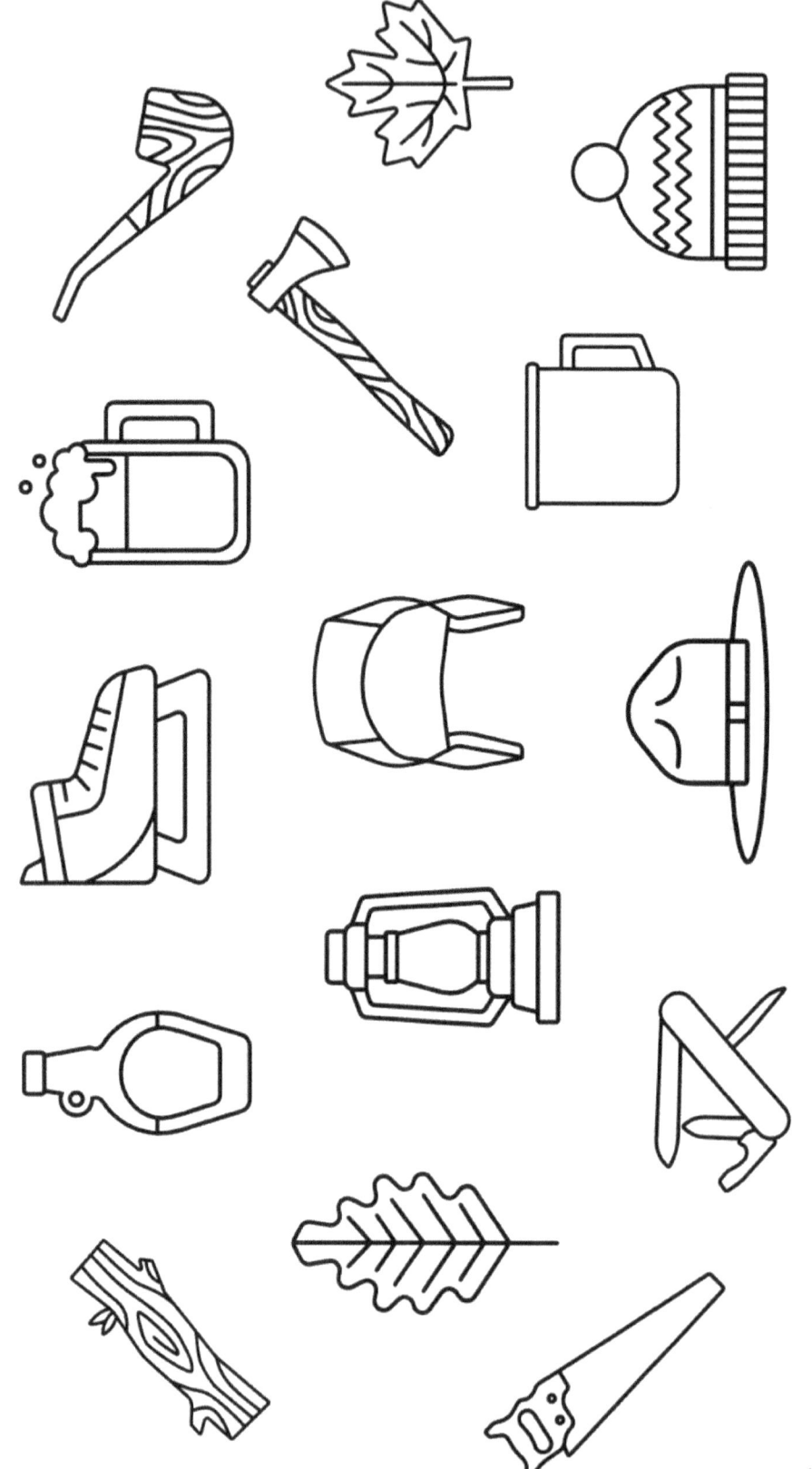

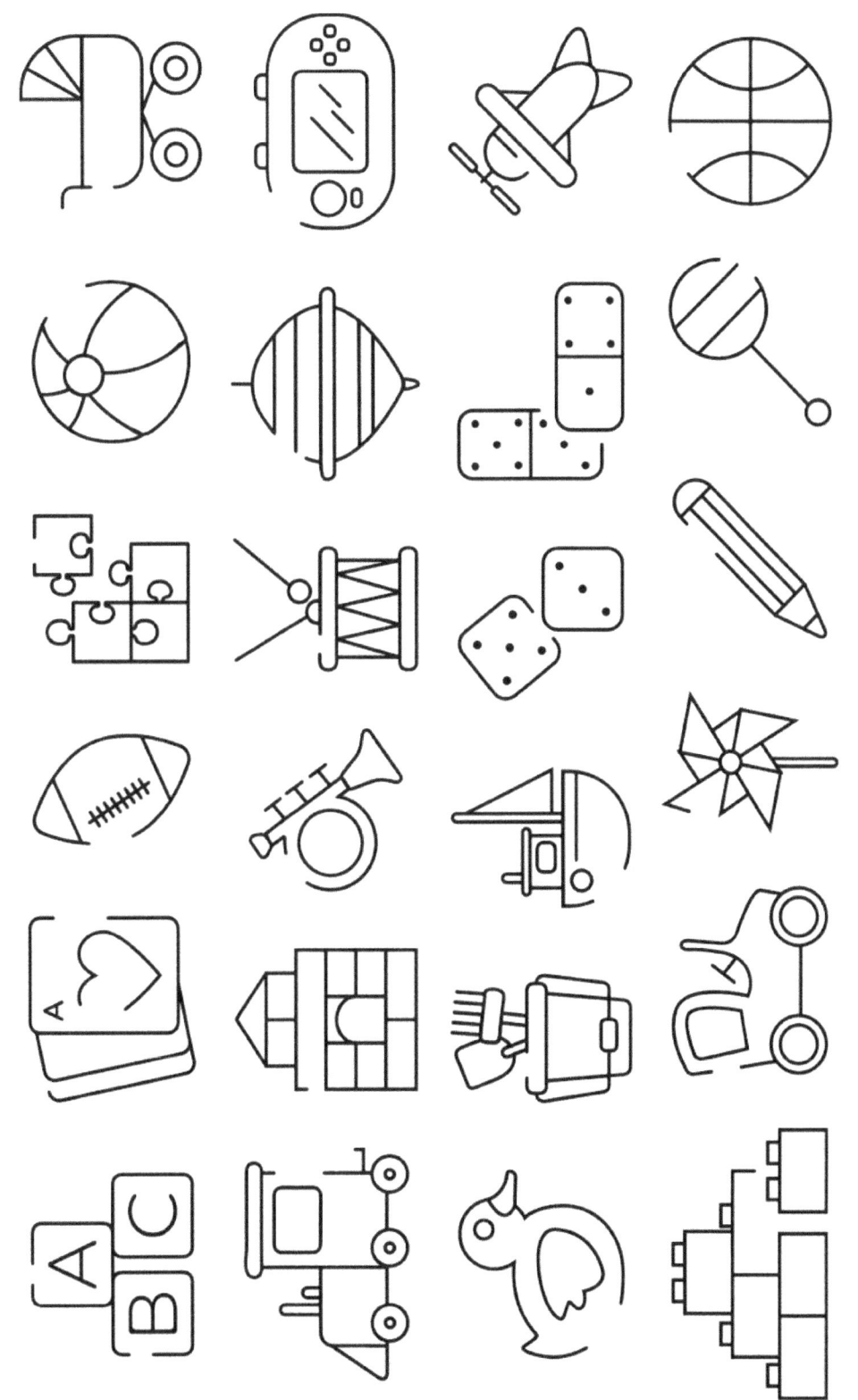

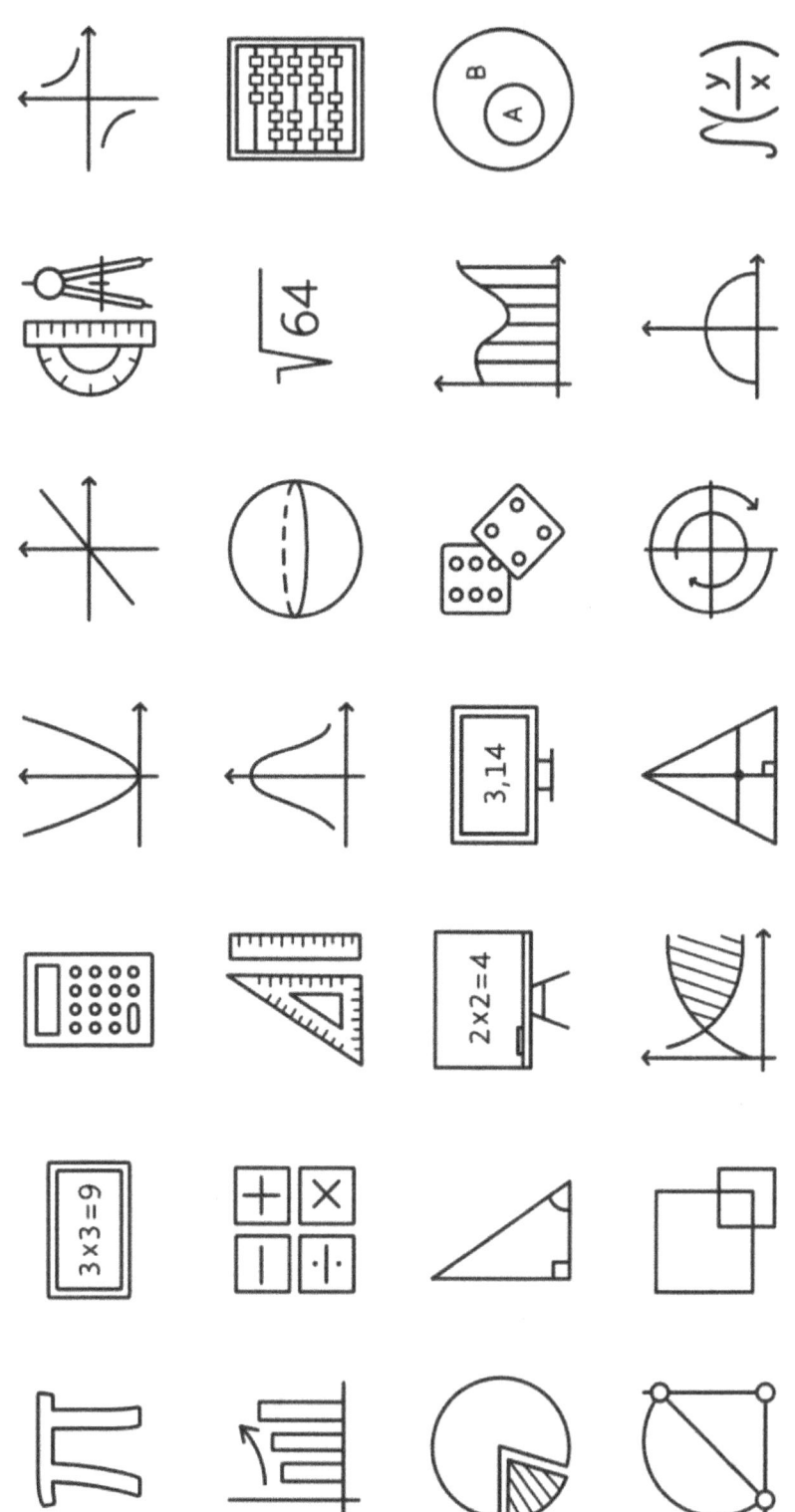

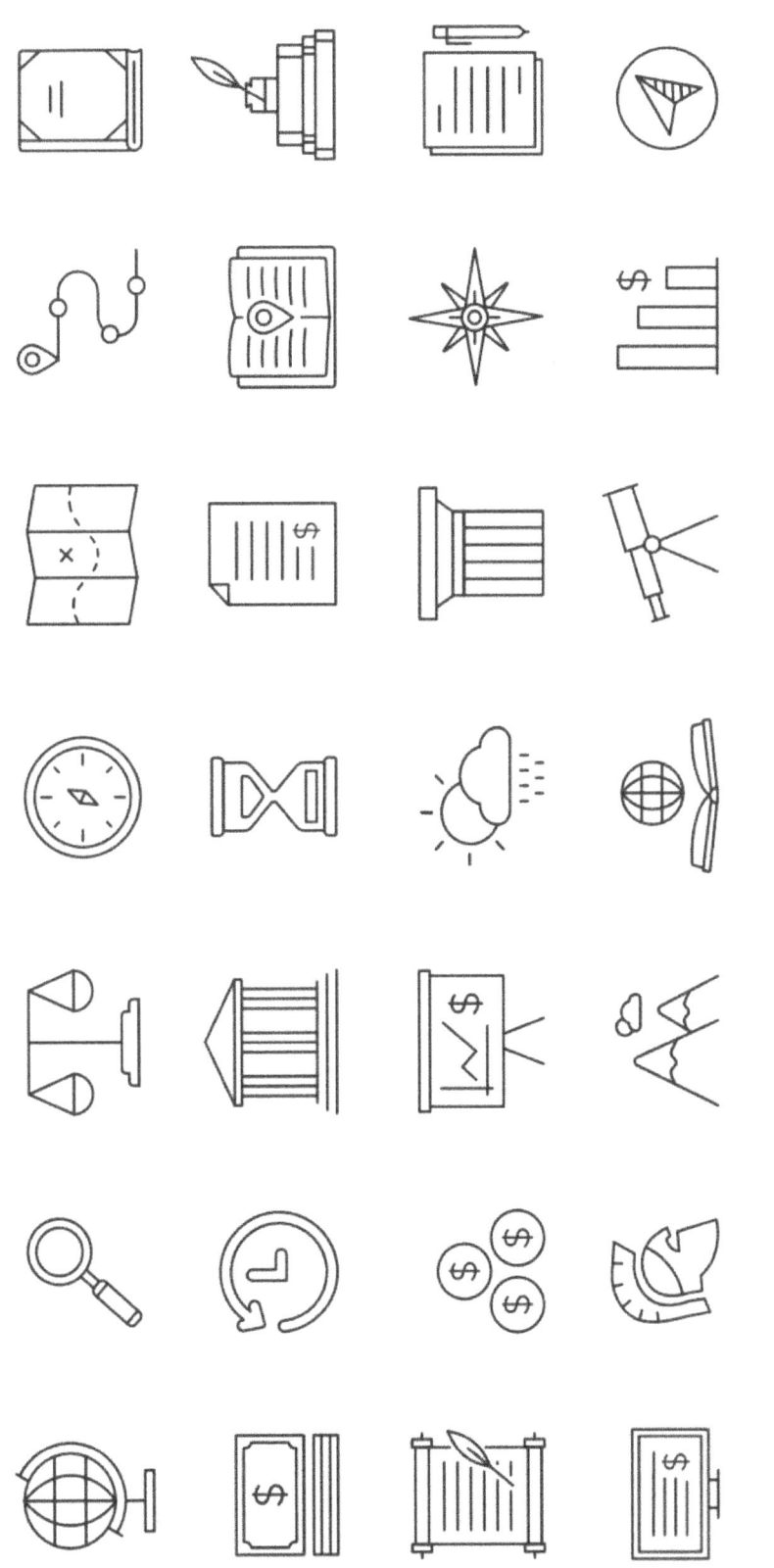

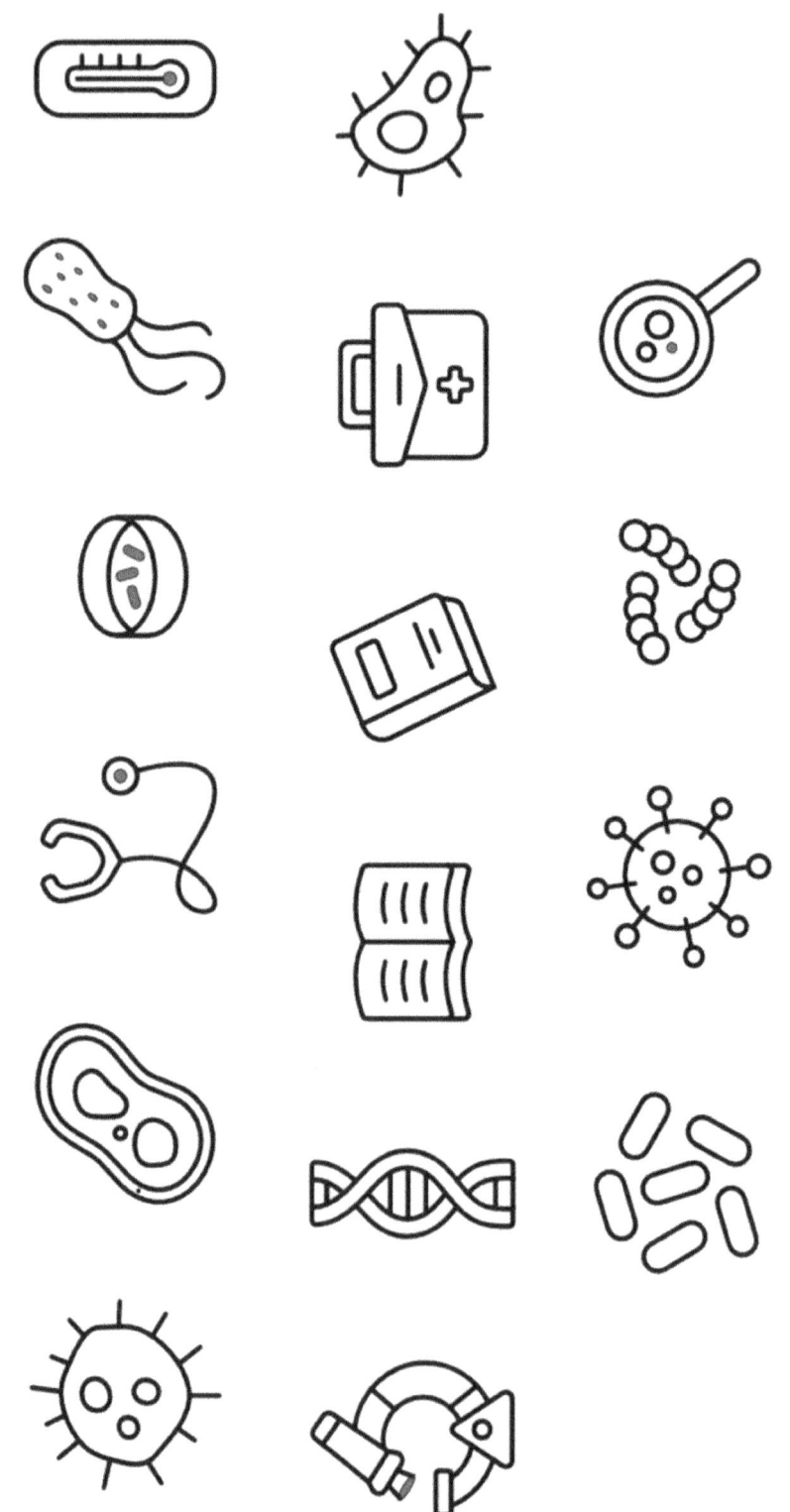

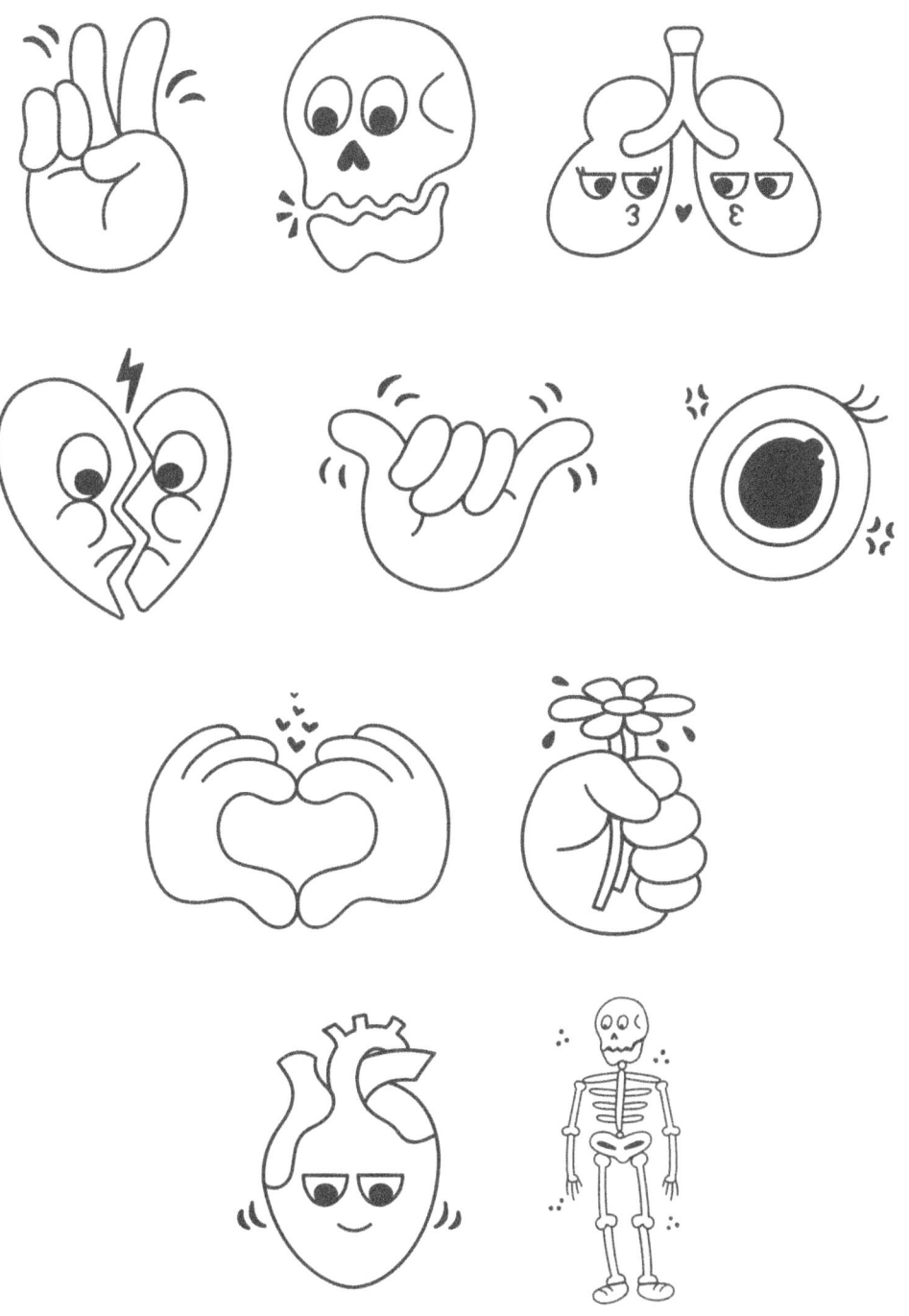

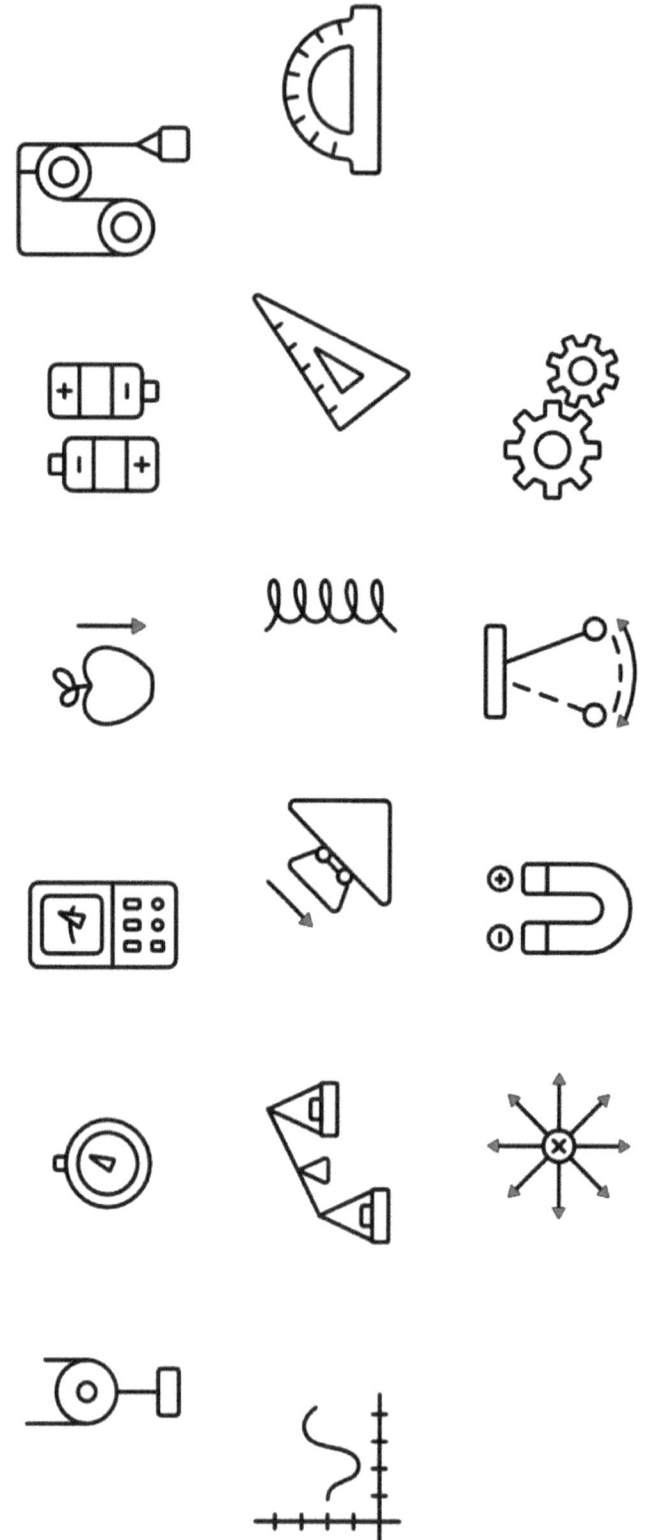

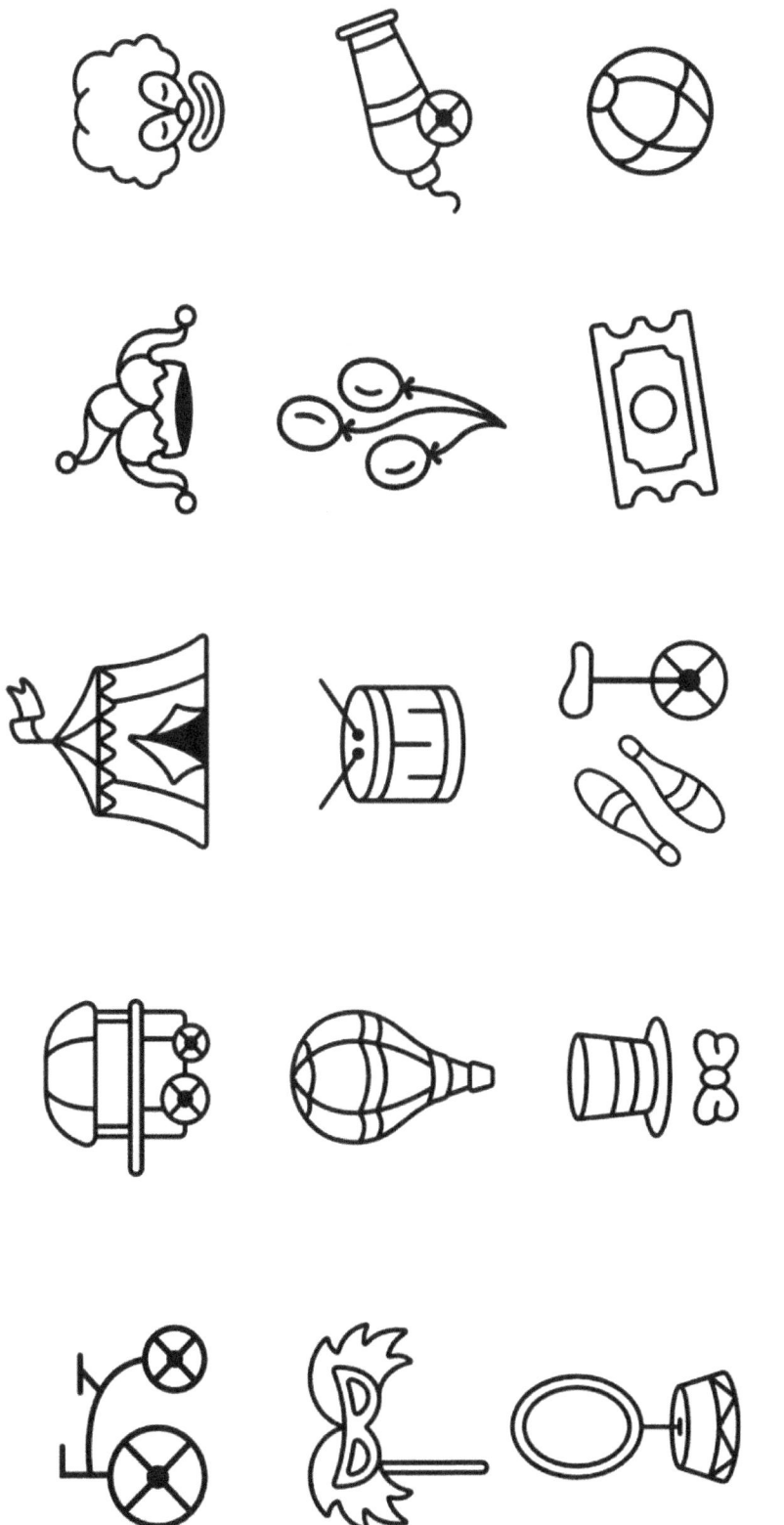

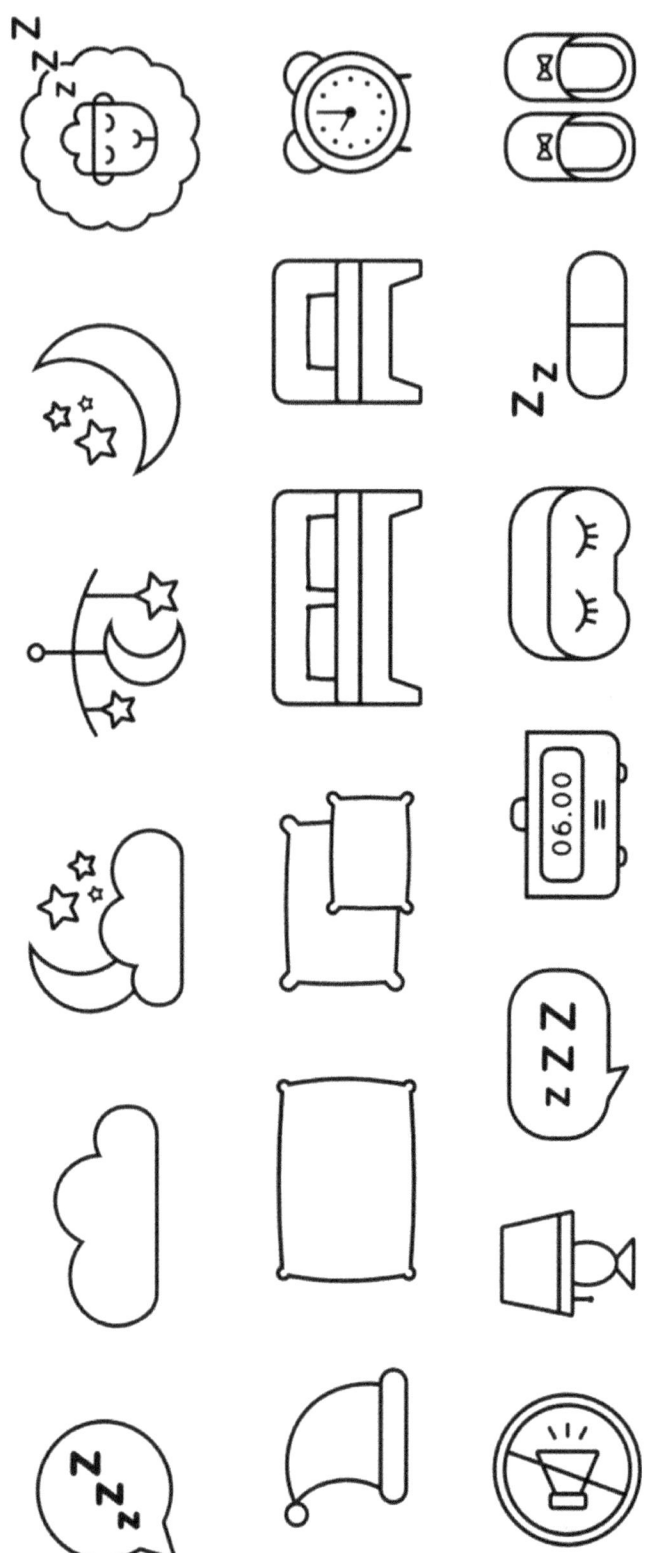

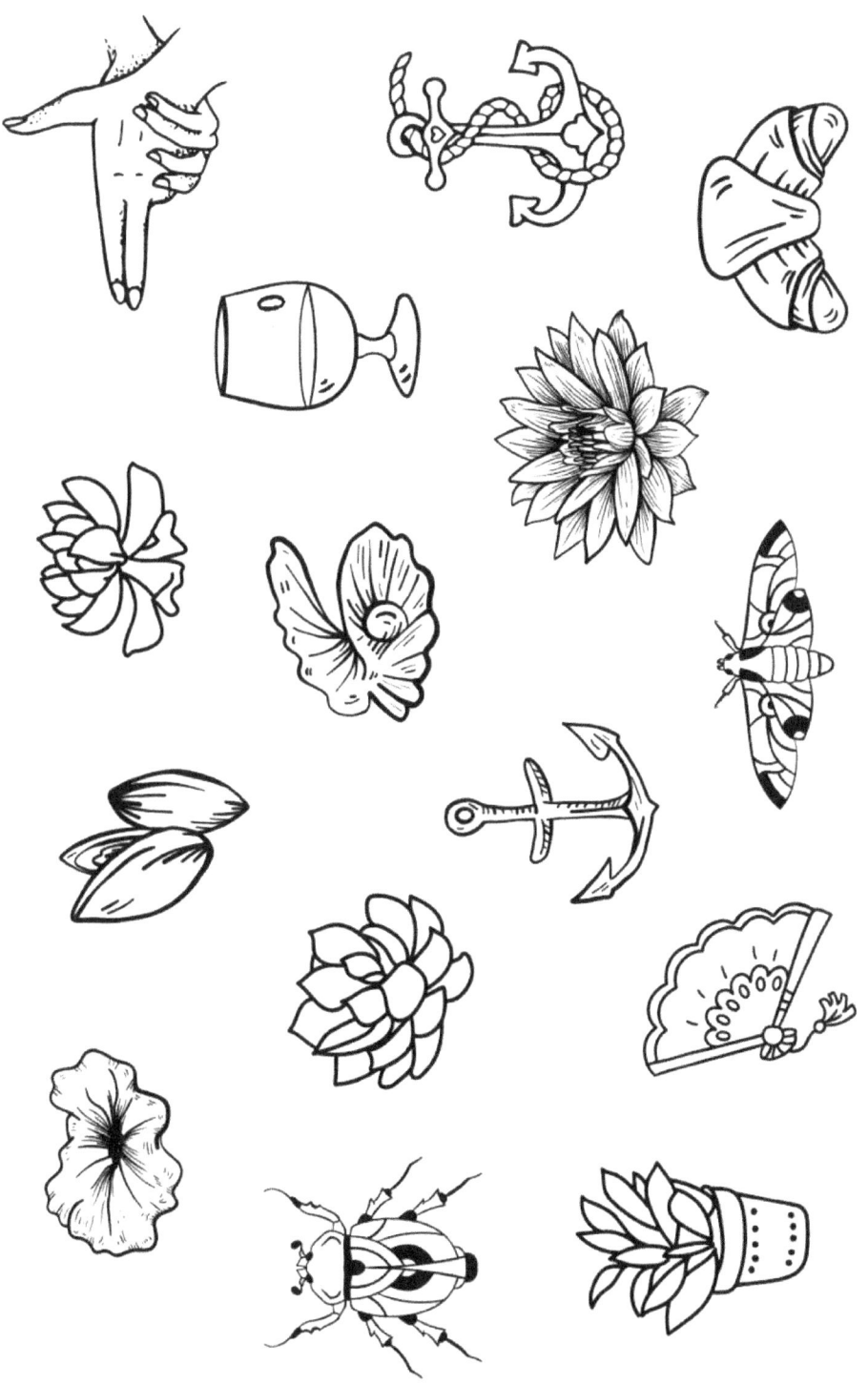

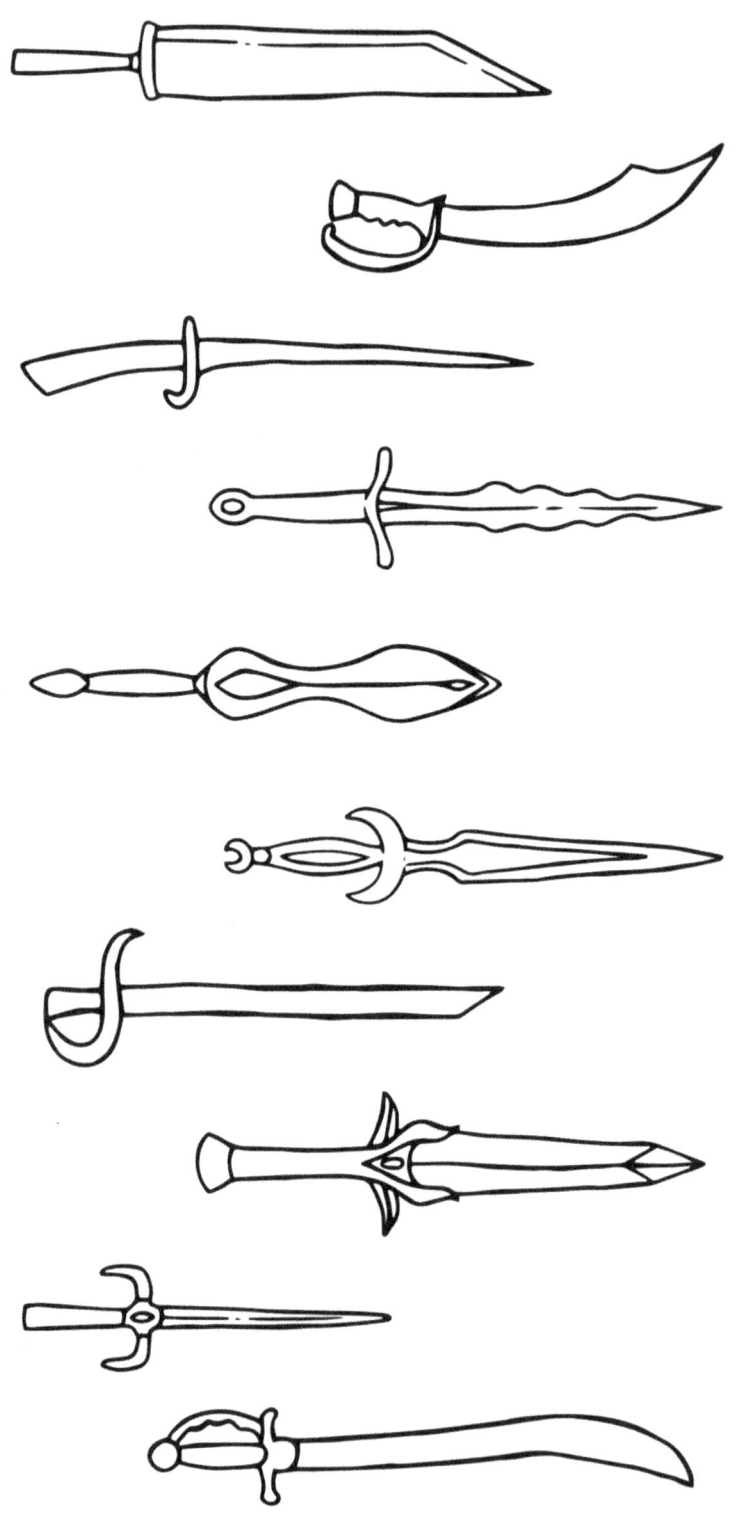

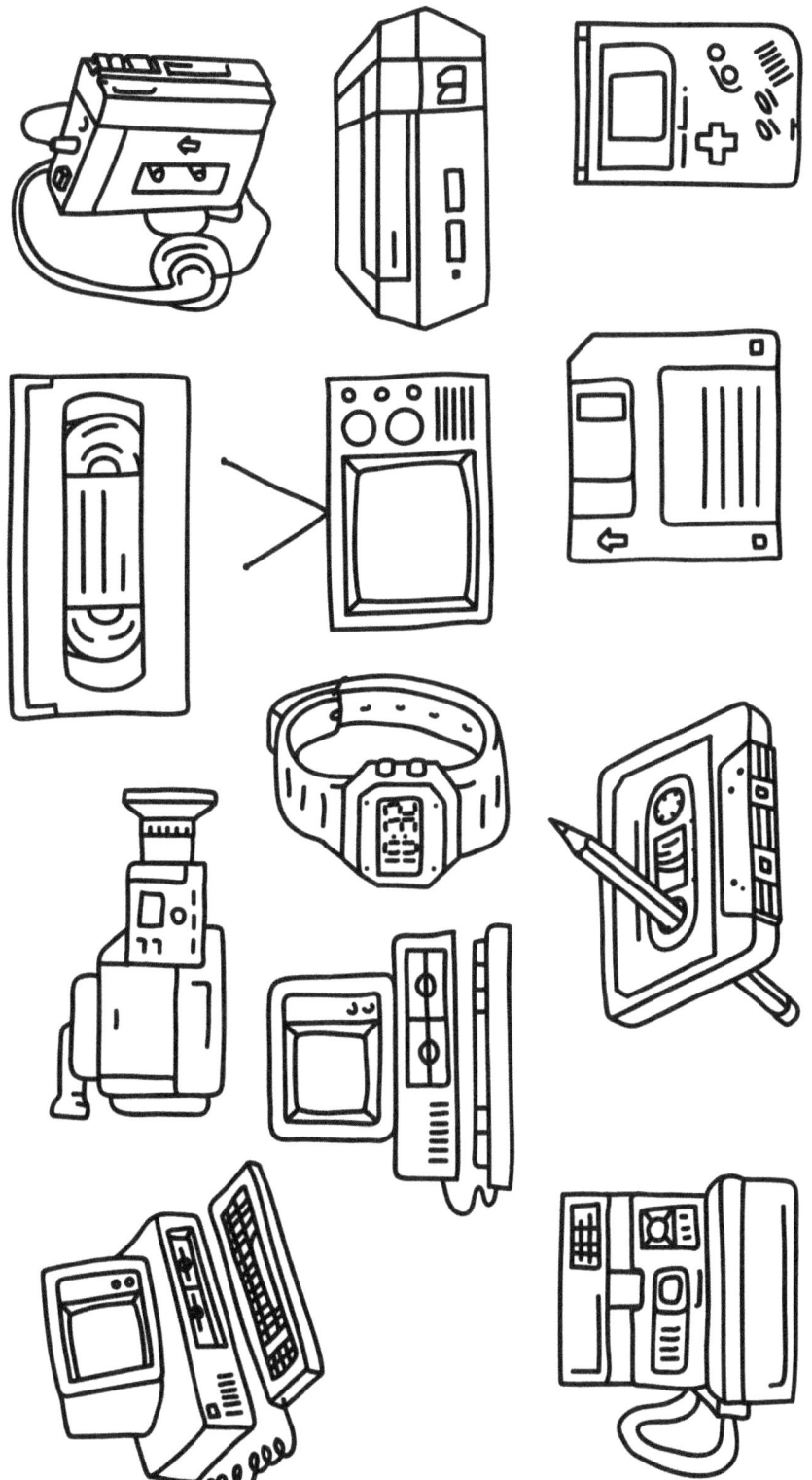

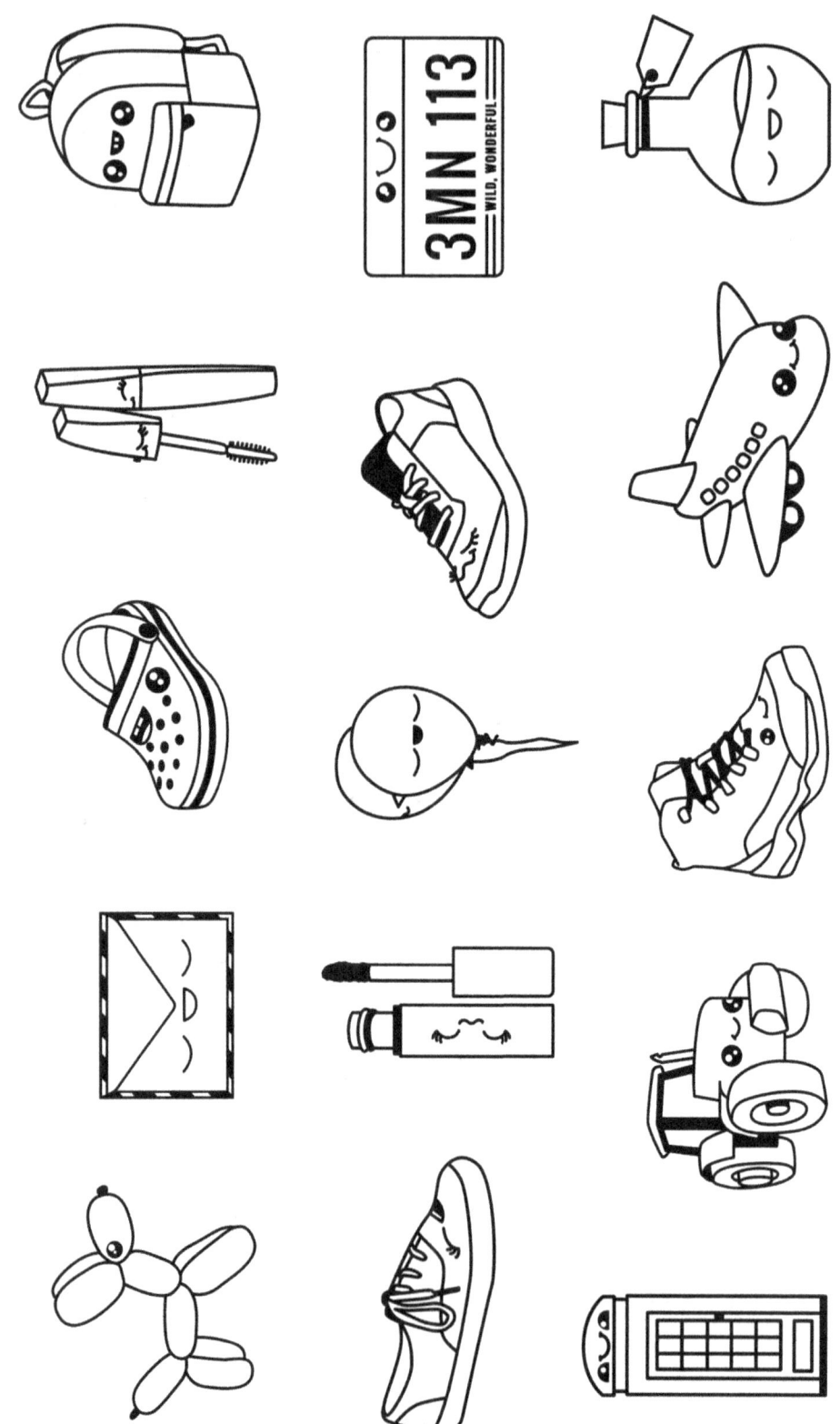

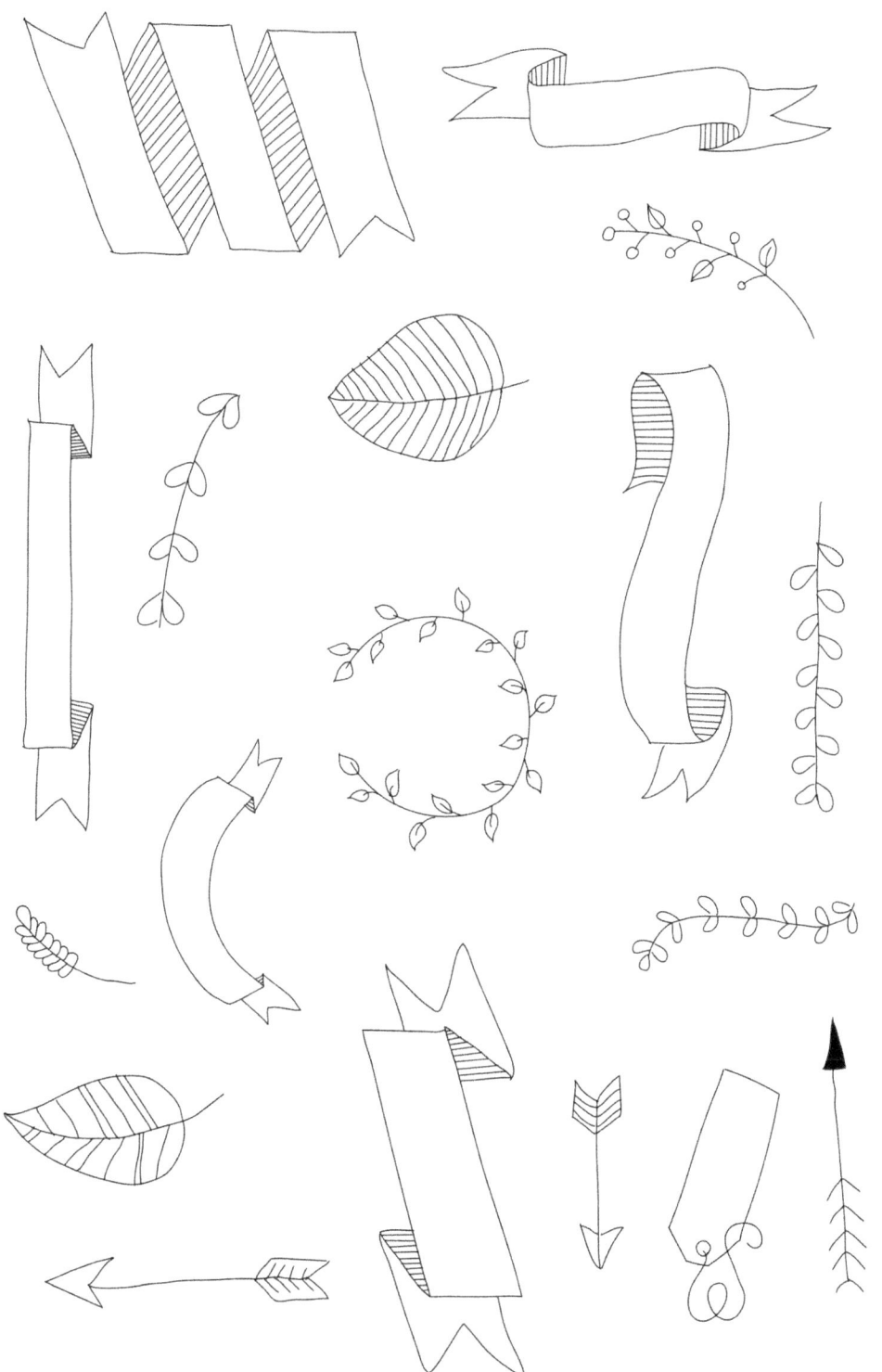

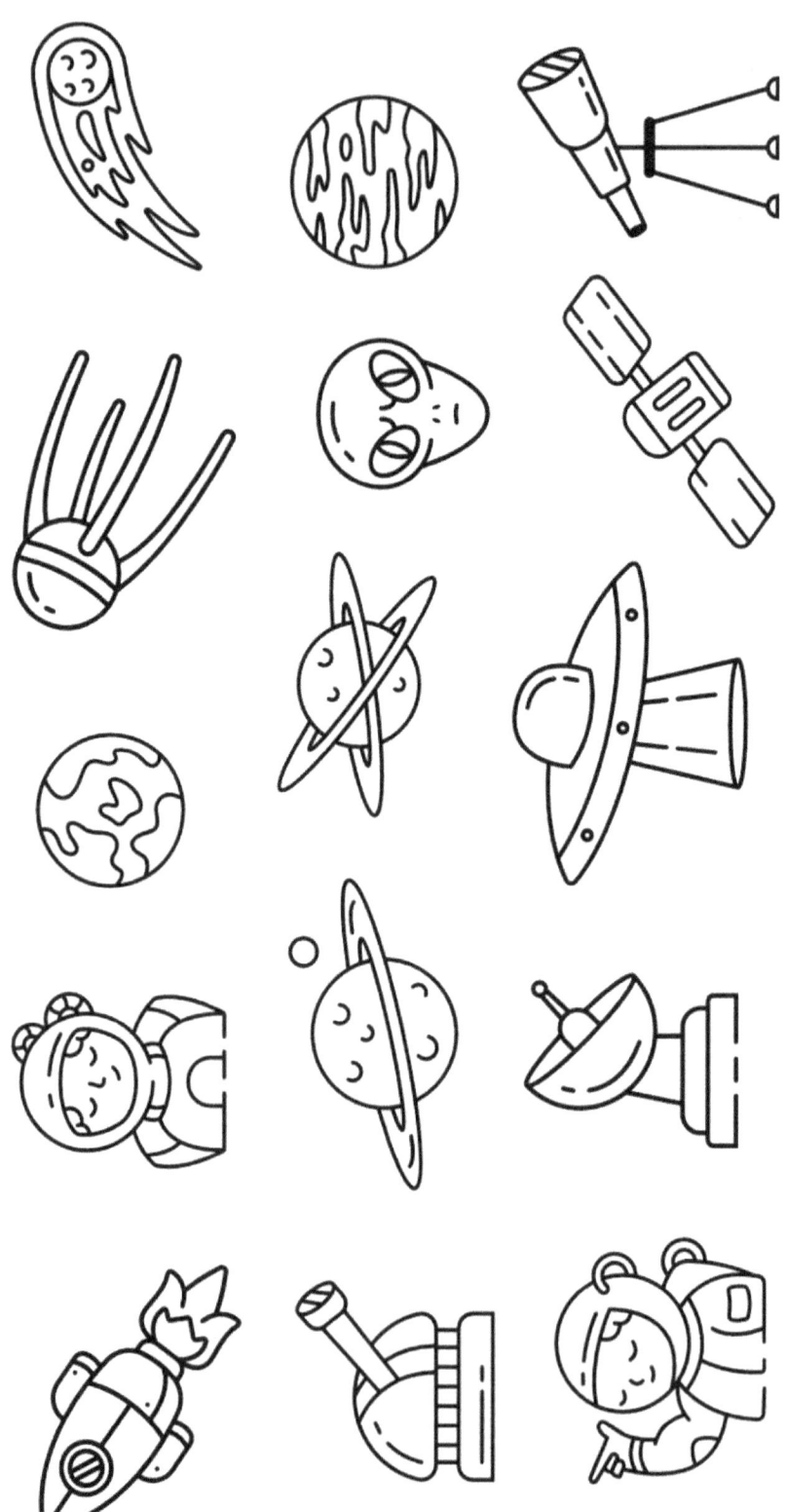

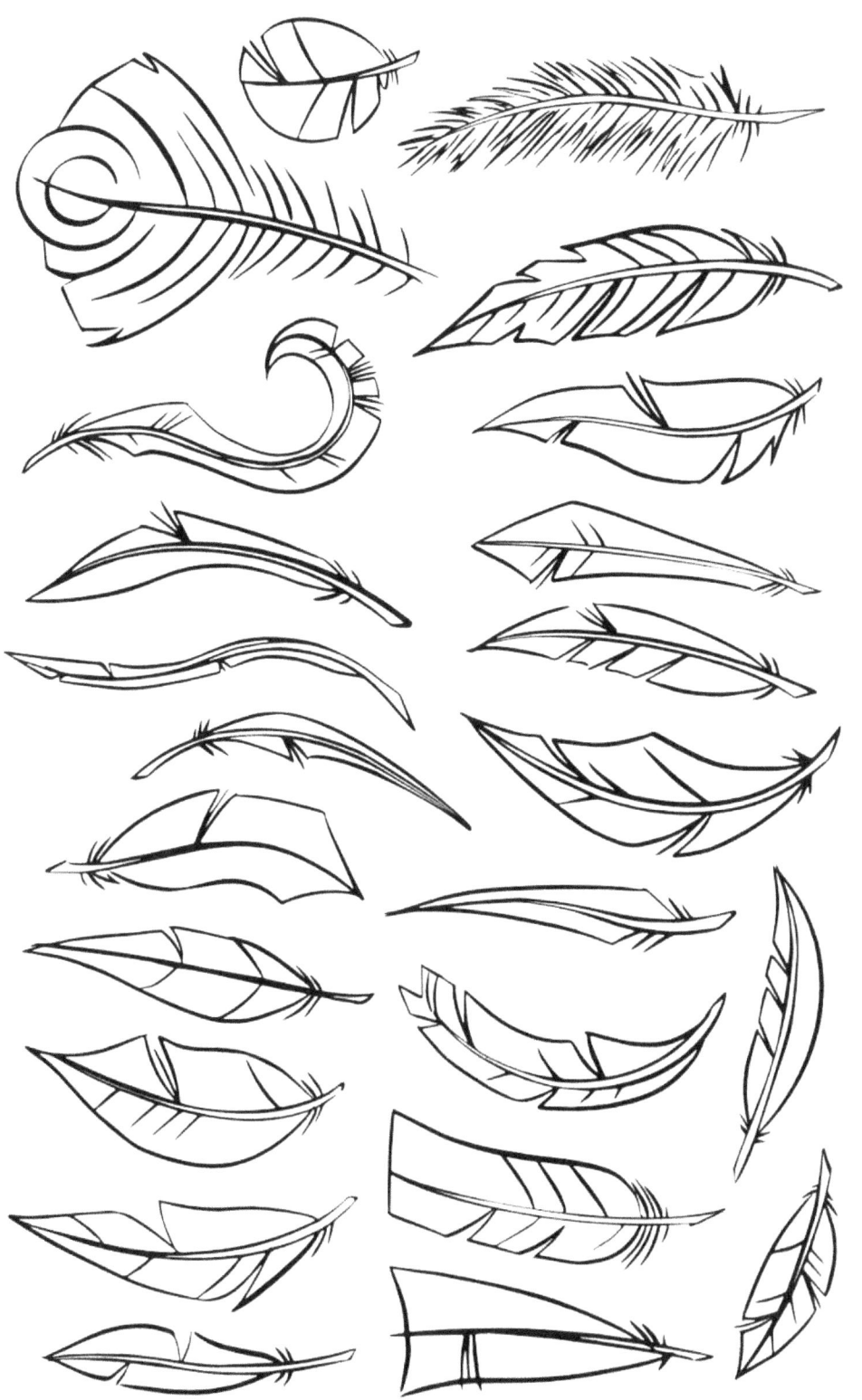

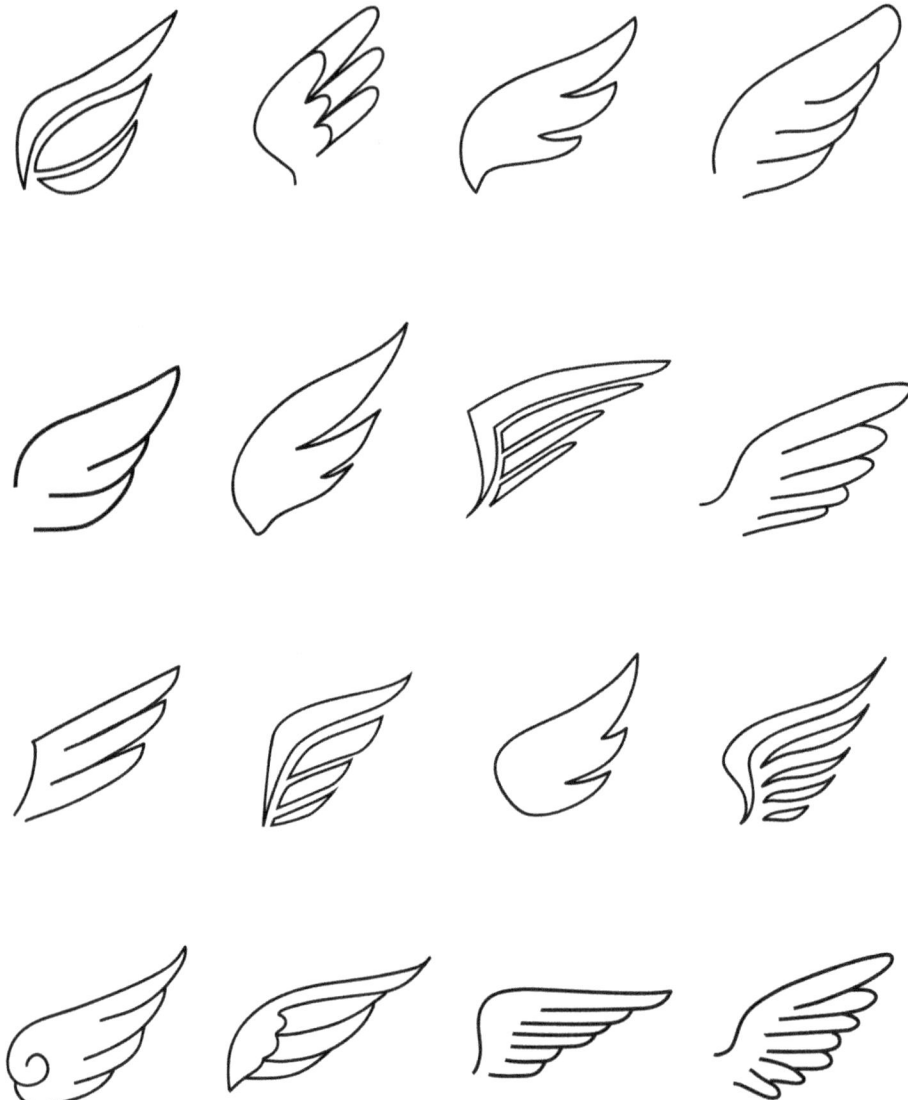

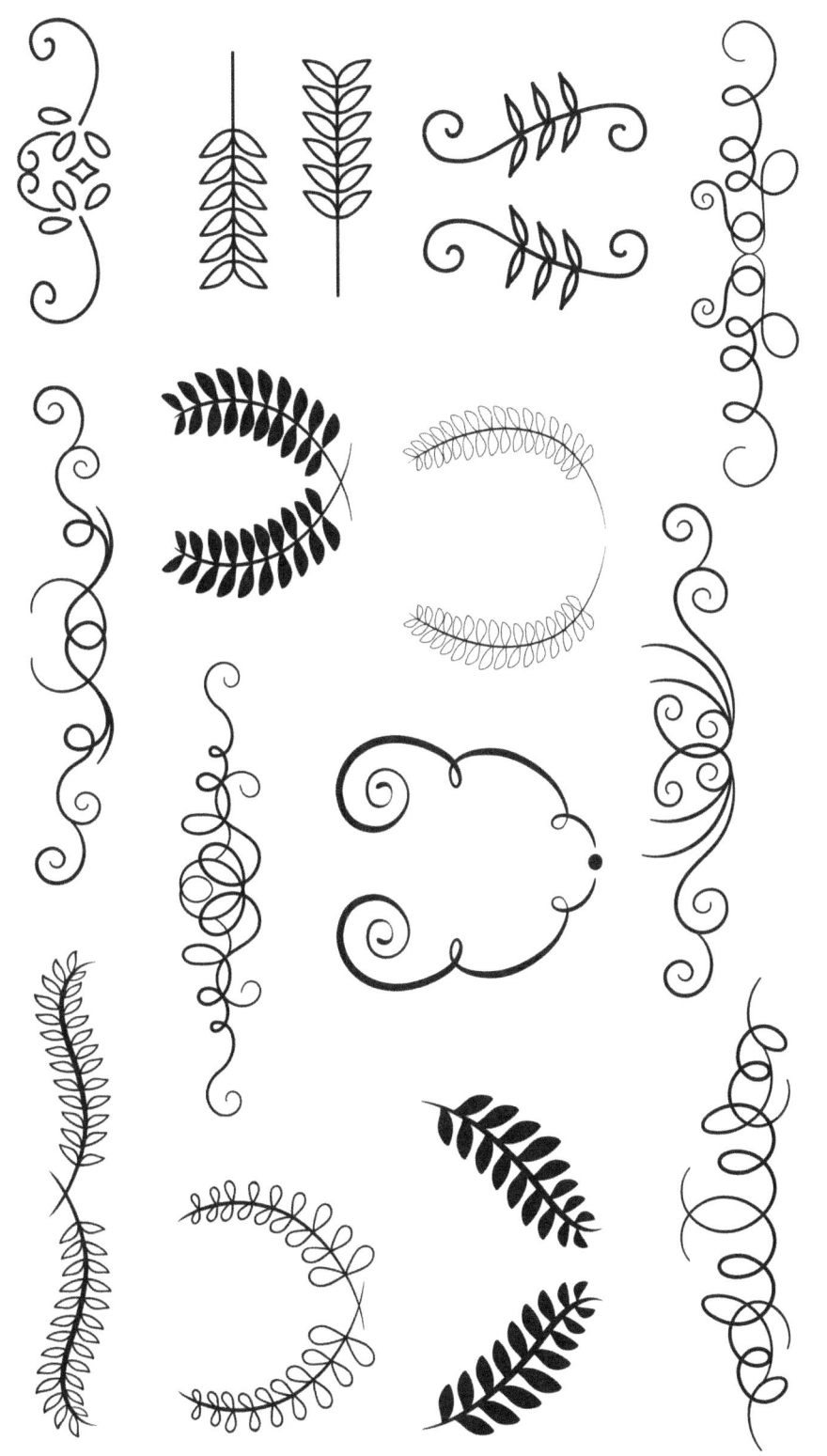

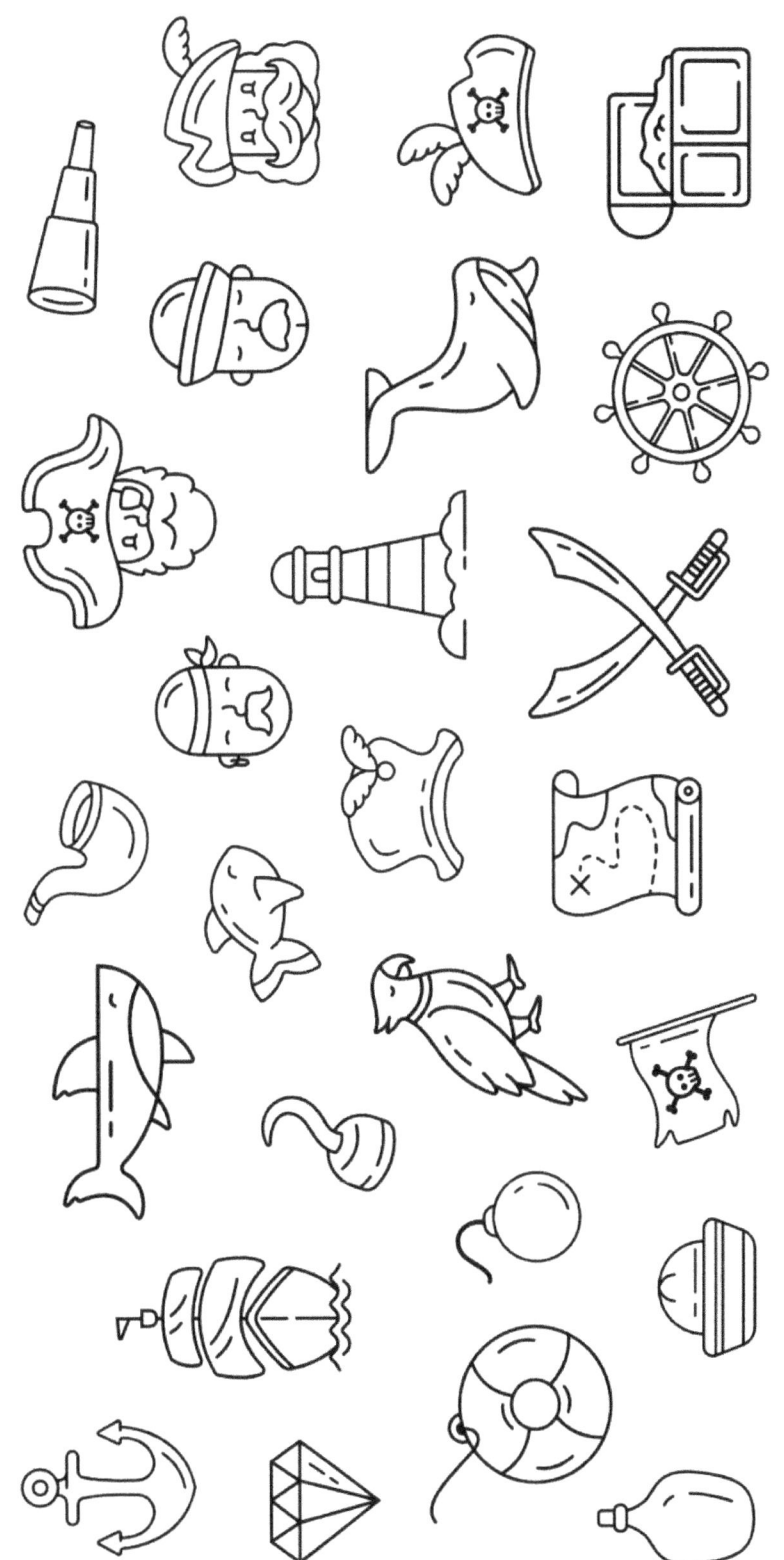

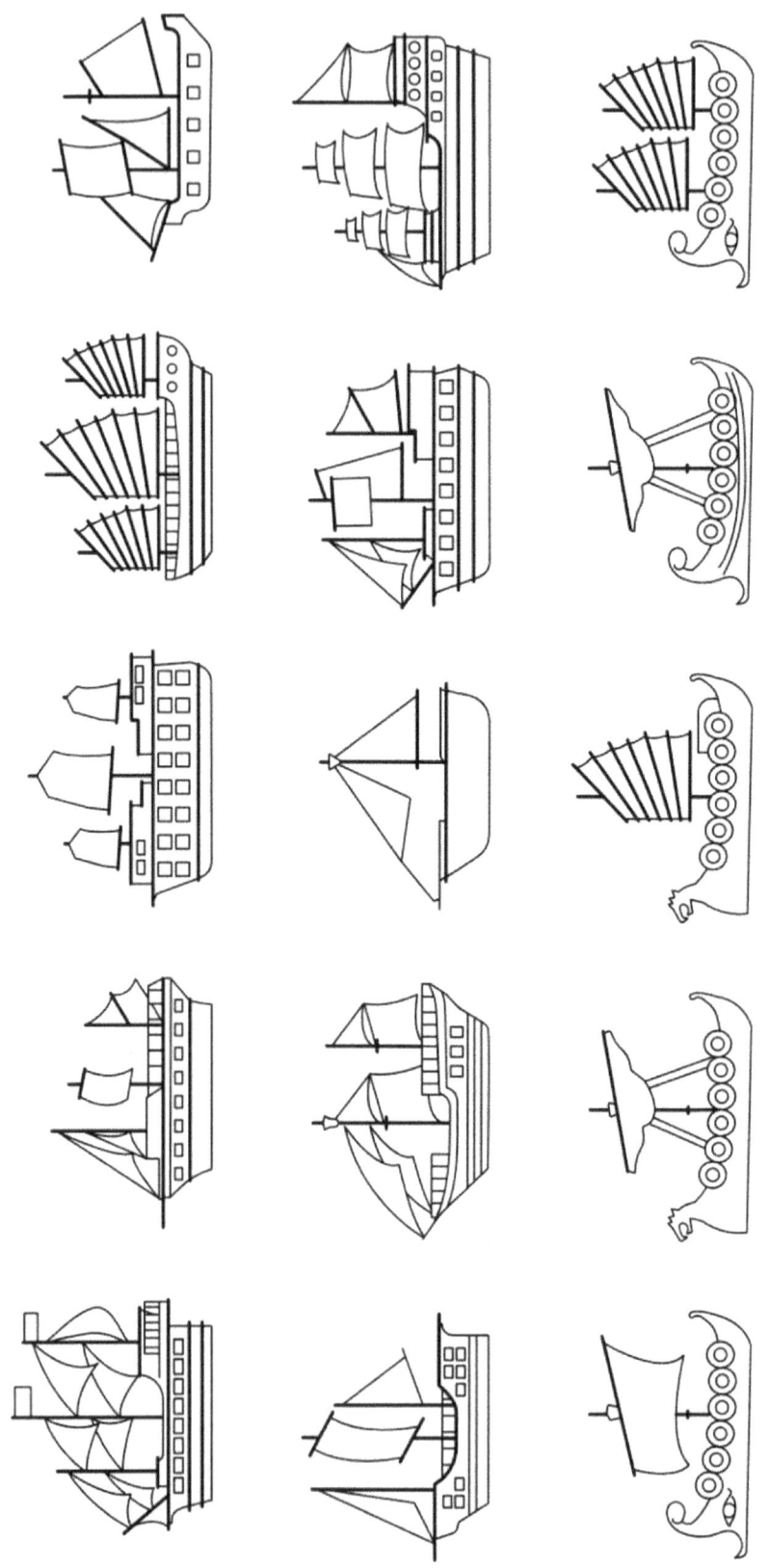

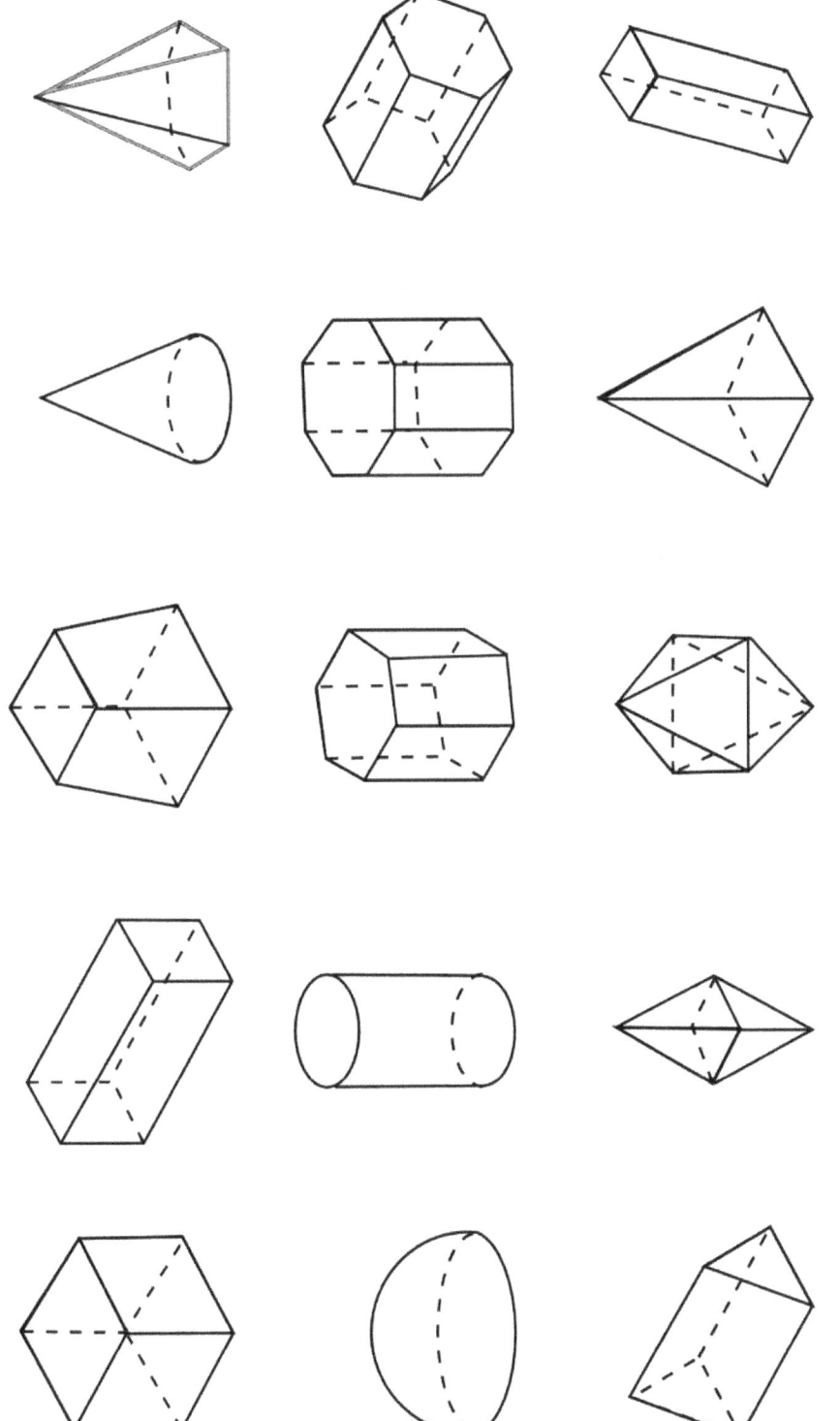

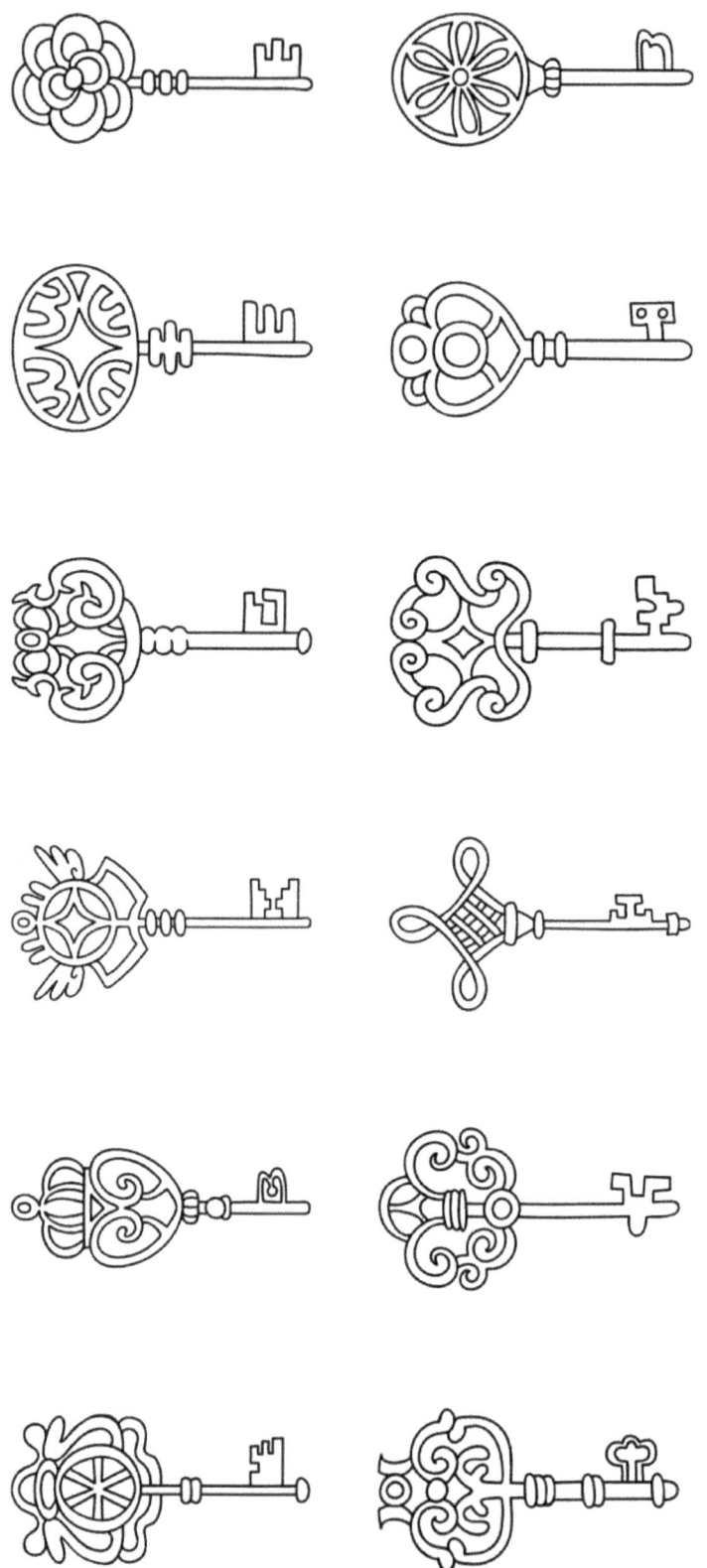

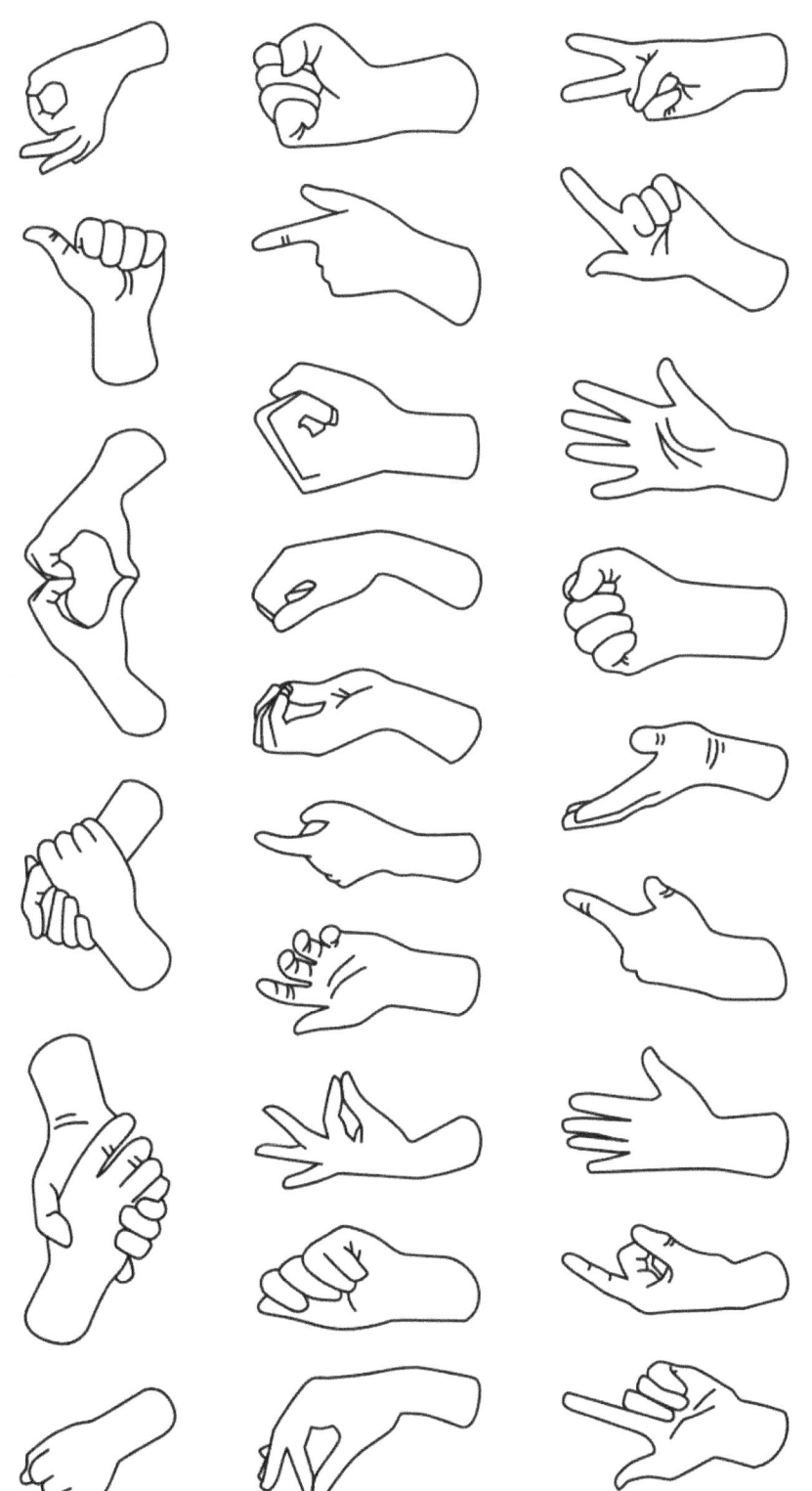

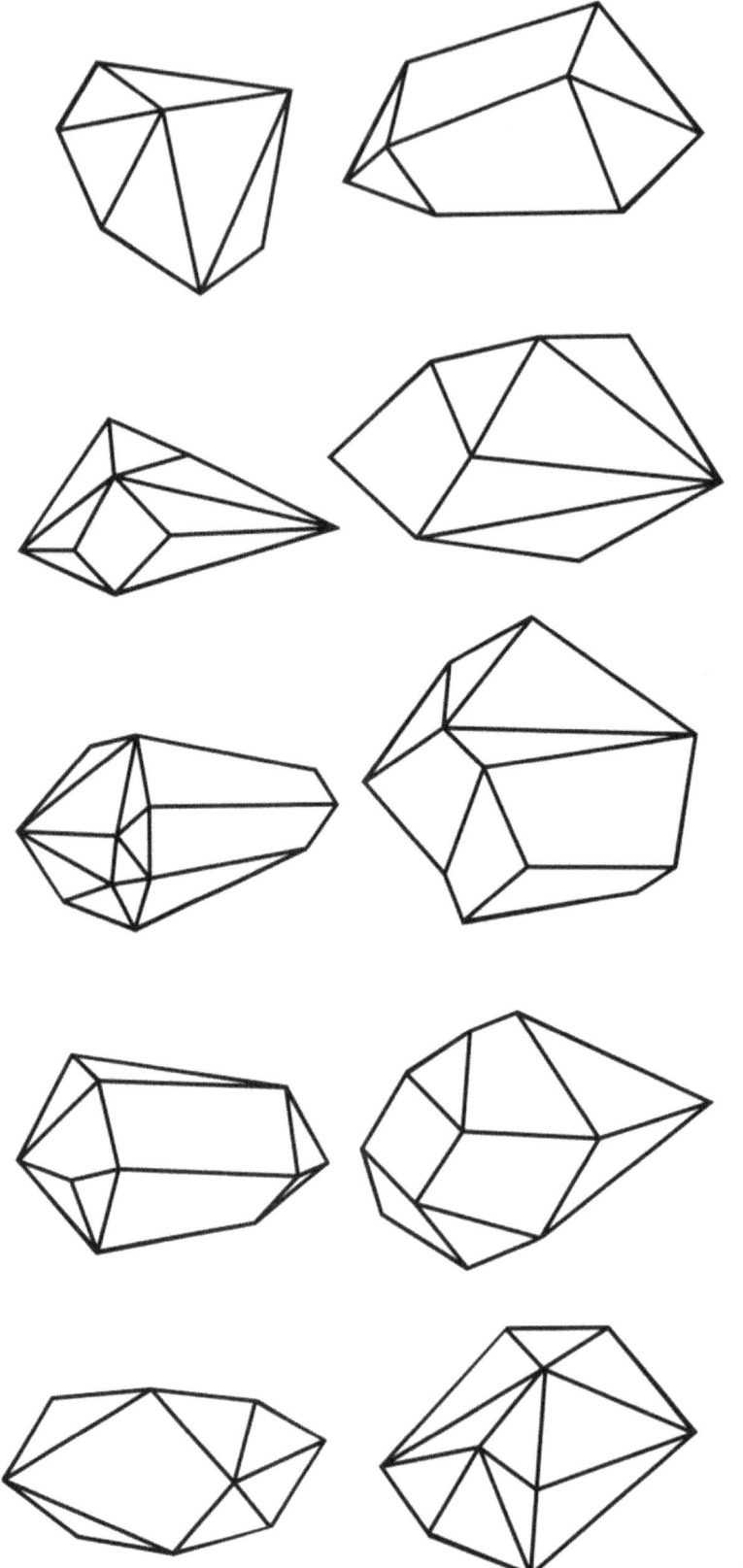

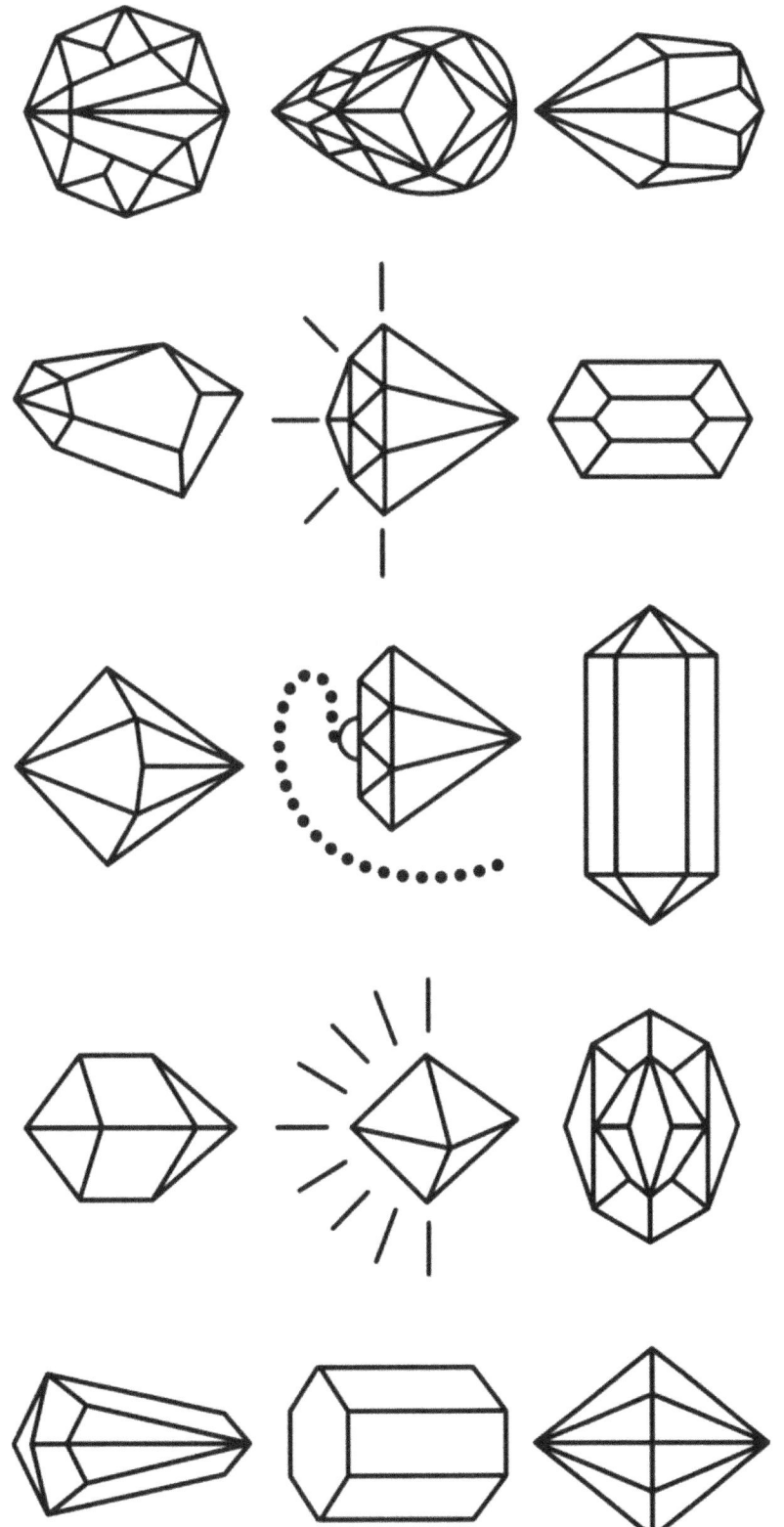

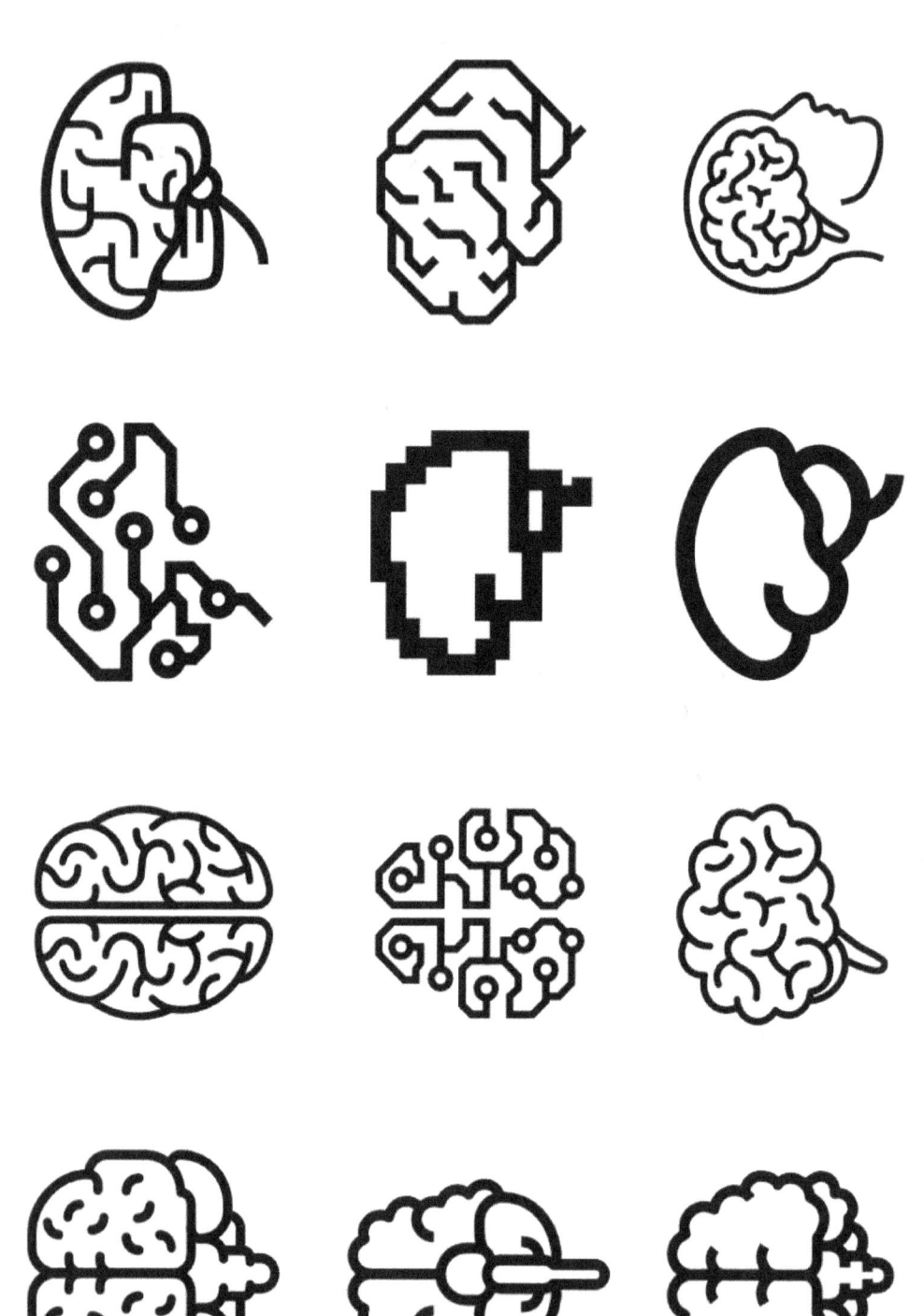

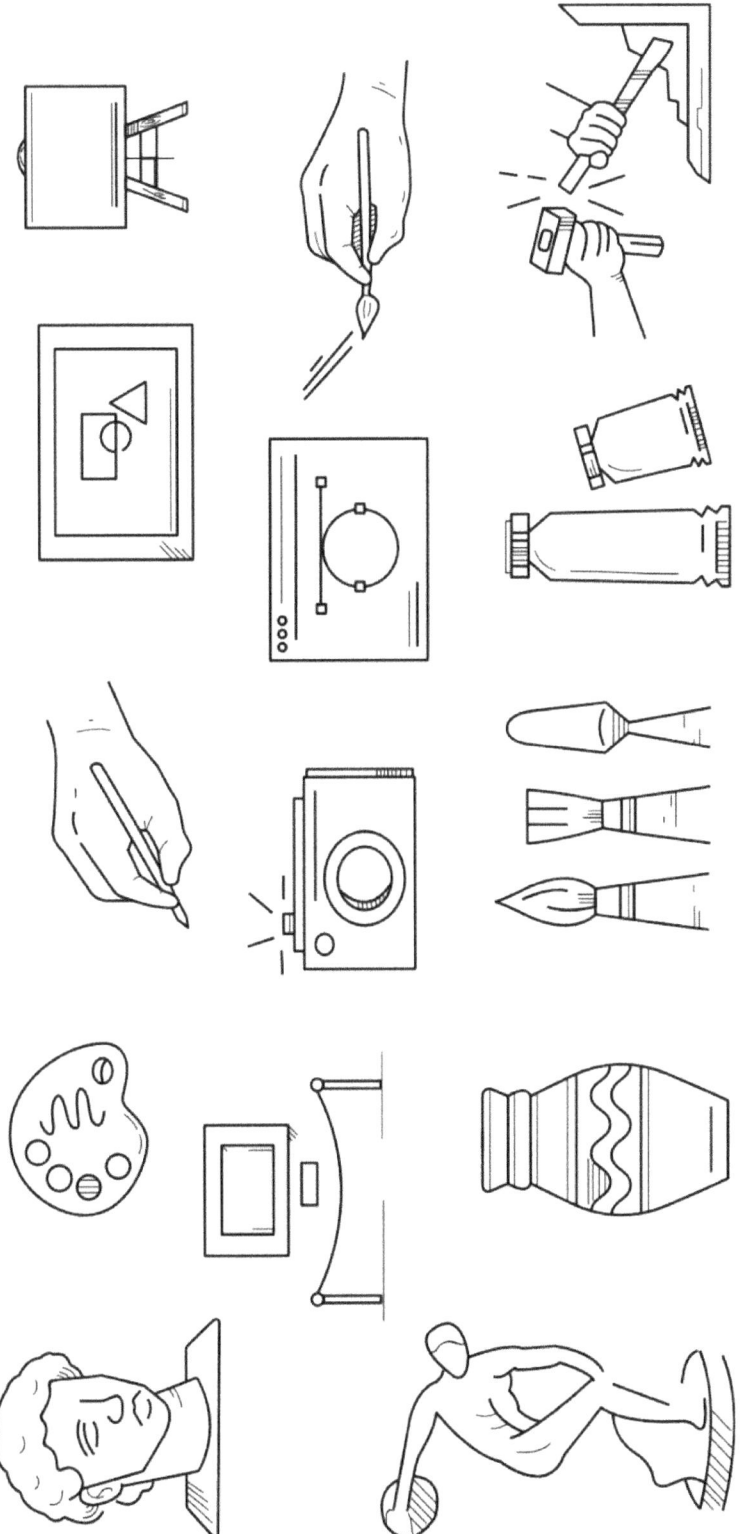

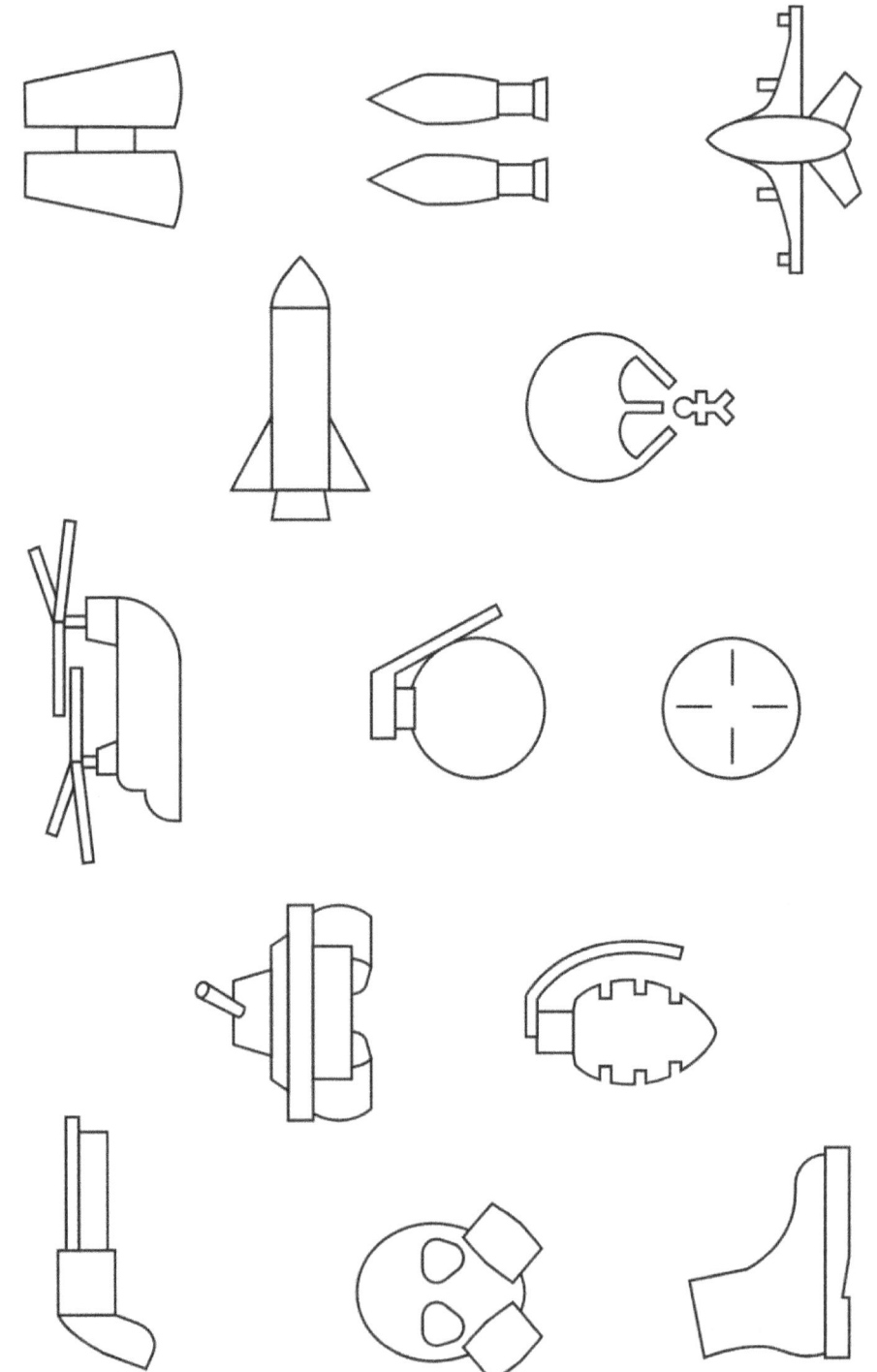

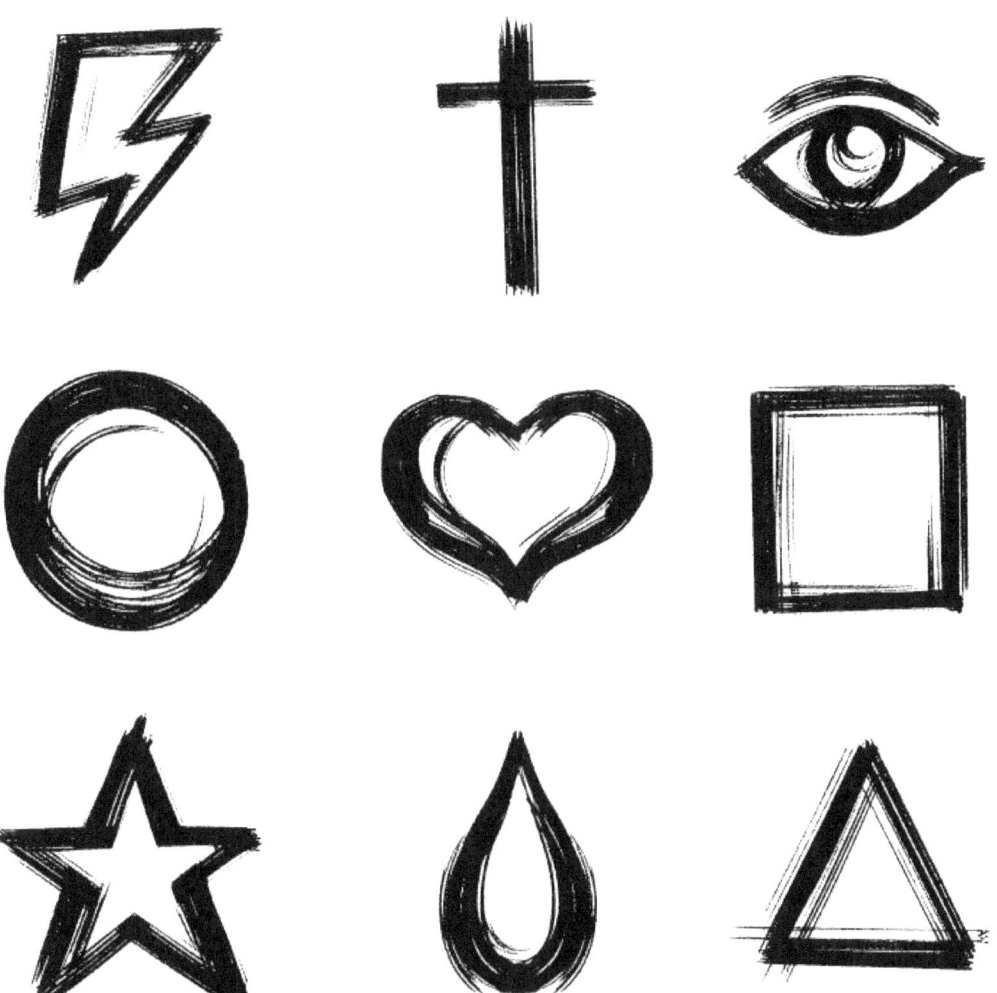

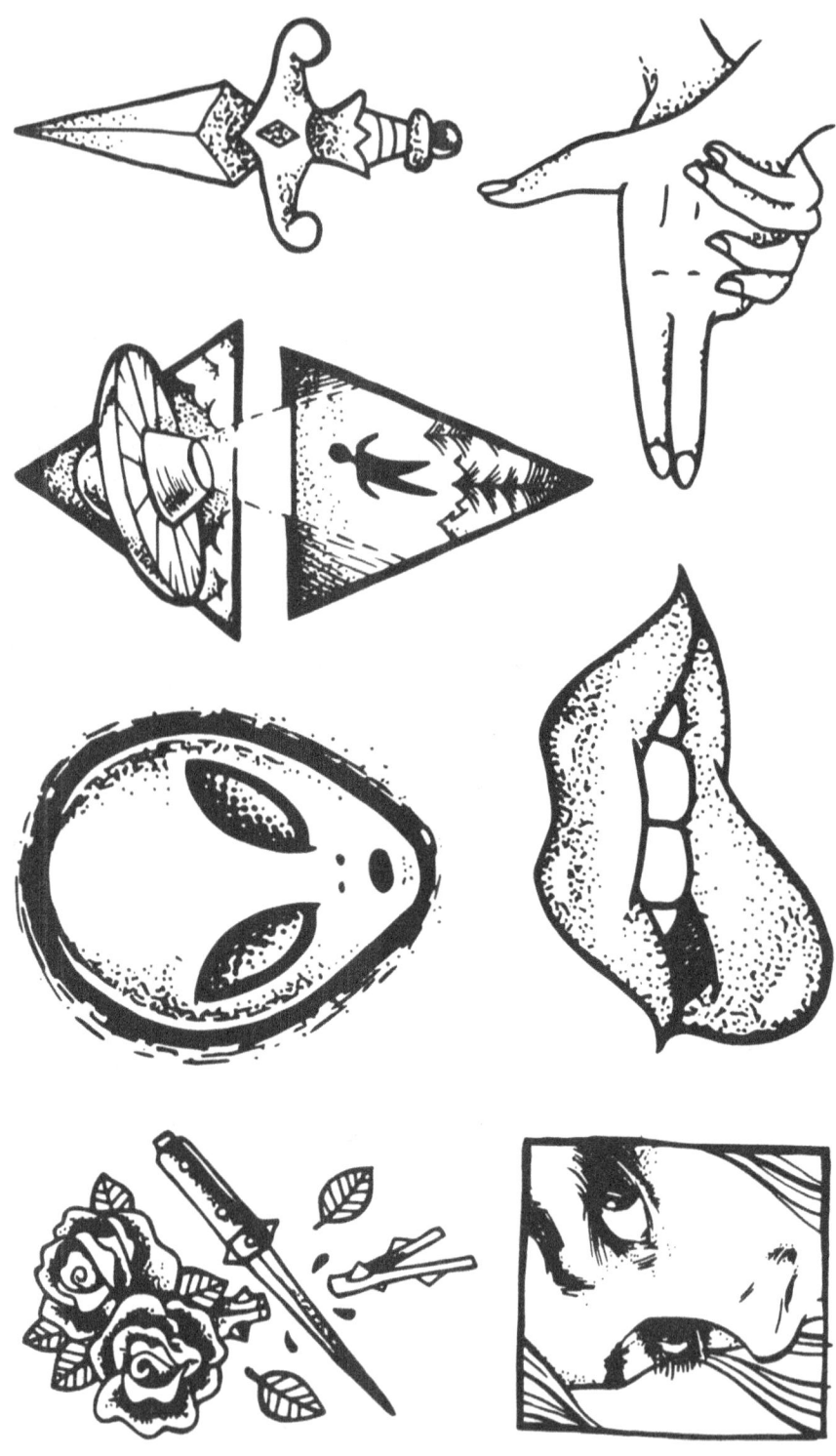

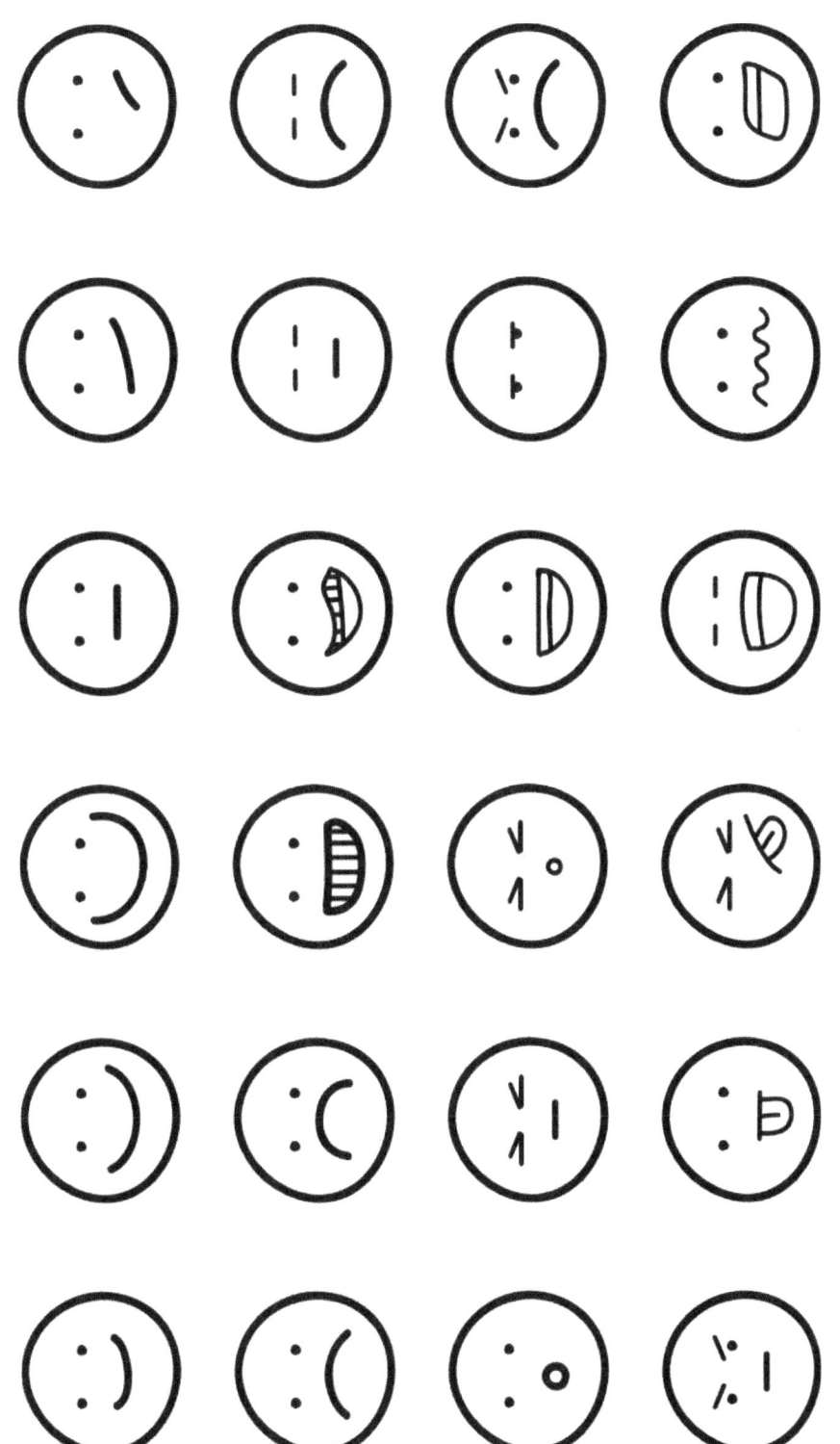

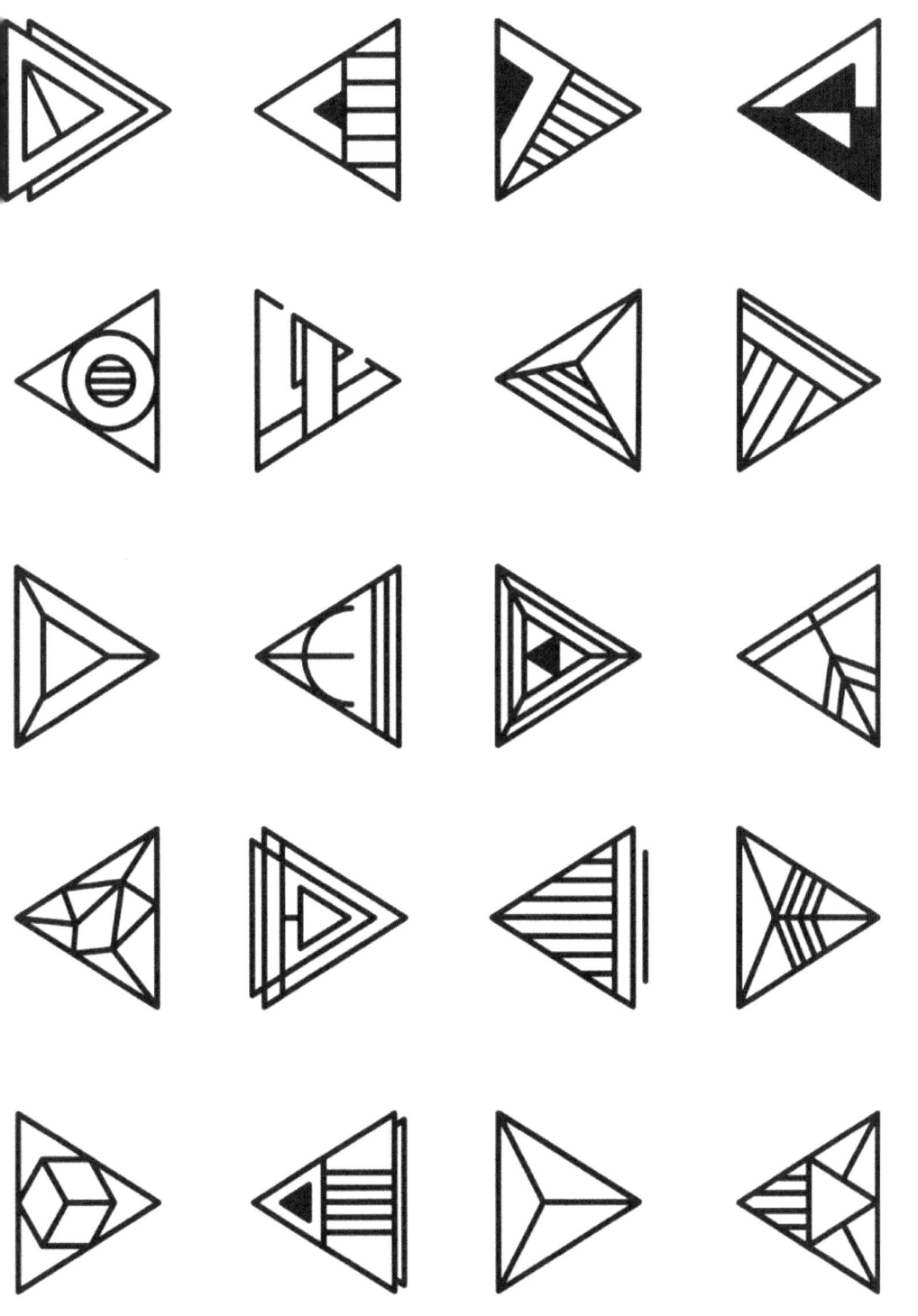

© TinyTats Publishing 2020
Alle Rechte vorbehalten.

Kontakt:
Alexander Franz
Otto-Hahn-Straße 146
97218 Gerbrunn
alexanderfranz94@gmail.com

Covergestaltung: Alexander Franz

www.ingramcontent.com/pod-product-compliance
Lightning Source LLC
Chambersburg PA
CBHW060834220526
45466CB00003B/1104